先秦管理思想及其现代价值研究

文 子 著

XIANQIN GUANLI SIXIANG JI QI XIANDAI JIAZHI YANJIU

苏州大学出版社

图书在版编目(CIP)数据

先秦管理思想及其现代价值研究 / 文子著. —苏州：
苏州大学出版社,2018.6
ISBN 978-7-5672-2422-3

Ⅰ.①先… Ⅱ.①文… Ⅲ.①管理学－研究－中国－先秦时代 Ⅳ.①C93-092

中国版本图书馆 CIP 数据核字(2018)第 105563 号

内容简介

先秦诸子思想不仅是我国学术思想的根本，更是中国管理思想和管理文化的源头。先秦管理思想深湛渊博、影响深远，是现代管理智慧的源泉和人类管理思想的宝贵财富。

本书以先秦管理流派为纲，以先秦诸子代表人物及其经典文献为研究对象，系统梳理和总结以老子、庄子为代表的道家管理思想，以孔子、孟子、荀子为代表的儒家管理思想，以管子、商鞅、韩非子为代表的法家管理思想，以孙子为代表的兵家管理思想，以墨子为代表的墨家管理思想，以计然、范蠡、子贡、白圭为代表的商家管理思想，概述先秦各管理流派的管理思想特点。同时，坚持取其精华、转化创新的原则，挖掘先秦管理思想中所蕴含的有益价值，揭示其对当代管理的借鉴意义。最后，提炼先秦管理文化精神。

本书可作为高等院校管理类专业本科生、研究生教材或教学参考书，也可供管理研究人员、管理实践者和感兴趣的社会人士阅读。

书　　名	先秦管理思想及其现代价值研究
著　　者	文　子
责任编辑	薛华强
出版发行	苏州大学出版社
社　　址	苏州市十梓街1号　邮编：215006
网　　址	http://www.sudapress.com
印　　刷	苏州市深广印刷有限公司
开　　本	787 mm×1 092 mm　1/16
印　　张	16.5
字　　数	300 千
版　　次	2018 年 6 月第 1 版
印　　次	2018 年 6 月第 1 次印刷
书　　号	ISBN 978-7-5672-2422-3
定　　价	60.00 元

苏州大学版图书若有印装错误，本社负责调换
苏州大学出版社营销部　电话：0512-67481020

前　言

先秦时期（公元前221年秦朝建立之前的历史时代，主要指春秋战国时代，前770—前221年）是中国思想文化蓬勃发展的黄金时期。这是我国历史上一个非同寻常的时代，这个时期王室衰微，礼乐崩坏，诸侯割据，天下大乱，原有的制度在不断崩溃。各诸侯国为了生存和发展，不得不进行政治、经济、社会、文化方面的改革。同时，这个时期是中国思想文化史上最富创造性的时代，学术思想空前繁荣，诸子蜂起，百家争鸣，异彩纷呈。在这些思想中，以道家、儒家、法家、兵家、墨家最为突出，它们各自提出了自己的治国方略，期望能够以此来使天下达到和平。从当时的世界来看，先秦诸子生活在世界文化"轴心时代"。① 这是人类精神的大觉醒时期，人类对自身以及自身与外界的关系都有了全新的认识，产生了"终极关怀的觉醒"。先秦诸子纷纷著书立说，各种思想学术流派的成就与同期古希腊文明交相辉映，凝结成了被称为文明民族"元精神"的"文化元典"，标志着人类文化走向了成熟。

管理活动自古有之，但在古代社会乃至近代社会，由于生产力水平低下，管理思想还未系统化，更不能形成独立的管理理论。先秦时期诸侯国割据，统治者对人才非常重视，当时的国君为了招纳智囊，谋求方略，使士为己效力，对知识分子比较宽容尊重。这使知识分子有较强的独立性，敢于发表自己独立的见解。在先秦大变革的时代，各阶级、阶层和集团也纷纷在士阶层中寻找自己的代言人，这使得士阶层可以各持一说，在诸侯间游说，企图使君主采纳自己的治国主张。不过，士阶层并不是一味阿谀奉承，取悦于君主，"合则留，不合则去"，有相当大的自由。因此，先秦诸子都是作为某个人或某集团的单一的管理思想体现出来的，初步形成了各种学派。

对先秦时期诸子百家的划分，各家说法不一。把诸子流派划分为某某

---

① ［德］卡尔·雅斯贝尔斯. 智慧之路［M］. 中国国际广播出版社，1988：69. 卡尔·雅斯贝尔斯认为："以公元前500年为中心，约在前880年至前200年之间，人类精神的基础同时独立地奠定于中国、印度、波斯、巴勒斯坦和希腊。今天，人类仍然依托于这些基础"；"发生于公元前800年至前200年间的这种精神的历程似乎构成了这样一个轴心。正是在那个时代，才形成今天我们与之共同生活的这个'人'。我们就把这个时期称作'轴心时代'吧。非凡的事件都集中发生在这个时期"。

"家",始于汉代司马谈的《论六家要旨》,即阴阳家、儒家、墨家、名家、法家、道家。到了班固的《汉书·艺文志·诸子略》,就出现了所谓"九流十家"的说法,也就是儒家、道家、阴阳家、法家、名家、墨家、纵横家、杂家、农家,还有小说家。班固认为"小说家"乃小道,不入可观者之流,所以称为"九流十家"。这个划分后来成为历代学者常用的一个分类框架。其实诸子百家应该不限于"九流十家"。所谓"百家",是泛指思想流派之多。如先秦时期的兵家、商家等,在当时对诸侯"治国""治生"也产生了非常重要的影响。而且,我们必须看到,先秦诸子虽然各立门户,互相批评,但各派之间也相互影响,有不少相通之处,各派思想主张的主流和归宿应该说最主要的是对国家的治理与社会管理。正如司马谈所云:"易大传:'天下一致而百虑,同归而殊途。'夫阴阳、儒、墨、名、法、道德,此务为治者也,直所从言之异路,有省不省耳。"① 班固认同司马谈的说法,认为诸子是"王道"分化的结果,归根到底又为君王服务,"使其人遭明王圣主,得其所折中,皆股肱之材已"②。就先秦诸子的思想内容来看,主要有行政管理、经济管理、军事管理、社会管理、文化管理等宏观管理思想,也有农业经营管理、商业经营管理等微观管理思想,形成了独特的中国传统管理思想。

春秋战国时期的诸子百家可以说是中国历史上的思想文化定型时期,诸子百家创立的学说和思维方式开其后两千多年的先河,后来者虽不无创造,但直到近代以前,基本上没有能突破那个时代创造的思想范式和框架。有鉴于此,我们今天研究、传承诸子思想精华,其中先秦管理思想是最主要的研究对象。先秦管理文化曾使古代中国谱写过世界文明史上极其光辉灿烂的篇章,实践证明,这种管理文化经过提炼加工具有明显的现代价值。因此,我们在学习、借鉴西方管理思想、理论和方法的同时,可从现代管理文化的视角系统总结、解读先秦管理思想,挖掘先秦管理思想的现代价值,并努力结合时代特征促进中国优秀传统管理文化"创造性转化"和"创新性发展",推动中国管理思想走向世界,与西方先进管理思想和实践融合共生。

毫无疑问,任何思想流派都存在一定的时代局限性。本研究坚持对先秦诸子思想的主要管理流派取其精华、去其糟粕、扬弃继承、转化创新的原则,无意对先秦管理思想在思想史意义上做全面评价和批判,而是重在进行融合性梳

---

① 《史记·太史公自序》。
② 《汉书·艺文志》。

理和现代性解读，挖掘先秦管理思想中所蕴含的有益价值并阐释其借鉴意义。就本书研究内容而言，主要包括以老子、庄子为代表的道家管理思想，以孔子、孟子、荀子为代表的儒家管理思想，以管子、商鞅、韩非子为代表的法家管理思想，以孙子为代表的兵家管理思想，以墨子为代表的墨家管理思想，以计然、范蠡、子贡、白圭为代表的商家管理思想。在系统梳理、解读先秦各管理流派代表人物的管理思想的基础上，挖掘先秦各管理流派的现代价值，并提炼先秦管理文化精神。

道家管理思想及其现代价值。道家是春秋战国诸子百家中最重要的思想学派之一，老子被视为道家学说的始祖，即"太上老君"，他在《老子》（《道德经》）中对道家思想做了详细的阐述；庄子继承和发展了老子的道家思想，在对世界、社会和人生的看法中，包含了丰富的社会治理、生态和谐、幸福快乐等方面的思想。道家管理哲学的最高范畴是"道"，倡导效法自然的世界观和方法论，其管理思想主要包含道法自然、无为而治、柔性管理等方面。"道法自然"的思想包含着人们的管理活动要符合道之自然，即符合事物的本性和规律，不可任凭主观意愿妄为和强为的观点，对于当代生态文明建设具有重要启示。"无为而治"的管理思想从古至今在社会发展的多个领域发挥着重要作用，追求无为而治的管理已经成为许多企业管理者的目标，并将其作为管理的最高境界。"弱者道之用"的管理方法、水善品格修炼等柔性管理思想对于组织和管理者都具有现实的应用价值。"法天贵真""至乐无乐"的思想对于幸福管理具有重要借鉴价值。

儒家管理思想及其现代价值。儒家管理思想是中国封建社会的统治思想，其形成与发展对中华文明的影响重大而深远。孔子围绕"修己安人"，提出以"仁"为核心的思想体系；孟子进一步发展孔子的思想，提出"性善论"，推行"仁政"；荀子则从"性恶论"入手，主张"礼法并施"。儒家思想的出发点是"仁"，运用在管理上就是"为仁在人"，实施"仁政"和"德治"，以求达到"修己安人"的目的，因而特别重视个人品德的修养和管理人才的作用，对后世中国式管理产生了深远影响。儒家的德治思想、诚信思想、和谐中庸思想以及义利观对现代管理实践具有重要的指导意义和应用价值。

法家管理思想及其现代价值。先秦法家学派立足社会现实，以"富国强兵"为目标，在诸侯国大力推行"变法图强"和"以法治国"的治国方略，提出了至今仍然影响深远的"以法治国"的管理思想。在具体管理技术上，法家在法、术、势的配合，管理激励，管理控制手段等方面提出了行之有效的举措。法家的法治思想对当代国家治理、现代企业制度化管理具有值得借鉴的管理智慧；法家的领导思想、法治思想对当今领导力提升及人力资源管理中的奖惩机制具有直接的指导意义和应用价值。

兵家管理思想及其现代价值。先秦兵家思想以军事战略为主，对战争规律与军事谋略进行全面系统的总结，从而建立起一套关于如何取得战争胜利的战略思想体系。战争作为人类的一种暴力对抗形式，蕴含着计谋、筹划、指挥、组织、协调、督导等管理要素，因此，从某种意义上说，战争是人类最富有技巧的一种特殊管理行为。孙子所著的《孙子兵法》包含着非常丰富的战略管理思想、组织管理思想、危机管理思想、领导者素质思想等内容。先秦兵家思想中许多积极的、值得借鉴的管理智慧，无论是对国家管理还是企业、社会组织等都具有极强的应用价值，尤其是在商业领域，《孙子兵法》和企业管理活动的深入结合已成明显趋势，在商业竞争方面的应用最为广泛。此外，《孙子兵法》的危机观及领导思维为现代危机管理和现代领导全局思维、唯实思维、超前思维、形式互用思维提供了有益的启示。

墨家管理思想及其现代价值。墨家学派的创始人是墨子，其思想主张主要有：人与人之间平等相爱（兼爱），反对侵略战争（非攻），推崇节约、反对铺张浪费（节用），倡导义政、强调道义（贵义），掌握自然规律（天志），尚贤，尚同等。墨子的思想中包含管理目标、管理的价值原则、组织管理思想、人才管理思想、经济管理思想等。墨家管理思想的理想是力求构建一个公平公正、合理互爱、节约、高效能的和谐社会。墨子别具一格的观点对当时国家治理、社会安定产生了深远影响，其和谐思想、兼爱思想、尚同思想、尚贤思想等对现时代的管理实践仍然具有重要的借鉴作用。

商家管理思想及其现代启示。商家或货殖家，亦称"治生之学"，是先秦时期一个颇有特色的管理思想流派。商家是先秦时期存在过的一个独立的思想流派，是诸子百家中独立的一家。以计然、范蠡、子贡、白圭为代表的商家学派注重对商业经营实践规律的总结，在取得巨大经营效益的同时，形成了独特的经营管理思想，其重视市场预测和决策的思想、重视商业经营策略的思想、重视商业经营者素质的思想等为后人留下了宝贵的商业经营思想财富，对当代世界和中国商界经营管理实践提供了一些有益的启示。

先秦管理文化精神。本研究把先秦管理思想和文化所包含的基本精神提炼为自然主义精神、人文主义精神、德治主义精神、法治主义精神、和合主义精神。

目录

CHAPTER 1　绪论

1.1　问题的提出和研究意义 …………………………………………… 3
1.2　研究综述 …………………………………………………………… 5
1.3　研究思路和方法 …………………………………………………… 17
1.4　研究内容及创新之处 ……………………………………………… 19

CHAPTER 2　先秦道家管理思想

2.1　先秦道家管理思想概述 …………………………………………… 25
2.2　老子的管理思想 …………………………………………………… 31
2.3　庄子的管理思想 …………………………………………………… 39
2.4　先秦道家管理思想的现代价值 …………………………………… 46

CHAPTER 3　先秦儒家管理思想

3.1　先秦儒家管理思想概述 …………………………………………… 63
3.2　孔子的管理思想 …………………………………………………… 69
3.3　孟子的管理思想 …………………………………………………… 78
3.4　荀子的管理思想 …………………………………………………… 84
3.5　先秦儒家管理思想的现代价值 …………………………………… 91

CHAPTER 4　先秦法家管理思想

4.1　先秦法家管理思想概述 …………………………………………… 101
4.2　管子的管理思想 …………………………………………………… 109
4.3　商鞅的管理思想 …………………………………………………… 118

4.4 韩非子的管理思想 …………………………………………………… 124
4.5 先秦法家管理思想的现代价值 ……………………………………… 131

CHAPTER 5　先秦兵家管理思想

5.1 先秦兵家管理思想概述 ……………………………………………… 139
5.2 孙子的管理思想 ……………………………………………………… 149
5.3 兵家管理思想的现代价值 …………………………………………… 160

CHAPTER 6　墨家管理思想

6.1 墨家管理思想概述 …………………………………………………… 175
6.2 墨子的管理思想 ……………………………………………………… 181
6.3 墨家管理思想的现代价值 …………………………………………… 198

CHAPTER 7　商家管理思想

7.1 商家管理思想概述 …………………………………………………… 207
7.2 计然的管理思想 ……………………………………………………… 214
7.3 范蠡的管理思想 ……………………………………………………… 219
7.4 子贡的管理思想 ……………………………………………………… 223
7.5 白圭的管理思想 ……………………………………………………… 227
7.6 商家经营管理思想的现代启示 ……………………………………… 232

CHAPTER 8　结语：先秦管理文化精神

8.1 自然主义精神 ………………………………………………………… 237
8.2 人文主义精神 ………………………………………………………… 239
8.3 德治主义精神 ………………………………………………………… 241
8.4 法治主义精神 ………………………………………………………… 243
8.5 和合主义精神 ………………………………………………………… 244

主要参考文献 ……………………………………………………………… 246
后　记 ……………………………………………………………………… 253

绪论

CHAPTER 1

1.1 问题的提出和研究意义

管理是人类一项基本的社会实践活动。管理思想是人们在管理实践中逐步形成的关于实现管理目标而进行有效管理的诸多主张和观念的集合。管理学的形成、发展乃至成熟经历了一个较为漫长的时间，它是人类在长期管理实践活动中不断吸取教训、总结经验形成的一门系统研究管理活动基本规律、一般方法和管理行为的学科。管理学起源于西方，传统中国并没有严格意义上的管理科学，也没有管理学科。但没有管理学科并不表明中国没有管理思想或管理哲学。事实上，中国管理思想源远流长、深湛渊博。春秋战国是中国历史上一个大动荡时期，也就是在这个动荡的时代，出现了中国历史上思想最活跃的百家争鸣。诸子百家虽思想主张各异，但他们所面临的共同问题或其思想原动力就是如何治理现实的动乱世界、如何在动乱世界中安身立命、如何解决国家治理和社会管理的大问题。

管理学的产生和发展始终是和社会生产力的发展紧密联系在一起的，生产力的发展以及生产组织方式的变化决定着管理思想的发展变化。近代工业革命的发生首先来自技术层次的变革，技术变化导致生产组织方式和过程发生变化，由于工业化的快速发展，对提高生产率来说管理成了最为薄弱的环节，于是在20世纪初诞生了科学管理理论，从而开始了现代管理的发展历史。然而，由于生产过程专业化、自动化程度的提高，人在生产中的地位和作用越来越重要，而工人对单调、简易的操作容易产生厌烦情绪，所以仅靠科学管理很难完全解决生产效率问题，这就产生了效率问题与人性之间的矛盾，于是便出现了解决这一矛盾的行为科学理论。20世纪80年代以来，科学技术快速发展，社会文化发生重大转变，随着后现代社会、信息技术革命和互联网时代的到来，管理也向纵深发展，从而出现了文化管理理论。

管理学知识体系是由技术与人共同决定的，是由理性、经验与人的心理活动共同决定的，它们同是人类文化的产物，也同是人类文化的形式。管理学始终强调把科学性与人性这两种基本追求联系在一起，管理学理论的发展强调的恰好是这两方面的相互吸收、相互融合，文化主义范式维度并不是要消灭其他范式维度，而是在信息化、网络化的时代条件下对科学主义范式维度和人本主义范式维度的进一步综合。①

就管理文化而言，中国传统文化是一座资源极为丰富的宝库，特别是先秦诸子思想，不仅是我国学术思想的根本，更是中国管理思想和管理文化的源头。春秋战国时期，诸子百家争鸣，形成了以老子、庄子为代表的道家管理思想，以孔子、孟子、荀子为代表的儒家管理思想，以管子、商鞅、韩非子为代表的法家管理思想，以孙子为代表的兵家管理思想，以墨子为代表的墨家管理思想，以计然、范蠡、子贡、白圭为代表的商家管理思想。先秦管理思想和管理文化曾使古代中国谱写过世界文明史上极其光辉灿烂的篇章，实践证明，这种管理文化经过提炼加工具有明显的现代价值。因此，我们在学习、借鉴西方管理思想、理论和方法的同时，从现代管理文化的视角系统总结、解读先秦管理思想，发掘先秦管理思想的现代价值，促进中国优秀传统管理文化"创造性转化"和"创新性发展"，推动中国管理思想走向世界，与西方先进管理思想和实践融合共生，这是时代赋予我们的重大使命。

进入 21 世纪以来，在全球经济一体化的影响下，西方管理思想西学东渐，东西方管理思想文化相互交流、移植、融合、影响并应用于现代管理实践已经成为时代主流，东西方管理文化融合与发展成为管理理论与实践发展的重要趋势。管理学家在西方传统管理思想基础上通过不断研究发现，西方管理思想与在中国传统文化中酝酿产生的柔性管理文化互补融合，更加切合现代管理的发展趋势。② 现代管理思想发展的价值取向就是管理文化精神的整合革命，把人性与效率、感性与理性紧密结合起来，从而实现人类管理更加科学化和更加人性化的和谐发展。正是在这种大背景下，对于先秦管理思想的现代性解读及其现代价值的挖掘，具有十分重要的理论意义和实践价值。

从理论意义上看，首先，通过对先秦管理思想的重新梳理与深入研究，能够帮助我们深入发掘和系统整理先秦管理思想方面的具体观点、看法，推动我

---

① 魏文斌. 西方管理学范式的三种维度［J］. 国外社会科学，2007（1）：2—7.
② 魏文斌. 第三种管理维度：组织文化管理通论［M］. 吉林人民出版社，2005：28.

们更进一步了解中国传统管理思想和文化，从而为当代中国实现中华民族的伟大复兴提供深远长久的文化和精神支撑。

其次，通过系统地对先秦管理思想的重新梳理，有利于丰富中国本土管理思想研究及基于中国管理文化的管理理论体系构建，丰富和完善中国管理学理论体系，从现代管理的思维角度来剖析先秦管理文化中的精神特质，对于中国本土管理理论的研究能够起到一定的助推作用。并且，有利于扩大中国传统管理思想和文化对西方现代管理思想的影响，提高中国优秀管理思想在世界管理思想史上的地位，对于弘扬中国传统管理文化也具有一定的促进作用。

从实践意义上看，一方面，先秦管理思想的现代价值能够为我国现实的管理实践提供直接的理论指导，切实提高我国社会、组织管理和人的管理水准。因为以道家、儒家、法家、兵家、墨家以及商家思想为代表的中国传统管理思想更加符合中国本土管理实践，它们在当今中国的管理实践中已经得到一定程度的应用，可进一步促进我国各个领域管理者管理水平的提高；另一方面，系统挖掘、提炼先秦管理思想的现代价值，能够推动中国优秀传统管理思想的现代实践，有利于先秦管理思想和文化向现代社会管理实践的创造性转化，有利于政府、事业单位和商业组织优化管理价值观，塑造优秀的组织文化，而且对于提高国民的文化素质，增强中华民族的文化自信也具有十分重要的实际价值。

1.2 研究综述

改革开放以来，中国古代的管理智慧特别是先秦管理思想越来越受到重视，运用现代管理学理论透视、研究中国古代管理思想成为我国管理思想史研究的重要方式和主要内容，对先秦管理思想及诸子各学派的分论已有大量论著问世。在此，简要概述对于先秦道家、儒家、法家、兵家、墨家以及商家管理思想的研究状况。

1.2.1 先秦道家管理思想研究概述

自古以来,《老子》就被人们视为一部"奇书",它自春秋战国流传至今已经有两千五百多年,却经久而不衰,后世为之训释注解、考订校勘者数不胜数,显示着经典的魅力。古代,我国对老子管理思想的研究主要集中在政治学上,既有"稷下黄老学派"将老子的管理思想视作"君子南面之术",又有帝王对老子"无为而治"管理思想的大力运用。

改革开放以来,国内学者对道家思想的研究主要有两类:一是道家管理思想的本体研究;二是道家管理思想和管理方式的现代价值研究。作为管理学与哲学交叉学科领域的论著,代表性的有:熊礼汇、袁振明的《老子与现代管理》(1999)、杨伍栓的《管理哲学新论》(2011),杨先举的《老子管理学》(2005),葛荣晋的《中国哲学智慧与现代企业管理》(2006),葛荣晋的《中国管理哲学导论》(2007,2013),曾仕强的《中国管理哲学》(2013),等等。

杨先举的《老子管理学》借《老子》之坚石,攻管理之美玉,围绕《老子》的认识论,相对论,领导艺术论,天道、地道、人道观等从哲学、政事、智谋、创造、辩证、修身几方面内容在管理实践中的运用做了探讨,将老子思想嫁接到现代管理领域。熊礼汇、袁振明在《老子与现代管理》一书中认为中国古代管理智慧在现代管理中有很高的实用价值,称老子管理哲学是"乱离时代的理性之光",其"无为而治"的管理境界、"守柔执中"的管理谋略和"见素抱朴"的员工教化目标对当今管理具有重要启示。许抗生(2013)认为,老子道家的管理思想有一个很重要的特点,即它是从老子道家的哲学宇宙观推演而来的。这也就是我们常说的道家的思维方法——"由天道而推人事",即国家的管理、人事的管理原则,是从宇宙的法则推演而出,人道是效法天道而来。

国内关于庄子思想方面的研究涉及范围甚广,著述众多,大都集中于其哲学思想、社会思想、文学思想、美学思想等方面,有少量关于庄子管理思想的研究成果。如闫秀敏(2009)在《庄子的管理思想及其实现条件》一文中认为,庄子提出了"顺物自然而无容私"的无为管理方式。徐春根(2012)认为庄子提出的社会治理理念的基本特征是主张"在宥天下",强调执政者应"正而后行""功盖天下而似不自己"。

有些学者对道家管理哲学、生态思想、社会管理及领导思想进行了探讨。

如张博栋（2010）认为道家管理的核心概念一是道，二是自然，三是无为，"体用一元"是道家管理哲学的理论结构。许亮、赵玥（2015）认为，先秦道家哲学中包含着丰富的生态哲学思想，其核心观点是"道法自然，无为不争"的思想，以及"物无贵贱""万物平等"的生态价值观、"知足知止"的生态消费观等。黎岳庭（2016）从和谐领导力角度认为，利他助人、谦虚谨慎、灵活应变、坦诚透明及以柔克刚是道家大五的水善人格，是领导者和管理者的必要品质。徐彦伟、葛柏麟（2017）认为，"水"性管理是众多管理思想的核心，被誉为最接近于"道"，它的品格也是老子所推崇的。吕锡琛、黄小云（2017）则探讨了道家社会管理思想的主旨及其意义，认为道的特性体现为三大管理主旨：遵道而行的治国原则、无为而治的管理模式、慈柔宽容的道德信条。

西方学者对道家思想的研究始于18世纪，《老子》被法国狄德罗主编的《百科全书》收录，该书称赞老子为一个洋溢着伊壁鸠鲁精神的圣者。伏尔泰在文艺复兴时期为了达到反对基督教神学的目的，曾多次引用老子"道生一，一生二，二生三，三生万物"的观点。德国的康德和莱布尼兹对老子投以"赞叹的眼光"。谢林则称老子哲学是"真正思辨"的，他"完全地和普遍地深入到了存在的最深层"。尼采曾把《老子》比作"一个永不枯竭的井泉，满载宝藏，放下汲桶，唾手可得"。黑格尔指出："中国哲学中另有一个特异的宗派，以思辨作为它的特性。这派主要的概念是'道'，这就是理性。这派哲学及与哲学密切联系的生活方式的发挥者是老子。"并且说，老子的"道"乃是"一切事物存在的理性基础"。现代西方著名哲学家海德格尔亲译《老子》，他试图重建一个"真正的"哲学体系，终于在老子那里找到根据，即自然无为的"道"。

当代西方对《老子》管理思想的研究也逐渐兴起，比较有影响的著作有德国学者维尔纳·施万费尔德的《以静制动：老子管理学》，他认为老子的"无为而治"的理念并非无所作为，而是一种人生的更高智慧，它描述的是一种主动接受的状态，一种灵活的态度，意味着顺其自然，遵守事物的规律，在承认困难和问题的前提下冷静客观地寻找解决的方法。这种人生智慧其实在现代企业管理中也是可以借鉴的。全书探讨了以静制动、后发制人的"无为"管理方法，为管理者总结了老子的十条管理准则，从统观全局、认识自我、独立自主、了解重点、保持镇静等方面，为管理者提高自身素质和修养提供了新思路。

美国管理学者约翰·海德在《领导之道——新时代的领导战略》一书中，引用了不少《老子》的警句箴言，并对其进行了管理学意义上的阐释，他很欣赏老子的"清静无为"思想，并且从管理学角度做了新的诠释。另外，《道德经》还被列为哈佛商学院MBA必读书目之一。

1.2.2 先秦儒家管理思想研究概述

儒家管理思想展示了儒家文化的核心特征，奠定了儒家文化的社会价值，它在中国传统文化中有着十分重要的地位和作用。从目前的研究成果来看，对先秦儒家管理思想的研究大都以孔子、孟子、荀子三位思想家为主，兼及先秦儒家管理哲学的整体特征。如成中英在《C理论：中国管理哲学》（1999）一书中认为，西方的管理哲学是以经济为基础的，中国的管理哲学是以伦理为基础的，而中国哲学核心价值的来源是儒家。他指出中国管理哲学是具有一种现代性，融合希腊、西方的精髓在其中的，具有一种高度的知识性与伦理性、现实性与理想性，以实现和谐自由和正义的思想体系。书中倡导动态和辩证管理，是综合创新中国管理哲学的奠基之作。

黎红雷的《儒家管理哲学》（2010）从"唯人则天"的管理本体论、"知治一致"的管理认识论、"执经达权"的管理方法论、"义以生利"的管理价值论等几个方面进行了阐述。古志辉在《先秦儒家思想：管理视点的分析》（1999）一文中认为，儒家的管理体系可以用孟子的"仁政"来概括，其管理体系的核心基础是"仁"。在"仁"的基础上，儒家提出以"仁治"为核心，以"德治"和"礼治"为辅的管理方法。申明在《国学管理》（2012）一书中认为儒家思想对现代企业的应用有诸多益处，儒家的人本、民本理论，肯定天地之间人为贵，国家社会民为本，就是肯定了个体的生存权、发展权，肯定了个体的自主权利。这种以人为本的管理原则正是现代知识型员工管理的根本要旨，并指出儒家管理思想对企业和谐生态的建立、企业伦理建设等具有重要意义。徐小跃（2014）认为仁爱思想是中华民族最深沉的精神追求。黎红雷（2015）从治国理政和道德教化方面探讨了儒家"恭宽信敏惠"和"仁义礼智信"思想的现代价值。朱林（2015）认为在先秦时期，建立在血缘基础之上的"亲亲"之情构成了先秦儒家德治思想的逻辑基础，孔子、孟子、荀子等在继承前人伦理政治思想的基础上，先后提出"为政以德""慎刑宽民""以德化民"等思想，推动了儒家德治思想的全面展开。吴默闻（2015）认为荀子礼法思想的主要特点是将礼和法联系起来，主张隆礼至法、援礼入法和礼法合称并立，指出荀子礼法思想为儒家思想注入了治国济世安民的新内容，使之更加积极入世，对后世形成"礼法合治、德主刑辅"的社会治理模式产生了深远影响。蓝法典（2016）探讨了孟子仁政思想的内在逻辑，认为善、德、政三者在孟子的仁政思想中是环环相扣、自本至末的逻辑扩充关系。孟宪清（2017）认为儒家德治模式在治国理政方略上，将以"仁"为"道"作为最高原则，确立德治的理念，制定相应的方针政策，惠民为旨，力行不止，以实现天下大同的宏伟目标。杜云、杨明（2017）认为仁道、仁人、仁政是孔子仁学的三重意涵，这三个层面相互联系、不可分割，形成了环环相扣的逻辑扩充关系，共同构成了孔子"仁"的全部内涵。刘桂荣（2017）从人性恶是道德治理的逻辑起点、以礼养欲是道德问题治理的现实基石、隆礼重法是道德治理的两条进路、成为君子是道德治理的价值目标等方面探讨了荀子的道德治理思想。

有些学者将德治与法治相结合进行研究，如怀效锋的《德治与法治研究》（2008）对中国古代的德治与法治进行分析，总结出中国古代提倡以儒学为指导的"德主刑辅"的治国主张，在此基础上对我国现代社会的德治与法治进行了现实分析，对我国更好地进行依法治国与以德治国提出了相关的建议。关健英（2011）在《先秦秦汉德治法治关系思想研究》一书中认为，在中国传统文化的语境下，道德与法律的关系问题成为一个"中国式的问题"，指出中国古代德治法治关系理论中蕴含着丰富的德治传统，尤为关注道德与政治合法性之间的必然关联。

从国际学术界及实践领域来看，韩国、日本、新加坡、美国等国家是应用儒家思想的代表，有较多学者对儒家思想及其应用价值进行了研究。如韩国学者金日坤在其《儒教文化圈的伦理秩序与经济》一书中阐述了以孔子为代表的儒家伦理思想与东亚经济社会发展的关系。日本教育家服部宇之吉在《话说孔夫子》中指出，孔教与日本固有之德教相融汇，相沿维持，至今仍然富有强大的生命力。新加坡把儒家文化的核心价值观作为国家的指导思想，儒家德治思想在新加坡当代的治国理念、政府建设以及学校教育等方面的应用价值巨大。美国汉学家本杰明·史华慈在《古代中国的思想世界》中指出，"仁"与"礼"之间有一种不可瓦解的联系纽带，如果没有"礼"所具有的教育性和构造性的约束力，那么作为最高理想人格的"仁"就不可能实现。美国管理思想史专家雷恩在其《管理思想的演变》一书中指出："孔子流芳百世主要是因他从事道德教育，其次才是由于他提倡按才能提升官员的制度。"雷恩根据哈恩和沃特豪斯在《孔子论人与组织》中提供的材料指出："孔子哲学的确同当时的法家主张有矛盾。法家试图通过法制，利用奖惩的办法保证任务的完成，而孔子则主张培养和提高人民的道德品质，以实现合作。形式主义者和博爱主义者之间，制度和个人之间的斗争由来何等长久。"①

1.2.3 先秦法家管理思想研究概述

近代以来，西学东渐，随着政治学、法学等学科的形成和发展，一些深受西方文化影响的知识分子，开始对我国古代思想家的著述按照学科归属进行分门别类的研究。法家法治思想逐步受到以章太炎、梁启超为代表的一部分学者的重视。章太炎是第一个站出来反驳"汉代以来儒家对商鞅和秦的非难"的人。他运用近代西方"法治主义"的话语，归纳和解说传统法家的思想，使先秦法家"以法治国"思想进入近代法学学术体系中。梁启超对法家思想的研究比较侧重于法律和法理学方面。

20世纪90年代以来，特别是我国实行依法治国基本方略以来，学者对法家思想的研究又有了新的提高。大陆法家思想的研究虽然起步较晚，但也出版了诸多论著。例如武树臣、李力的《法家思想与法家精神》（1998），概述了法家学派的发展脉络和法家思想的主要内容，总结了法家精神，并探讨了其与封建法制的关系，进而提出了对待法家法律文化批判继承的科学态度。时显群的《法家"以法治国"思想研究》（2010）以"治"为视角综合考察了法家的"治之道"和"治之具"，并指出秦朝的速亡并非法家思想造成的。与此同时，相关的学术论文和学位论文数量与质量都有很大提升。如李德嘉（2017）探讨了功利思维导向下先秦法家"刑治"模式的基本理路，认为先秦法家"刑治"的社会治理模式包括势治、作壹、信法三个方面。

法家思想的研究尽管论著丰硕，但并没有达到体系化、系统化的程度，把法家思想作为单个体系的专门研究比较欠缺。法家思想在很多著作中只是作为其中的一章或一节，即作为对整个中国思想史的整体考察的一环而成为研究内容，如诸多版本的《中国哲学史》《中国政治思想史》《中国法律思想史》等。

---

① （美）丹尼尔·A. 雷恩. 管理思想的演变 [M]. 中国社会科学出版社，2000：16—17.

在先秦法家代表人物研究方面，偏重对法家代表人物的个体研究。如叶自成（2014）的《商鞅法治精义及其时代意蕴》指出，商鞅以法治国中的法治是治理国家的最好方法，其法治思想体现了强国利民因循的原则；同时，商鞅提出并践行了法治中人人平等、法治高于权治、法治就是治官、法治就是利民爱民、法治就是法官独立、法治就是普法等思想。商鞅的法治思想对于当前中国建设法治国家、法治社会、法治政府而言，都具有重大的现实借鉴意义。纪光欣、李远遥（2016）认为《管子》构筑了一个主题明确、内容相对完整的国家管理思想体系，包含管理目的论、管理人性论、管理组织论、管理方式论、管理权变论、经济管理论等内容。万英敏、龙婷婷（2017）的《〈管子〉管理哲学思想研究》则缺乏对法家思想的整体把握。

法、术、势三部分构成了韩非子的法治思想，因此就存在一个哪部分是韩非子法治思想核心的问题，而学者们对此也有一定争议。然而不管是重法、重术还是重势，都不可否认韩非子法治思想中法、术、势三者的有机统一性以及不可分割性。蒋重跃的《韩非子的政治思想》（2010）、武树臣和李力的《法家思想与法家精神》等都注意到了韩非子法、术、势三者之间循环互补的关系，而这个基本的认知对于我们研究韩非子法治思想至关重要。关健英、王颖（2015）指出，与西方法律思想史上自然法学派和实证法学派对于道德与法律关系的理解不同，中国伦理思想史上的德法（刑）之争，表现出鲜明的"中国式"特点，其实质是功用之争、德治与法治之争，认为在中国建设法治国家、推进法治进程的今天，更应该关注德治。

1.2.4　先秦兵家管理思想研究概述

以孙子为代表的兵家管理思想在我国国内管理学界的研究热潮兴起于20世纪80年代。各种以研究孙子兵家管理思想如何应用于企业界的学术研讨会层出不穷。对孙子兵家管理思想尤其是其中包含的企业经营管理、企业竞争思想的研究成为热点，出现了与之相关的大量书籍和论文，学者们从不同的角度对其进行探讨。李世繁、杨先举等合著的《孙子兵法与企业管理》（1986）一书，从辩证思维学的角度阐述了孙子兵家管理思想对企业管理的借鉴作用。1989年，在首届孙子兵法国际研讨会上，与会学者提出建立"孙子学"的设想得到广泛认可，并付诸实践。经过近30年的发展，"孙子学"已发展成为一门覆盖孙子研究各领域、研究成果丰硕的学科，其影响遍及世界各地。

兵家管理思想在国外管理学界的研究要比国内超前，日本在这方面的研究更是处于领先地位。学术界一般认为，《孙子兵法》最早传入的海外国家是日本。日本学者吉备真备在 717 年受派为遣唐使到中国留学，735 年归国时将《孙子兵法》等书带回日本。到了江户时代（1603—1867），日本的《孙子兵法》研究十分活跃，人才济济，著述甚丰。20 世纪下半叶，美国出版了多个不同版本的《孙子兵法》译本，其中以格里菲斯译本影响最大，索耶翻译的《武经七书》则向西方全面译介了中国古典兵学。迄今为止，国内外翻译出版的《孙子兵法》外文译本已有日文、法文、英文、俄文、德文、西班牙文、葡萄牙文、意大利文、荷兰文、希伯来文、阿拉伯文等 30 余种。一定意义上说，国外对于先秦兵家思想在经济管理领域运用的关注，带动了国内学术界的研究，形成国内外相互交流的局面，共同促进了这方面学术研究的繁荣。

进入 21 世纪以来，跨越两千多年的《孙子兵法》研究历久弥新，呈现出以战略文化为纽带、以融合创新为宗旨、以普及应用为重点的特征，每年出版著作十余部、发表论文百余篇。其中，姚振文、吴如嵩两位学者的文章《新中国成立以来〈孙子兵法〉研究述略》，从学术史的角度梳理总结了自中华人民共和国成立以来，尤其是进入 21 世纪以来《孙子兵法》的研究状况及成果，重点介绍了有关孙子生平与兵书创作背景研究、《孙子兵法》文献学研究、《孙子兵法》理论研究、《孙子兵法》普及应用研究等方面的新成就，并揭示了《孙子兵法》研究的发展轨迹、总体特点。[①]

在商业领域，孙子兵法和企业管理活动深入结合已成明显趋势，尤其是在商业竞争方面的应用最为广泛。国内管理学界对于先秦兵家思想与现代企业管理的研究热潮兴起于 20 世纪 80 年代，连续十多年召开以《孙子兵法》为主题的各种形式、各种规格的国际、国内学术研讨会。由于先秦兵家思想主要体现为一种如何应对竞争的思想，因此，管理学界对《孙子兵法》等先秦兵家思想的研究大多数集中在把先秦兵家思想与企业战略管理、商业竞争相结合的方面。具有代表性的研究主要有：周三多和邹统钎在《战略管理思想史》（2003）中提出了一个由八部分组成的《孙子兵法》战略思想体系和《孙子兵法》九大战略原则，并在与西方战略管理思想对比的基础上提出了"战略加减法"。李

---

① 姚振文，吴如嵩. 新中国成立以来《孙子兵法》研究述略［J］. 滨州学院学报，2014（5）：1—19.

雪峰在《太极智慧——孙子兵法与企业战略管理》中使用了6对范畴来分析孙子兵法与战略管理的关系。即资源运用——形与势；竞争定位——虚与实；决策认知——彼与己；规划设计——奇与正；组织实施——刚与柔；战略行为——顺与动。杨先举在《孙子管理学》（2005）中挖掘了中国古代兵法中的战略管理思想及其在企业战略管理等多方面的应用，是将中国传统文化和西方战略管理理论相结合，实现西方战略管理本土化的一个重要研究成果。李海滨（2009）探究了《孙子兵法》的战略智慧及其管理启示。钟微量（2012）在《先秦兵家思想战略管理特质研究》一书中认为先秦兵家本着现实主义态度和实用理性精神，形成了一个以治敌思想（竞争战略管理思想）为核心内容，融合治身（自我管理）、治国（国家管理）、治军（军队管理）等思想的，具有内在结构的战略管理思想体系。夏增民（2014）从思想、实践、制度三个方面叙述了孙子兵法的智慧在现代管理中的应用、管理主张和管理模式。

此外还有大量的研究关注先秦兵家其他管理思想。如郭子仪（2000）探讨了《孙子兵法》的管理心理学思想；傅朝（2001）探讨了《孙子兵法》的组织管理学思想；晁罡（2000）从管理战略、管理策略和管理方略三个层次论述了《孙子兵法》的民本论、义利论、协和观、激励术、统御术等方面的管理思想；董海洲、王建军（2004）从目标管理、战略管理、行政管理、经济管理、信息管理、人才管理等几个方面论述了《孙子兵法》的管理思想；陶新华、朱永新（1999）对先秦兵家决策心理思想进行了研究，认为先秦兵家决策心理思想主要有全面信息管理心理、全方位收集分析信息和"多算胜，少算不胜"的决策心理；陈二林（2013）认为孙子的民本思想表现在爱惜士卒、与民同意、教化百姓等方面；王郅强、张扬（2012）从危机管理的事前、事中与事后三阶段对《孙子兵法》蕴含的危机观进行了系统梳理；王晓红（2016）认为《孙子兵法》的战略战术思想，"五事七计"的内容都体现了其思想的精髓，并探讨了孙子兵法管理思想指导下的企业竞争战略。

综观21世纪以来的《孙子兵法》研究状况可以看到，国内对《孙子兵法》的研究，一方面继续发掘其所蕴含的军事思想；另一方面对其在经济、管理、文化教育等领域的应用进行了许多有益的探索。《孙子兵法》与现代管理学的结合仍是《孙子兵法》研究的一个热门话题。

1.2.5 墨家管理思想研究概述

国内学者关于墨子管理思想的研究较丰富,主要有:徐希燕的《墨学研究:墨子学说的现代诠释》(2001),认为墨子提出了管理学上的人本管理思想,并且把墨子的思想精华归纳为墨子的政治思想、经济思想、科学思想、军事思想、逻辑思想、管理思想和教育思想,墨子的管理思想被单独列为一章进行阐述。潘承烈等著的《中国古代管理思想之今用》(2001)一书中认为,"兼爱交利"是墨子管理思想的核心,在人事管理方面应该选贤任能,在政治管理中应该崇尚集权,在生产消费方面应该节用节俭。刘双、涂春燕的《墨子管理思想研究》(2006)主要分析墨子管理理论在现代管理理论中的应用。刘烨的《墨子攻略》(2006)一书主要把墨子的管理理论运用到现代企业管理中,融墨子的智慧与管理精华于一体,着重论述了柔性管理。刘晓庆的《墨子义政管理思想研究》(2015)从管理学角度阐释了墨子思想,将墨子的整个管理思想概括为义政管理。

此外,还有一些关于墨子管理思想的现代价值的文献。如俞杨建、余丽萍的《论墨子管理思想的现代价值》(2013)、黎钰林的《墨家思想在现代企业管理中的应用》(2016)等文章,是以现代企业管理为切入点,把墨子的管理思想应用于现代企业管理中。傅永军(2015)探讨了墨子和平思想的当代价值。[①] 王兴周(2016)探讨了墨家重建社会秩序的对策,包括义利一体、兼以易别、上同一义和尊天事鬼四个方面,即在个人与社会的关系方面主张工具性利他主义和社会关系等序格局,在社会控制方面希望以集权化的思想统一控制万民,用天鬼之志约束政长;认为墨家的义利统一思想有助于化解"互害型社会"问题。[②] 黄庆丽(2017)认为墨家思想以义为核心并统摄其整个哲学体系,探讨了其生活哲学的以行践义和政治哲学的舍生取义思想。[③]

在世界范围,《墨子》最早流传到日本、朝鲜,尔后是欧洲,再后是北美。就墨学的研究而言,日本学者的著述较多,欧美著述较少。英国牧师理雅格(James Legge)在他的《中国人的天道与鬼神观》中介绍了墨子的"天志"与"明鬼"思想,并且他的译本《中国经典》(伦敦会印刷所香港承印,1861年)

---

① 傅永军. 人性与和平——墨子和平思想的当代价值[J]. 东岳论丛,2015(3):101—106.
② 王兴周. 义利一体与等序格局——重建社会秩序的墨家思想[J]. 学术研究,2016(3):82—88.
③ 黄庆丽. 论墨家哲学的贵义思想[J]. 东方论坛,2017(5):120—125.

翻译了《兼爱》上、中、下三篇，着重探讨了墨子的"兼爱"思想。李约瑟（Joseph Needham）出版的《中国科学技术史》中有关墨学的论述是对其科学技术方面的介绍。英国汉学家葛瑞汉（Angus Charles Graham）曾出版过关于墨学的专著和论文，如《后期墨家的逻辑、伦理和科学》《后期墨家论〈墨子·大取〉中的伦理学和逻辑学》等。德国汉学家弗尔克（Alfred Forke）在1922年出版了《墨子》德文全译本——《社会批评家墨子及其门生的哲学著述》。还有一些外国学者对墨子思想进行了研究，如亨利·马斯波罗在1927年发表了《墨子伦理学译注》，克利弗德·席姆普森、威伦斯·韦斯特伍德在1931年出版了《墨子与宿命论》《墨子著作中的宗教因素》，韦尔伯·H.龙在1934年出版了《墨子——宣扬兼爱的中国古代哲学家》，卜德出版了《中国哲学中的调和与冲突》，威廉士出版了《被遗忘了的中国思想家——墨子》等关于墨子的论著。此外，在《展望21世纪——汤因比与池田大作对话录》中也谈及墨学："把普遍的爱作为义务的墨子学说，对现代世界来说，更是恰当的主张，因为现代世界在技术上已经统一，但在感情方面还没有统一起来。只有普遍的爱，才是人类拯救自己的唯一希望。"①

国外关于墨子思想的研究涉及最多的是对《墨子》文本的翻译，而内容多涉及逻辑学、科学和宗教学，其中也有少部分涉及伦理学。

1.2.6 先秦商家管理思想研究概述

商家是先秦时期存在过的一个独立的思想流派，是诸子百家中独立的一家。司马迁《史记·货殖列传》专门记叙从事"货殖"活动的杰出人物。司马迁所指的货殖，还包括各种手工业，以及农、牧、渔、矿山、冶炼等行业的经营。先秦时期，由于诸侯国采取政府管制为主的治理思想，因而大都采取重农抑商政策。② 春秋战国时期，各诸侯国之间征战不已，为了在战争中击败对手，各国都重视富国强兵。诸侯国大都采取了重视商业、保护商业、促进商业发展的各种政策和措施，这些重商政策对商品经济发展起到重要的保护和促进作用，商人的身份与地位也得到认可和提升。管子在主张重农的同时，非常重视工商业的作用，把从事工商业者看作与农民一样重要。不过，这一时期法家

---

① ［日］池田大作，［英］阿·汤因比. 展望21世纪［M］. 国际文化出版社，1999：413.
② 方宝璋. 先秦管理思想：基于政策工具视角的研究［M］. 经济管理出版社，2013：5.

人物均主张重农,并通过抑制工商业来保证农业生产有充足的劳动力。战国初期,魏国李悝提出"尽地力""禁技巧",标志着重农抑商思想已有了雏形。而后商鞅较明确地提出了重本抑末思想并予以实践。商鞅认为从事工商业的"商贾、技巧之人"[1],妨碍贯彻农战政策,故必须予以限制。管子也主张对工商业实行严格管制与控制,但他已认识到政府可通过价格对社会经济活动进行调控,提出了"寓税于价"的思想,即政府通过官营工商业向百姓销售高于市价的商品,这样可避免政府强制征税引起民众的不满情绪。由于"农本商末"传统经济思想观念的影响,由此形成的"重农抑商"政治方针成为古代统治者惯行的基本治国之策。最具代表的是商鞅在秦国主持变法,商鞅借助国家强制力强推"重农抑商"政策,对后世影响极大。因此,先秦商家学派的经营管理思想并没有得到有效传播和发展。

从古代文献来看,《史记·货殖列传》专门记叙了从事"货殖"活动的十余位杰出人物,范蠡、白圭是其著名代表。现时代对先秦商家思想的研究也大都以此为依据,偏重介绍商家代表人物的经营思想。如李晓燕(2009)考述计然及其商业思想,认为"计然七策"是计然提出并广泛实行于越国,使越国富强的经济政策,是计然商业思想的集中体现。李强(2014)认为范蠡特别强调对"时"的选择和把握,"待时而动"和"择时而退"是他从政、经商成功的重要基础,选择合适的经商地点和经营项目,在经商活动中常抱有回馈社会的心态,也是范蠡"商道"的重要内容。唐金培(2015)探讨了子贡的儒商精神,认为其儒商精神主要有崇仁尚富、富而不骄、隆礼厉义、富而好礼,智而有信、诚信为本。郭霞(2017)认为白圭的"人弃我取,人取我予"的经营理念背后,有整套完备经营方略作为支撑:交易方面敢于逆势操作,用人方面要求"智勇仁强",管理方面注重激发向心力,发展方面强调立德布仁。吴慧(2010)在《中国古代商业》一书中提出春秋战国时期的商业是中国商业史上的第一次飞跃,除了某些时候某些诸侯国外,各国统治者对商业都是很重视的,商业作为一个重要的经济部门,其盛衰和国家的强弱息息相关。[2] 李庆鹏(2016)在《商鉴:先秦商家的创富智慧与济世情怀》一书中展示了先秦商贾

---

[1] 《商君书·外内》。
[2] 吴慧. 中国古代商业 [M]. 中国国际广播出版社,2010:19.

群体，通过商家代表人物和时间序列，较为系统地介绍了先秦商家的发展脉络、思想体系和流派传承。

总体来看，对以计然、范蠡、子贡、白圭为代表的先秦商家学派的经营管理思想和中国古代商业文化及其商业精神还有待进一步研究发掘。

综上所述，已有的先秦管理思想研究论著主要有这样几个特点：一是从管理哲学角度研究，此类研究大都偏重先秦管理思想的哲学层面解读，运用现代管理文化解读先秦管理思想及创造性转化的研究不够。二是对先秦诸子某个管理流派的单独研究，此类论著较为普遍，文献众多，但均偏重先秦诸子某个学派或某个代表人物的思想研究，缺乏对先秦管理思想的系统性研究。即使有论著专门研究先秦管理思想，也多侧重于专题探讨，如周书俊的《先秦管理思想中的人性假设》（2011）一书从先秦人性假设的演变过程提出"道德人"的人性假设命题；方宝璋的《先秦管理思想：基于政策工具视角的研究》（2013）一书是从政府治理的政策工具（如管制、协调、服务）专题角度研究政府治理的运作机制，并未探讨先秦管理流派其他方面的管理思想。三是从思想史的角度研究，此类论著如吴照云主编的《中国管理思想史》（2010）一书偏重介绍先秦管理思想流派及其代表人物的思想，缺乏对先秦管理思想的现代价值挖掘及先秦管理文化的创新性发展。

1.3 研究思路和方法

1.3.1 研究思路

本研究试图在系统梳理先秦管理思想相关历史文献和研究进展的基础上，从现代管理文化的视角系统总结、解读先秦管理思想，挖掘先秦管理思想中所蕴含的有益价值，揭示其对当代管理的借鉴意义，努力结合时代特征促进中国优秀传统管理文化"创造性转化"和"创新性发展"。因此，本研究无意对先秦管理思想在思想史上的意义做全面评价和批判，而是重在进行融合性梳理和现代性解读，挖掘先秦管理思想的现代价值并阐释其借鉴意义。

本研究的兴趣在于深入挖掘先秦思想流派的管理思想和文化根源，主要研究对象是先秦时期以老子、庄子为代表的道家管理思想，以孔子、孟子、荀子为代表的儒家管理思想，以管子、商鞅、韩非子为代表的法家管理思想，以孙子为代表的兵家管理思想，以墨子为代表的墨家管理思想，以计然、范蠡、子贡、白圭为代表的商家管理思想。在概括先秦各管理思想流派形成及特点的基础上，系统梳理、解读先秦各管理流派代表人物的管理思想，并挖掘先秦各管理思想流派的现代价值和借鉴意义，最后提炼先秦管理思想的文化精神。

1.3.2 研究方法

1. 文献研究方法

本研究的大部分工作主要是采用对文献进行对比阅读与思考的方法，在阅读先秦诸子典籍和有关注解文献的基础上，利用图书馆和电子网络上提供的文献资源，通过对有关期刊、相关论著、编著等学术资料的查找、搜集、阅读、分析，深入了解国内外关于先秦管理思想及其应用价值的主要观点，广泛吸收相关研究成果，力争使本研究在扎实的文献基础上做到史实详尽、概念准确、理论完备。

本研究选题与研究设计是建立在大量文献收集与综合分析基础之上的，而且，在具体撰写过程中，手头更是准备了大量的相关文献与资料，随时对涉及的典籍加以对照与验证，对不同文献中的观点加以比较和分析。先秦管理思想博大精深，文字简洁却深奥玄妙，参考已有研究成果能更好地参悟和把握思想精髓。

2. 定性分析方法

从所属学科来看，管理思想史的研究属于人文社会学科，偏重管理哲学、思想史和文化史，因而本研究适合采用定性分析方法。定性分析法本身是指运用归纳、演绎、分析、综合及抽象与概括等方法，对获得的材料进行思维加工，去粗取精，去伪存真，从而达到认识事物本质、揭示内在规律的一种方法。在本研究过程中，以先秦思想的典籍、注解及诠释类文献为主，运用定性分析法进行分析和提炼，力求揭示先秦管理思想的形而上价值，从而发现其中具有指导意义的普遍性管理思想内容，概括、提炼先秦管理思想的现代价值。

3. 跨学科分析方法

管理思想史具有跨学科的特点，既包含管理学，又包含历史学，而且还涉及政治学、经济学、社会学、心理学、哲学、文化学等学科,因此本研究需要借助于跨学科的研究方法,借鉴、运用来自各学科的知识、观点和方法,特别是管理学与历史学研究的知识、理论与方法,以综合性与交叉性相结合,梳理并构建起相对系统的先秦管理思想体系及其现代应用。

4. 逻辑分析法

逻辑分析法是从纯粹的抽象理论出发来揭示研究对象的本质,通过概念、判断、推理等思维形式完成研究所需要的结果。本研究在对先秦诸子管理思想相关文献的内容进行分析,以及在系统挖掘先秦管理思想的现代价值、提炼先秦管理文化精神中使用了演绎推理、归纳推理的逻辑分析法。

1.4 研究内容及创新之处

1.4.1 研究内容

本课题研究以取其精华、转化创新的原则为指导,从现代管理文化的视角系统总结、解读先秦管理思想,力图在系统梳理先秦道家、儒家、法家、兵家、墨家和商家各流派管理思想的基础上,深入挖掘先秦各流派管理思想的现代价值,提炼先秦管理思想的文化精神。就本书研究内容而言,主要包括以下方面。

道家管理思想及其现代价值。道家是春秋战国诸子百家中最重要的思想学派之一,老子被视为道家学说的始祖,即"太上老君",他在《老子》(《道德经》)中对道家思想做了详细的阐述;庄子继承和发展了老子的道家思想,在对世界、社会和人生的看法中,包含了丰富的社会治理、生态和谐、幸福快乐等方面的思想。道家管理哲学的最高范畴是"道",倡导效法自然的世界观和方法论,其管理思想主要包含道法自然、无为而治、柔性管理等方面。"道法自然"的思想包含着人们的管理活动要符合道之自然,即符合事物的本性和规律,不可任凭主观意愿妄为和强为的观点,对于当代生态文明建设具有重要启示。"无为而治"的管理思想从古至今在社会发展的多个领域发挥着重要作用,追求无为而治的管理已经成为许多企业管理者的目标，并将其作为管理的最高境界。"弱者道之用"的管理方法、水善品格修炼等柔性管理思想对于组织和管理者都具有现实的应用价值。"法天贵真""至乐无乐"的思想对于幸福管理具有重要借鉴价值。

儒家管理思想及其现代价值。儒家管理思想是中国封建社会的统治思想，其形成与发展对中华文明的影响重大而深远。孔子围绕"修己安人"，提出以"仁"为核心的思想体系；孟子进一步发展孔子的思想，提出"性善论"，推行"仁政"；荀子则从"性恶论"入手，主张"礼法并施"。儒家思想的出发点是"仁"，运用在管理上就是"为仁在人"，实施"仁政"和"德治"，以求达到"修己安人"的目的，因而特别重视个人品德的修养和管理人才的作用，对后世中国式管理产生了深远影响。儒家的德治思想、诚信思想、和谐中庸思想以及义利观对现代管理实践具有重要的指导意义和应用价值。

法家管理思想及其现代价值。先秦法家学派立足社会现实，以"富国强兵"为目标，在诸侯国大力推行"变法图强"和"以法治国"的治国方略，提出了至今仍然影响深远的"以法治国"的管理思想。在具体管理技术上，法家在法、术、势的配合，管理激励，管理控制手段等方面提出了行之有效的举措。法家的法治思想对当代国家治理、现代企业制度化管理具有值得借鉴的管理智慧；法家的领导思想、法治思想对当今领导力提升及人力资源管理中的奖惩机制具有直接的指导意义和应用价值。

兵家管理思想及其现代价值。先秦兵家思想以军事战略为主，对战争规律与军事谋略进行全面系统的总结，从而建立起一套关于如何取得战争胜利的战略思想体系。战争作为人类的一种暴力对抗形式，蕴含着计谋、筹划、指挥、组织、协调、督导等管理要素，因此，从某种意义上说，战争是人类最富有技巧的一种特殊管理行为。孙子所著的《孙子兵法》包含着非常丰富的战略管理思想、组织管理思想、危机管理思想、领导者素质思想等内容。先秦兵家思想中许多积极的、值得借鉴的管理智慧，无论是对国家管理还是企业、社会组织等都具有极强的应用价值，尤其是在商业领域，《孙子兵法》和企业管理活动的深入结合已成明显趋势，在商业竞争方面的应用最为广泛。此外，《孙子兵法》的危机观及领导思维为现代危机管理和现代领导全局思维、唯实思维、超前思维、形式互用思维提供了有益的启示。

墨家管理思想及其现代价值。墨家学派的创始人是墨子，其思想主张主要有：人与人之间平等相爱（兼爱），反对侵略战争（非攻），推崇节约、反对铺张浪费（节用），倡导义政、强调道义（贵义），掌握自然规律（天志），尚贤，尚同，等等。墨子的思想中包含管理目标、管理的价值原则、组织管理思想、人才管理思想、经济管理思想等。墨家管理思想的理想是力求构建一个公平公正、合理互爱、节约、高效能的和谐社会。墨子别具一格的观点对当时国家治理、社会安定产生了深远影响，其和谐思想、兼爱思想、尚同思想、尚贤思想等对现时代的管理实践仍然具有重要的借鉴作用。

商家管理思想及其现代启示。商家或货殖家，亦称"治生之学"，是先秦时期一个颇有特色的管理思想流派。商家是先秦时期存在过的一个独立的思想流派，是诸子百家中独立的一家。以计然、范蠡、子贡、白圭为代表的商家学派注重对商业经营实践规律的总结，在取得巨大经营之效益的同时，形成了独特的经营管理思想，其重视市场预测和决策的思想、重视商业经营策略的思想、重视商业经营者素质的思想等为后人留下了宝贵的商业经营思想财富，对当代世界和中国商界经营管理实践提供了一些有益的启示。

先秦管理文化精神。本研究把先秦管理思想和管理文化所包含的基本精神提炼为：自然主义精神，人文主义精神，德治主义精神，法治主义精神，和合主义精神。

1.4.2 创新之处

本研究的创新之处主要有：

第一，管理文化视角新颖。管理思想产生于文化土壤之中，因此，不同文化土壤中所形成和发展起来的管理思想会存在较为明显的差异，比较其中的差异有助于对管理思想及相应文化的更深理解。先秦管理文化曾使古代中国谱写过世界文明史上极其光辉灿烂的篇章，实践证明，这种管理文化经过提炼加工具有明显的现代价值。本研究从现代管理文化的视角系统总结、解读先秦管理思想，发掘先秦管理思想的现代价值，努力结合时代特征促进中国优秀传统管理文化的"创造性转化"和"创新性发展"，这也是本研究的宗旨。

第二，系统地重新梳理先秦管理思想，挖掘先秦诸子各派管理思想的现代价值和借鉴意义。学界在先秦诸子各派管理思想、先秦管理思想史及先秦管理思想专题领域的研究都取得了丰硕成果，但是对先秦管理思想的现代价值挖掘及先秦管理文化创新性发展的研究尚不够全面、深入。本研究运用现代管理学理论重新诠释先秦道家、儒家、法家、兵家、墨家以及商家管理思想，深入挖掘先秦诸子各派管理思想中的积极因子，并探索这些积极因子的现代价值和借鉴意义，这也是本研究的重点内容。

第三，提炼了先秦管理文化精神。本研究把先秦管理思想和管理文化所包含的基本精神提炼为：自然主义精神，人文主义精神，德治主义精神，法治主义精神，和合主义精神，这也是本研究的难点所在。

先秦道家管理思想

CHAPTER 2

道家是春秋战国诸子百家中最重要的思想学派之一。老子被视为道家学说的始祖,即"太上老君",他在《老子》(又称《道德经》)中对道家思想做了详细的阐述;庄子继承和发展了老子的道家思想。道家管理哲学的最高范畴是"道",倡导效法自然的世界观和方法论,其管理思想主要包含道法自然、无为而治、柔性管理等内容。本章主要阐述老子的管理思想、庄子的管理思想,并探究道家管理思想的现代价值。

2.1 先秦道家管理思想概述

2.1.1 道家管理思想的形成

道家思想是指以老子思想为宗脉的思想总称,它是中国思想的基础之一,也是中国管理思想的重要来源。《汉书·艺文志》云:"道家者流,盖出于史官,历记成败存亡祸福古今之道,然后知秉要执本,清虚以自守,卑弱以自持,此君人南面之术也。"所谓史官,就是王室内负责记载成败存亡祸福古今之道的人,可以说史官在当时是最有学问的人。老子在周王室中当过柱下史①,也就是负责周王室的图书管理。就道家作为一个思想流派而言,它是在春秋战国时期这一特定的社会历史背景下形成的。

春秋初年,周王朝开始衰落,社会动荡不安,诸侯力政,周天子实际上名存实亡。到春秋时代,形成了 14 个诸侯国。伴随着礼乐制度的逐渐解体,社会矛盾不断加剧,随之而来的是连绵不断的战乱,新兴地主阶级的代表"侯王",为满足自身的利益和欲望,疯狂地进行扩张、兼并,战争连连,饿殍遍野,民怨沸腾。在这种动荡不安的历史环境下,一方面人们的精神世界失去了应有的寄托,急切地希望找到一条出路;另一方面许多败落的贵族对现实状况感到不满,而又不甘心自身的衰亡和破败,总想寻求自身没落的根源,试图补救,也开始了对国家治理的探索。

---

① 柱下史,是掌管中央的奏章、档案、图书以及上报材料的御史大夫。

就思想文化背景而言，一方面，春秋战国时期是中国思想文化蓬勃发展的黄金时期，亦被称为中国古代思想产生的"轴心时代"。① 理性主义和人文思想兴起，不同思想涌现出不同的学派，诸子各家学说异彩纷呈、争奇斗艳，各种思想的相互碰撞为道家思想的产生提供了宽松的文化环境。另一方面，春秋战国时期"礼坏乐崩""天下无道"，旧的生产关系已经衰落，新的生产关系逐步确立，官学渐渐衰微，随之而来的是私人讲学的兴起，先秦诸子探索这一问题的解决之道，形成了各家独特的"治道"体系，出现了"百家争鸣，百花齐放"的独有景象。春秋末年，以《老子》的问世为标志，道家思想已经完全成型。

以老子、庄子为代表的道家思想在中国管理思想史上占据着重要地位，它包含着朴素的辩证法思想和丰富的治国智慧，老子的弟子关尹、庚桑楚、杨朱、文子等从各个方面进行了发展，对当时及后世产生了深远的影响。

2.1.2 先秦道家管理思想的代表人物

2.1.2.1 老子

老子（约前571—前471），姓李名耳，字伯阳，谥号聃，又称李聃，春秋楚国苦县（今河南省鹿邑县）人。老子是中国古代伟大的思想家、哲学家、文学家和史学家，道家学派创始人和主要代表人物，被唐朝帝王追认为李姓始祖。

老子曾任周朝（公元前11世纪周武王灭商后建立，建都于镐，即今陕西省长安县西北。公元前771年申侯联合犬戎攻杀周幽王，次年周平王迁都洛阳。历史上称平王东迁前为西周，此后为东周）掌管藏书室的史官。据司马迁在《史记·老子韩非列传》中记载，孔子在拜见老子后，告诉他的弟子们说：老子像一条龙！（"吾今日见老子，其犹如龙邪！"）1973年，我国考古工作者在长沙马王堆三号汉墓发掘出一批帛书，其中有用墨笔抄写的《老子》书甲、乙两部（参见北京文物出版社，1976年版），内容与今本《老子》大同小异，只是内容编排的顺序上有所不同。帛书《老子》是《德经》在前，《道经》在后；甲本用圆点作分章符号，乙本篇尾标有《德》《道》篇题。《道德经》分上下两篇，原文上篇《德经》、下篇《道经》，不分章，后改为《道经》在前，分

---

① 唐少莲. 道家"道治"思想研究［M］. 中国社会科学出版社，2011：7.

37章，《德经》在后，分44章，共为81章。据马王堆三号汉墓发掘帛书整理小组考证：甲本系抄写于汉高祖刘邦称帝前，乙本抄写于汉文帝即位前。楚国境内一个轪侯的子弟墓里能葬入《老子》抄本，这说明《老子》在西汉初期已经影响很大，广泛流传。《史记·老子韩非列传》中最早记载了《老子》的成书过程：

> 老子修道德，其学以自隐无名为务。居周久之，见周之衰，乃遂去。至关，关令尹喜曰："子将隐矣，强为我著书。"于是老子乃著书上下篇，言道德之意五千余言而去，莫知其所终。

《老子》全书采取韵文体，老子思想的核心精华是朴素的辩证法，主张无为而治。老子以"道"解释宇宙万物的演变，"道"为客观自然规律，同时又具有"独立不改，周行而不殆"的永恒意义。《老子》书中包含大量朴素辩证法观点，如认为一切事物均具有正反两面，并能由对立而转化，是为"反者道之动"，"正复为奇，善复为妖"，"祸兮福之所倚，福兮祸之所伏"。又认为世间事物均为"有"与"无"之统一，"有、无相生"，而"无"为基础，"天下万物生于有，有生于无"。他关于民众的格言有："天之道，损有余而补不足，人之道则不然，损不足以奉有余"；"民之饥，以其上食税之多"；"民之轻死，以其上求生之厚"；"民不畏死，奈何以死惧之"。老子的思想和由他创立的道家学派，不仅对中国古代思想文化的发展做出了重要贡献，而且对中国2 500多年来思想文化的发展产生了深远影响。

2.1.2.2 庄子

庄子（约前369—前268），名周，字子休（亦说子沐），宋国蒙人，身世不详。《史记》上说："庄子者，蒙人也，名周。"蒙地是楚国还是宋国，连太史公也不知。《史记》又说庄子曾做过蒙地的漆园吏。庄子是老子哲学思想的继承者和发展者，是道家学派的主要代表人物之一，与老子并称"老庄"，他们的哲学并称"老庄哲学"。

庄子生活在战国时期，与梁惠王、齐宣王是同时期人，因崇尚自由而不应楚威王之聘。当时诸侯混战，争霸天下，庄子不愿与统治者同流合污，便辞官隐居，潜心研究道学。他把"贵生""为我"引向"达生""忘我"，归结为天然的"道""我"合一。主张尊重天性，逍遥处世，"独与天地精神往来，而不睥睨于万物",代表作为《庄子》。

《庄子》约成书于先秦时期。《汉书·艺文志》著录五十二篇,今本三十三篇。其中内篇七,外篇十五,杂篇十一。所传三十三篇,已经郭象整理,篇目章节与汉代亦有不同。全书以"寓言""重言""卮言"为主要表现形式,继承老子学说而倡导自由主义,蔑视礼法权贵而倡言逍遥自由,内篇的《齐物论》《逍遥游》和《大宗师》集中反映了此种哲学思想。《庄子》具有很高的文学价值,其文汪洋恣肆,瑰丽诡谲,想象丰富,气势壮阔,意出尘外,乃先秦诸子文章的典范之作。

《庄子》是继《老子》之后道家管理思想发展的一部新的学术典籍,其历史和学术的双重价值代表着当时的最高水准。正是因为这个原因,《庄子》博大精深、风格独特而又影响深远的管理思想,受到后世学者的高度重视。

2.1.3 先秦道家管理思想的特点

《老子》中关于"道"的论述很多,全书共出现了 73 次,虽然"道"的含义一直到今天学者还在不断讨论,尚有不同看法,但一般认为,《老子》中的"道"是指宇宙的本体,万物的玄妙出于"道"。

道家管理思想的核心是"道",其主要特点包括:

2.1.3.1 以道为核心

"道"是老子一切思想的基础,也是其哲学思想的核心和最高范畴,他把道视为天下万物之源,自然界和人类社会一切事物的根本。形而上的"道"亦即宇宙的本体和万物产生的本原,"有物混成,先天地生。寂兮寥兮,独立而不改,周行而不殆,可以为天地母。吾不知其名,故强字之曰道,强为之名曰大。大曰逝,逝曰远,远曰反"①。就是说,"道"是浑朴、圆满和谐的整体,"道"无声无形,先天地而存在,循环运行不息,是产生天地万物之"母"。《老子》以"道"解释宇宙万物的演变,"道"经过变动运转又回到原始状态,这个状态就是事物得以产生的最基本、最根源的地方。

老子认为,一切事物都产生于道,"道生一,一生二,二生三,三生万物"②。"道"为万物之本;"法"为"三"的境界,为"道"衍生而成。"法"

---

① 《老子》25 章。
② 《老子》42 章。

众"道"一。"道"和"法"的关系及运行规律能很好地体现在太极图中。太极图形状犹如双鱼合抱，呈现出天地之间一种极为优美、自然、和谐的状态（见图）。图的外层圆圈被称为"无极"，表示世界的本初是混沌一体的，即道生"一"的境界；中间曲线划分的黑白两个部分表示阴阳二气（两仪），即"一"生"二"的境界；阴阳相互包绕，呈旋转之势，阴鱼白眼、阳鱼黑眼，显示事物阴中生阳、阳中生阴的辩证和动态生化规律，显示出阴阳之间不断有序地消长转化、循环往复的动态发展变化规律（四象），这是"二"生"三"的境界；由"三"再衍生出世界万物万态，呈现出丰富多彩的世界景象，进入"三生万物"的阶段，在图像上应该是新一轮的太极图系统，在太极图中间展示出来，表示系统性的升华和发展规律。

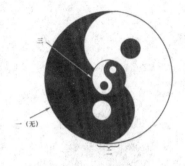

太极图与道的运行规律

那么这个"道"到底是个什么样子呢？按照《老子》中的说法："道之为物，惟恍惟惚。惚兮恍兮，其中有象；恍兮惚兮，其中有物。窈兮冥兮，其中有精；其精甚真，其中有信。自今及古，其名不去，以阅众甫。吾何以知众甫之然哉？以此。"① "视而不见，名曰夷；听之不闻，名曰希；搏之不得，名曰微。此三者不可致诘，故混而为一。其上不皦，其下不昧，绳绳兮不可名，复归于无物。是谓无状之状，无物之象，是谓惚恍。迎之不见其首，随之不见其后。"② 超脱于具体事物之上的"道"，与现实世界的万事万物有着根本的不同。它没有具体的形状，看不见，听不到，摸不着，它无边无际、无古无今地存在着，时隐时现，难以命名。

"道"虽然不是普通意义之物，是没有形体可见、恍惚而不可随的东西，但它作用于事物时，却表现出规律性。《老子》中许多关于道的论述，就是指规律性的道（含有对立转化规律、循环运动的规律）。"道"乃"莫之命（命令）而常自然"，因而"人法地，地法天，天法道，道法自然"。"道"为客观自然规律，同时又具有"独立不改，周行而不殆"的永恒意义。管理的根本在

---

① 《老子》21章。
② 《老子》14章。

于发现大道并依道而行。

2.1.3.2 以德为基础

"道"是形而上的,同时也是形而下的。"道"落实到现实生活上,就是"德"。"德"是"道"的作用,亦是"道"落实在人身上的体现,它内化于万物,成为万物各自的属性。老子把"道"解释为"万物之奥",对"德"的解释为"孔德之容,惟道是从"。这就是说,道为本,德为器,道制约德,德说明道。管理者要想发现大道并依道而行,自身必须具备良好的德行,德是道的基础。老子非常重视管理者、领导者自身的表率、"守信"作用。取信于民的最好方式或许是"做","做"比"说"更重要、更直接。所以,老子主张君主"贵言"。《老子》中分别讲道:"悠兮,其贵言。功成事遂,百姓皆谓我自然"①,"希言自然"②,"天之道,不争而善胜,不言而善应"③。老子的"不言之教"并非真的"不言",而是不要妄言、多言,要"言"得少且合乎自然。所谓"贵言"主要指"不轻于发号施令"④,即老子所讲的"不言之教"⑤。老子的"不言""贵言""希言"的实际意义是一样的,就是不发号施令、不滥用政令,以自身德行取信于民。

2.1.3.3 道相反转化

老子认为,"反者道之动,弱者道之用"⑥。"道"是事物运动、变化的普遍法则,"道"的作用方式是一切事物无不向其相反的方向变化,不断在否定自身。"反"具有两层含义:一为相反,向相反的方向运动;二为回返,即循环。老子认为矛盾双方是相互对立、相互转化的,事物在变化、发展、运动过程中不断向其相反方向发展,也是循环反复的。既然一切是循环相生,则弱必生强,强必转弱,弱是强的成长基础,强也会成为转弱的起点。向相反方面的转化是道的运动的表现。由无转化成有,由柔转化成刚("柔弱胜刚强")等,皆是"道"运动的结果,故应"守柔用弱"。

---

① 《老子》37 章。
② 《老子》23 章。
③ 《老子》73 章。
④ 陈鼓应. 老子注译及评价 [M]. 中华书局, 2009:130.
⑤ 《老子》2 章。
⑥ 《老子》40 章。

2.1.3.4 道常无为

道的根本性质就是自然无为，即"道法自然"①。老子认为道是一种无意志的自然存在物，它产生万物是自然而然的、没有目的的，正由于它自然无为，所以它才能产生万物，"以至于无为，无为而无不为"②。

管理活动中生生不息的"道"，可以体现为"自然无为的内在价值"，即管理者在整体观照中，致力于追求和创造人性化的管理价值，满足人的生物性需求和社会性需求，促进人类文明的永续发展。道家管理有待于"无为"所能实现的管理价值，管理者透过自我心智的无为，掌握管理活动的客观发展规律，因势利导，有效地整合组织资源，就可以自然而然地达成组织的目标。

2.2 老子的管理思想

"自然""无为"是《老子》中的核心概念，也是《老子》管理思想的核心，一定意义上讲，老子的"道"的思想体系、管理学说都是建立在"自然""无为"基础上的。

2.2.1 道法自然

"道法自然"出自《老子》25章："人法地，地法天，天法道，道法自然。"这是老子管理思想的出发点，"自然"是《道德经》的基本精神。吴澄注："道，之所以大，以其自然，故曰'法自然'。非道之外别有自然也。"③童书业认为："老子书里的所谓'自然'，就是自然而然的意思，所谓'道法自然'就是说道的本质是自然的。"④"法自然"应该解释为效法自然的原则。冯友兰先生也赞同："'人法地，地法天，天法道，道法自然'，并不是说于道之上，还有一个'自然'，为'道'所取法。上文说'域中有四大'，指人、天、

---

① 《老子》25章。
② 《老子》48章。
③ 吴澄. 道德真经注 [M]. 学苑出版社，2014：48.
④ 童书业. 先秦七子思想研究 [M]. 齐鲁出版社，1982：121.

地、道,'自然'是一个形容词,只是在形容'道'生万物的无目的、无意识的程序。""道法自然",就是说道以自然为归,道的本性就是自然。宇宙有四大:道之外,加上了天、地、人。这四大的可贵处,就在于体自然而行。①

老子在短短五千言中,除了以"天"指代自然多处出现外,直接谈及自然的地方有五处:

信不足焉,有不信焉。悠兮其贵言,功成事遂,百姓皆谓我自然。(17章)
希言自然。故飘风不终朝,骤雨不终日。(23章)
人法地,地法天,天法道,道法自然。(25章)
道之尊,德之贵,夫莫之命而常自然。(51章)
学不学,复众人之所过,以辅万物之自然而不敢为。(64章)

其中除"希言自然"外,老子都是把自然理解为自己如此、本来如此、势当如此的事物存在状态。老子强调,人生活在天地之间,天地来源于道,道是宇宙万物之根本,但道的特点、道所依据或体现的却是"自然"二字。自然是最高的根源与根据所体现的最高的价值或原则。"人法地,地法天,天法道,道法自然",这里罗列了五项内容:人—地—天—道—自然。虽然地、天、道在老子哲学中都是很重要的概念,但全段强调的重点其实是两端的人和自然的关系,即人应该效法自然。所谓法地、法天、法道都不过是加强论证的需要,人类社会应该自然发展,这才是老子的关键性结论,换言之,自然贯穿于人、地、天、道之中,因而是最根本最普遍的原则。②

老子的"道法自然"认为,人与自然生态系统是整体的统一,二者统一于"道"。在提倡二者统一的基础之上,老子进一步提出"天人合一"的观点,强调人与自然和谐相处的重要性。故"天之道,损有余而补不足;人之道则不然,损不足以奉有余"③。因为万物都按照自身规律运行,所以,顺应天道规律便成为自然而然之事。因此,"道法自然"归根到底是"人法自然"。自然是一个适用于宇宙、社会以及人生的普遍准则,归根到底是人要自然,是人要过因循自然的生活。从管理学角度来看,就要求管理者必须遵循客观规律来从事

---

① 陈鼓应. 老子今注今译 [M]. 北京:商务印书馆,2003:175.
② 刘笑敢. 孔子之仁与老子之自然——关于儒道关系的一个新考察 [J]. 中国哲学史,2000(1):41—50.
③ 《老子》77章。

管理活动。

2.2.2 以德为贵

"德"是老子思想中的重要范畴,《老子》中分别提到了德、上德、下德、玄德等概念。老子是在道与德的关系中分析了德的内涵。他认为,德主要包含两方面:一是道之创生、养育世界万物的至善本性、本质的现实体现,即上德;二是道赋予世界万物的本性,道之至善本性在世界万物上的体现,即世界万物得之于道的善之本性(下德)。德者,性也。道之创生世界万物至善本性的现实体现即为上德,老子讲的玄德、常德等都是指上德,是道之至善本质的体现。老子曰:"上德不德,是以有德。"① 上德,即绝对的德(也即道);不德,即不得德,不必获得至善的存在和本质。老子曰:"下德不失德,是以无德。"② 下德,即世界万物善之本性;不失德,意谓不失去自己被给予的绝对存在和至善本质;无德,即没有个体独立的绝对存在和至善本质。在老子看来,对于世界万物的个体本身来说,个体的存在和本质完全是由道即世界的绝对存在和至善本质所给予的,它们并没有自己独立的存在和本质,也即没有"上德"。因此,世界万物的存在和本性完全是一种被给予、被给定的东西。对于人类来说,只有当他们在主观上认识、掌握并保持了这种被赋予的天性时才具有自觉、自为和现实的普遍无限的存在与普遍无限的本性,才具有善,才具有德。

《老子》第 51 章说:"道生之,德畜之,物形之,势成之,是以万物莫不尊道而贵德。道之尊,德之贵,夫莫之命而常自然。"老子认为,道的绝对善良的本性之所以受到人类的尊崇和爱戴,并非因为道命令强求人类这样做,而是因为人类天生崇敬和热爱一切仁爱与善良的事物的本性使然。因此,人类只有守住天赋善良本性,才能保持与世界至善本质的统一与一致,才会善良纯朴、自由幸福;反之,人类如果丢掉德性,就会背离世界的本质和本性,会陷入相互倾轧、相互践踏的罪恶状态。老子认为,拯救人们沦丧的道德心并使之遵从整个世界的道德意志去行事的最好方法,莫如使人们认识自己天赋的德之本性,并按照自己天赋的纯正善良、诚实无欺的德之本性去生活。

---

① 《老子》38 章。
② 《老子》38 章。

老子认为，对于理解人类存在及生活的道德本原和道德本质的圣人来说："治大国若烹小鲜。以道莅天下，其鬼不神。非其鬼不神，其神不伤人。非其神不伤人，圣人亦不伤人。夫两不相伤，故德交归焉。"① 通过治理，每一个人都认识到自己存在的道德本原和道德本质，每一个人都把道德置于自己的心灵之中，那么各种自私的、邪恶的意念就不会在一个人的心灵中产生，人们天生的道德存在和道德本质就会回归于人们心身相统一的存在之中，并与人融为一体。可见，圣人治理国家的方式是典型的德治。

老子的贵德管理思想，就是在管理中以德为贵，将德视为管理活动首先应该加以重视的因素，管理活动必须符合德的要求。万物虽然遵道贵德，但道德并不自以为尊贵，万物也不是有心刻意去尊贵，而是一种天然的流露，是自然无为之妙。因而，在遵道贵德的基础上，就可以进入管理的最高境界"无为而治"。

2.2.3　无为而治

在"道法自然"的基础上，老子提出了无为管理思想。"无为"一词在《老子》中共出现12次，其中有8次可以明显理解为以"无为"的方式处事：《老子》第2章讲"圣人处无为之事，行不言之教"；第3章讲"为无为，则无不治"；第10章讲"明白四达，能无为乎"；第37章讲"道常无为而无不为"；第38章讲"上德无为而无以为"；第43章讲"不言之教，无为之益，天下希及之"；第48章讲"为道日损，损之又损，以至于无为，无为而无不为"；第63章讲"为无为，事无事"。这些"无为"都可以理解为一种"为"的方式，并且其结果是"无不为"。《老子》中另有3处"无为"可以有不同解释：第43章讲"天下之至柔，驰骋天下之至坚，无有入无间，吾是以知无为之有益"；第57章讲"我无为而民自化，我好静而民自正，我无事而民自富"；第64章讲"为者败之，执者失之，是以圣人无为故无败，无执故无失"。这些"无为"既可以理解为一种"为"的方式，也可以理解为"不为"或无所作为。

凡是讲到社会治理问题时，老子特别强调"无为"。自然界是无为的，道法自然也是无为的，人循道也要无为。"道常无为而无不为。"② 老子说："无

---

① 《老子》60章。
② 《老子》37章。

为而无不为，取天下常以无事；及其有事，不足以取天下。"① 意即无为的结果，万物各得其所，各遂其生，从这个意义上说就是无所不为。反之，也可以说，没有任何一件事不是"无为"所为的。因此，治理天下，要顺应民心民意这个自然，这就是无为；如果违反规律去"运动"民众必然劳民伤财，看上去是"有为"，结果是不能治理好天下的。可以说，道家管理哲学的核心内容就是无为管理思想。"道"是天地万物和人类社会运行的根本规律，"无为"就是从根本上、从长远、从整体的角度把握事物运行规律，以求得真正最优之"有为"。天地万物和人类社会一切事物的运变由本质规律——"道"所统摄。道家无为管理的精髓在于，以组织的制度完善和管理者的守弱用柔为前提，通过群策群力、举贤任能，实现管理过程的无为而治。② 它具有以下几个明显的特点：

第一，"无为"管理是适用于一切人的，但首先是对上层统治者，尤其是对君主的要求。老子认为，实现"无为"的管理境界，是要使社会上的一切人，包括统治者和被统治者，都"无为"和"不敢为"。他把人们改进生产、改善生活而进行的活动，都视为"有为"，而主张通过国家的管理加以消除或最大限度地削弱。但是，国家的这种管理不能采用法令、规章、刑罚、奖赏之类的手段。因为这样做是违反无为原则的，而且必然会引起规避、反抗、钻营等行为，结果是越管越乱。为了使社会上一切人都遵循"无为"原则，唯一的办法是由统治集团率先实行"无为"，不但在政治上尽量省减活动，而且带头过一种质朴、简陋的生活，不享受文化、技术进步带来的成果。在统治者的倡导下，整个社会就会形成一种"无为"的风气，无形地却是有力地约束一切人，从而达到自上至下人人无为的要求。

第二，"无为"是一个普遍适用于任何管理过程的原理，无论是政治管理、经济管理、军事管理还是社会文化管理。"无为"是一种宏观的积极的管理原则，意味着对各种活动减少束缚和干预，是为了要有为的"无为"，是动态的。当然，老子首先是把"无为"作为一个政治管理原则提出来的。他认为，国家为管理百姓而制定颁布的法令规章越多，人们为规避、利用这些法令、规章而

---

① 《老子》48章。
② 闫秀敏. 道家无为管理智慧［M］. 人民出版社，2013：23.

采取的手段就越多；国家对百姓使用的刑罚越严酷，人们的反抗就越强烈，社会也就越混乱。"其政察察，其民缺缺。"① "法令滋彰，盗贼多有。"② "民不畏死，奈何以死惧之？"③ 从这种认识出发，老子在治国问题上一贯强调"政简刑轻"，君主如果滥用刑罚，刑罚就会渐失功效，民众就会铤而走险不惜犯死，因此要慎用刑罚。

第三，"无为"作为一个宏观的管理原理，意味着国家对私人的活动（尤其是经济活动）采取不干预、少干预的态度，也就是采取放任的态度。提倡"无为"首先是要求国家统治者对百姓实行无为而治，这说明无为主要是一个宏观的管理原则。无为而治还意味着对私人活动的束缚、干预的减少或放松，使私人有更多的自由从事自己所愿意从事的活动，这将有利于私人活动及其积极性的增加，从而使社会经济和文化的发展出现更加活跃的局面。国家政权和统治者的"无为"，事实上将导致百姓更能有为。老子用一个形象生动的譬喻说："治大国若烹小鲜。"④ 小鲜即小鱼。治理大国不可多扰民，就如烹小鱼不可多扰一样，只能实行顺应自然的无为而治。老子还提出了圣人无心说："圣人无常心，以百姓之心为心。"⑤ 也就是说，圣人治国只是顺应民心之自然而已。

概括而言，无为管理原理根据辩证法可分为三个阶段："有为—无为—无不为。"根据逻辑的推理，有为是正题，无为是反题，无不为是合题。在这里，正题和合题中间的关键是反题，正反两方面的作用才能达到无不为的境界，否则是行不通的。中间阶段的无为是对前一个阶段深刻反思的过程，是一个积极准备的过程。这里还有一个重要的管理意义，"无为"在管理执行过程中就是"无形的控制"，即"隐形管理"和"自我管理"。老子及其道家把"无为"看作管理的最高境界，并把它建立在"道法自然"的哲学思想基础之上，从而使无为管理成了老子及其道家管理思想的核心内容。

2.2.4 柔性管理

《老子》中多次提到"柔"，如"专气致柔""柔弱胜刚强""天下之至柔，

---

① 《老子》58 章。
② 《老子》57 章。
③ 《老子》74 章。
④ 《老子》60 章。
⑤ 《老子》49 章。

驰骋天下之至坚""守柔曰强""坚强处下，柔弱处上""天下莫柔弱于水，而攻坚强者莫之能"。"柔弱"二字连用在三个篇章中出现5次，"柔"字共出现了11处。"柔"是老子"道"的重要特征，凡事要避免走向灭亡，如物老、兵灭、木折等，就必须"守柔"，并通过"柔"来实现最终的刚。① 老子从辩证的角度阐述了"柔弱"，认为任何事物都不是一成不变的，都存在着互相对立的两个方面。物极必反，"物壮则老"。一种事物发展到顶峰，那么下一个变化过程即是走向衰弱、灭亡，故"将欲弱之，必固强之"。因此，老子提倡守柔用弱，主张以柔克刚。

老子从世间万物由强到弱的转化中看到了"守柔"的必要性。"飘风不终朝，骤雨不终日。孰为此者？天地。天地尚不能久，而况于人乎？"② 狂风刮不到一个早晨，暴雨下不了一整天。谁使它这样呢？是天地。天地的狂暴尚不能长久，更何况人呢？"人之生也柔弱，其死也坚强。草木之生也柔脆，其死也枯槁。"③ 意即人活着时身体柔弱，死了以后身体变得僵硬；草木生长的时候枝干柔弱，死了以后就变得干枯了。基于此，老子认为坚强的东西实际上就是正在接近于死亡，"坚强者死之徒"，是"兵强则灭，木强则折"，而柔弱才有生命力，"柔弱者生之徒"，故"坚强处下，柔弱处上"。因此，老子认为要立于不败之地，就应处于柔弱和谦下的地位，故曰"守柔曰强"，持守柔弱才为"强"。

老子用"弱者，道之用"来表明"柔"与"道"的关系，也就是说"柔弱"是"道"的作用与体现，而道又是万物存在的依据。④ 老子用"水"表明"柔弱"是灵活、流通、运行、善于变化和不凝滞的，这含有看待事物和处理问题的管理智慧。老子认为"天下之至柔，驰骋天下之至坚。无有入无间，吾是以知无为之有益"⑤，即柔弱东西能进入坚硬的东西中去，由此我们能知道无为是有益的。不难看出，老子认为水"利万物""补不足"的强大适应性与响应力是"上善"，是故"上善若水"。吴澄《道德真经注》曰："上善谓第一等至极之善，有道者之善也。其若水者何也？盖水之善，以其灌溉浣濯，有

---

① 刘正球. "守柔""中庸""持满"辨析 [J]. 桂海论丛，2000（1）：83－85.
② 《老子》23章。
③ 《老子》76章。
④ 卢育三. 老子释义 [M]. 天津古籍出版社，1987：9.
⑤ 《老子》43章。

利万物之功而不争处高洁，乃处众人所恶卑污之地，故极于有道者之善。"①魏源在《老子本义》中说："凡利物之谓善，而利物者又不能不争，非上善也。惟水不然，众人处上，彼独处下；众人处易，彼独处险；众人处洁，彼独处秽，所处尽众人之所恶，夫谁与之争乎？此所以为上善也。居善地以下，则言圣人利物而不争之实，非仍指水也。"②张松如在《老子说解》中这样解释："蒋锡昌《老子校话》：上善，谓上善之人，即圣人也。'是一首《水之歌》，歌颂的则是理想中的圣人。'它是用水的形象说明'圣人'是道的体现者，因为'圣人'的言行类乎水，而水德是近于道的。"③

老子以水喻人，用水的善性来比喻"上善上德之人"的人格。水有以下鲜明的特征：柔、处下、润泽万物却不相争。老子对水的分析独到精辟，把人与自然有机地统一起来，"上善若水"作为一种理想人格，要求管理者实施柔性管理，宽容待人，善待万物，豁达开阔。老子的"水善利万物而不争"可理解为两个方面：一是利万物的"利他"奉献精神；二是不与万物争功的谦逊姿态。老子说："天之道，利而不害；圣人之道，为而不争。"④天道无私，它只有利于万物，而不会对万物造成伤害。掌握了"道"的圣人，顺天道而行，效法天道之"利而不害"，表现为"为而不争"，也就是做贡献，为他人服务，而不和他人争夺功名。

老子的柔性管理还体现在"善下"的用人之道。在老子看来，好的领导者要像"水"一样"善下"，虽在高位却能以低的姿态对待民众，"水善利万物而不争，处众人之所恶，故几于道"⑤。在用人方面，老子说："知人者智。"这就是说，认识人才，发现人才，才称得上有智慧。如何使用人才呢？老子形象地比喻："江海之所以能为百谷王者，以其善下之，故能为百谷王。"⑥意即江海之所以能集聚许多河流，是因为它处于低下的好地位。在这里，老子把江海比作领导者，把许多河流比作众多的人才，领导者对待人才应该谦下。老子

---

① 吴澄. 道德真经注 [M]. 浙江古籍出版社，1998：135.
② 魏源. 老子本义 [M]. 中华书局，1988：7.
③ 张松如. 老子说解 [M]. 齐鲁书社，1998：55.
④ 《老子》81章.
⑤ 《老子》8章.
⑥ 《老子》66章.

说："善用人者为之下，是谓不争之德，是谓用人之力。"① 意即善于用人的人，对人谦和，这是一种不与他人相争的德，这叫作善于利用别人之力。老子认为，这是符合天道的规律，这样才能把众多的人才吸收到自己的周围。老子又进一步说："故贵以贱为本，高以下为基。"② 这就是说，一个领导者要做到以贱为根本，高层的基础在下面；领导者应当时时处下，事事居后，不要显示自己，更不要把自己摆在前面，而永远应该谦恭、温和。这无疑是领导用人的重要规律之一。

2.3 庄子的管理思想

庄子一生都过着清贫的隐居生活，其思想虽然以避世为主，但在对世界、社会和人生的看法中，包含了丰富的社会治理思想、生态思想、幸福快乐思想等。

2.3.1 顺物自然

庄子的治理思想是以道家思想的核心概念"道"为根本展开的。在庄子那里，"道"从来都是作为本原、权威及主宰的角色呈现在我们眼前的。在庄子的治理思想中，其治理之道便是"道"，它在整个国家的治理中起着根本的导向作用。正是因为"道"存在着这样的特性，所以庄子将"道"视为理想的为政之纲，要求统治者以道治国。庄子认为，统治者只有用"道"来治理国家、处理政事才可以为政天下；百姓们只有用"道"来管理自己、发展自身才可以安居乐业、和谐相处；国家只有用"道"作为为政之道才可以实现真正意义上的长治久安。庄子认为万事万物都应由天道主宰，道主宰着万物的生长过程、生存状态、生存样式，宇宙万物只有遵循天道自然，"游乎天地之一气"③，才能够得以生存和发展。因为道生万物且道支配着万物，所以万物想要自身得以

---

① 《老子》68 章。
② 《老子》39 章。
③ 《庄子·大宗师》。

发展，就必须服从于道，将道视为最高的准则和依据。

为了顺从自然，庄子着重分析了天与人之间的关系，人要顺应天，不要违拗天。庄子在《秋水》中提出"天在内，人在外"，"本乎天"。这就是说，人要以天为根本，人的行为首先要以尊重自然为原则，不可过多干预自然。这里的"天"是指自然物和自然变化的过程。这就要求人的行为不仅要尊重自然的本真状态，还要尊重社会自生自化的内在秩序，不可有过多的人为因素。因此，庄子主张"顺物自然"，不用任何礼法、律例来约束人们的自由，而是顺应人的自然本性。人人都应顺着自己的自然本性去生活，不去压制别人的自由，也不要求别人按照自己的意愿去行动。一方面，统治者不要去干涉人们的生活，应该让人们自由发展；另一方面，人对待世间一切事物都应该是顺应，不加以人为的干预，让其自由发展。这也就是庄子"无为而治"思想的实质，即"不治之治""无为而治"。

庄子以道立论，尊道而进行管理，则必然要求无为管理。这种无为管理，就像天地自然运行一样，完全是一种自然行为。庄子在《应帝王》中以寓言的形式，借无名人之口，阐明了这种管理方式："汝游心于淡，合气于漠，顺物自然，而无容私焉，而天下治矣。"顺物自然是从客观方面对管理过程进行的规定，它强调在管理过程中必须要顺从事物之常性。在庄子看来，管理必须顺物自然，不要以人灭天，否则就会带来灾难。《骈拇》中讲："是故凫胫虽短，续之则忧；鹤胫虽长，断之则悲。故性长非所断，性短非所续。"也就是说，自然有其本性，人为改变只会带来痛苦和不幸。庄子所讲的"无为"并不是什么也不做，而是要遵循万物的"道"而为，把社会治理的重点放在"顺"，不妄为、不乱为。庄子遵循"道法自然"，认为自然界的最高法则就是顺任自然。"天地有大美而不言，四时有明法而不议，万物有成理而不说。圣人者，原天地之美而达万物之理，是故至人无为，大圣不作，观于天地之谓也。……阴阳四时运行，各得其序。"① 这说明，人类对待自然最好的方式便是任其自由发展，让存在的一切生命按照自己的天性生活。在治理国家和管理社会的过程中，人类应该尽可能地去提高自身的自然性。在庄子看来，实行这样的为政之道，实行这样的社会治理，才能够收到最好的治理效果，让社会依靠自身的调

---

① 《庄子·知北游》。

节能力达到最佳的状态，从而实现理想社会的建设。

2.3.2 物无贵贱

物无贵贱思想是庄子关于如何待人接物的重要思想。《庄子》讲"道"，较多地讲万物与人在"道"的基础上的平等性。从道的角度看，万物没有贵贱之分，万物各有其独特的权利和价值。《庄子·齐物论》明确讲"天地与我并生，而万物与我为一"。《庄子·秋水》还说，"以道观之，物无贵贱；以物观之，自贵而相贱；以俗观之，贵贱不在己"，所以，"万物一齐"。此外，《庄子·马蹄》讲"至德之世"："山无蹊隧，泽无舟梁；万物群生，连属其乡；禽兽成群，草木遂长。是故禽兽可系羁而游，鸟鹊之巢可攀援而窥"；"同与禽兽居，族与万物并"。这些都反映出《庄子》关于自然万物平等以及人与自然万物平等的思想。

庄子认为，自然万物都是道的产物、道的外在形式，是平等的，是无所谓贵贱的，大自然中的万事万物处在同等重要的地位，发挥同等重要的作用。事物的大小、彼此、美丑、是非，都是从"人"的有限性立场看问题做出的区别，如果站在"道"的高度，从无限的观点看问题，万物的差别便毫不足道了。由此，庄子反对从人的主观需要去区分有用、无用，划分高低贵贱，他主张在处理物物关系时，坚持"以道观之"，反对"以物观之"和"以俗观之"。只有站在"道枢"上看世界，才能洞明生命世界"齐"与"通"的本相及万物平等存在的合理性。他指出："彼是莫得其偶，谓之道枢。枢始得其环中，以应无穷。是亦一无穷，非亦一无穷也。"[①]"偶"，对也；"枢"，要也。超越了事物的差别与对立，方可体悟"道"之要领和关键，此即"道通为一"。人们一旦懂得从"道"或"全"的观点看问题，就获得了"得其环中，以应无穷"的大智慧，就不再为自以为是的"小成"之见所困扰和烦恼。这是"齐物论"的主旨[②]，也是庄子生态思想的重要内容。

2.3.3 法天贵真

"真"是庄子思想中很重要的管理哲学范畴。先秦诸子较少使用的"真"字在《庄子》中开始大量出现，共有65处。可以说，庄子是我国古代第一位

---

① 《庄子·齐物论》。
② 李振纲. 庄子思想的生态哲学解读[J]. 吉林师范大学学报，2015（5）：1—4.

真正把"真"字提升为哲学范畴,并加以系统阐发的思想家。庄子对于"真"的系统探索,始于对"真"字意涵的探讨,其基本思路是:由"真"而"真性";由"真性"而"真人";由"真人"而"真知"。由此,构成较完整的对人的"存在意义"之"真"的探究,这是庄子哲学的一个显著特征。"法天贵真"就是要求管理者以及每个人应做到真实可信,德性纯真。这一思想在《庄子·渔夫》中被清晰地表达了出来。

关于"真"的意涵,在《渔父》篇中,庄子借孔子与有道者渔父的对话展开论说:

> 孔子愀然曰:"请问何谓真?"
>
> 客曰:"真者,精诚之至也。不精不诚,不能动人。故强哭者虽悲不哀,强怒者虽严不威,强亲者虽笑不和。真悲无声而哀,真怒未发而威,真亲未笑而和。真在内者,神动于外,是所以贵真也。其用于人理也,事亲则孝慈,事君则忠贞,饮酒则欢乐,处丧则悲哀。……礼者,世俗之所为也;真者,所以受于天也,自然不可易也。故圣人法天贵真,不拘于俗。愚者反此。不能法天而恤于人,不知贵真,禄禄而受变于俗,故不足。"①

在这段对话中,庄子不仅说明了"真"的意涵,而且对于"真"的本质、"真"的来源,以及"真"在世俗中的变化,即造成"失真"的原因,都做了相应揭示。关于"真"的意涵,庄子认为是"精诚之至"。首先,"真"与"诚"同义,且是"诚之至";其次,庄子又通过举例,以"强"与"真"相对,进一步说明什么是"真","强"意味着不是出于自然的真情流露,而是勉强而为的行为。由此可见,从正面的价值看,"真"与"诚"相应,"真"的含义即"诚";从反面的价值说,"真"是与"伪""假"相对的概念。关于"真"的来源,庄子指出"所以受于天也,自然不可易也"。此句告诉人们"真"是出于"天然",是天地的自然赋予,因此人们要"法天贵真",即人们要效法天地,关键在于珍视其内在的"真"品行。关于"真"的本质,庄子指出:"真在内者,神动于外,是所以贵真也。"意思是说,"真"是内在于人的本有、本然、

---

① 《庄子·渔夫》。

本来的属性，其内在精神通过具体的行为而表现出来，这就是人们为什么要以"真"为贵的原因。

因此，"法天贵真""真实无伪"都是庄子所推崇的管理者的表现。在庄子看来，德性纯真、真实可信才是管理者最重要的品质。那么，庄子所谓的"真人"如何要求自己呢？对此，庄子做了具体回应：

> 古之真人，不知说生，不知恶死。……翛然而往，翛然而来而已矣。不忘其所始，不求其所终；受而喜之，忘而复之。是之谓不以心捐道，不以人助天，是之谓真人。……凄然似秋，暖然似春，喜怒通四时，与物有宜而莫知其极。故圣人之用兵也，亡国而不失人心。利泽施乎万世，不为爱人。……
>
> 古之真人，其状义而不朋，若不足而不承；与乎其觚而不坚也，张乎其虚而不华也；……故其好之也一，其弗好之也一。其一也一，其不一也一。其一与天为徒，其不一与人为徒，天与人不相胜也，是之谓真人。①

上述显见，这是庄子对"有真人而后有真知"问题的具体回应。即一方面在回答何谓"真人"；另一方面意在说明何为"真知"。文中对于"真人"的描述，乍一看，仿佛很神秘，其实不然！从"不知说生，不知恶死""翛然而往，翛然而来"，以及"其状义而不朋，若不足而不承"等的描述中可以看出，"真人"不仅不神秘，而且是非常现实的存在。他们能够顺遂"天道"，他们的行为处事均体现出"自然"的精神；"真人"是能够依循并践行"天人合一"思想之人，而且，"真知"能够体现并反映"天人合一"，"真知"是"真人"的智慧体现。

2.3.4　至乐无乐

"乐"是庄子思想中的重要范畴之一，它表现为与道合一的精神境界。在《庄子》一书的33篇文章中，有28篇提到"乐"字，共122次。具体情况如下：

内篇：《庄子·齐物论》，2次；《庄子·养生主》，1次；《庄子·人间世》，

---

① 《庄子·大宗师》。

2次；《庄子·德充符》，1次；《庄子·大宗师》，4次。

外篇：《庄子·骈拇》，1次；《庄子·马蹄》，6次；《庄子·胠箧》，1次；《庄子·在宥》，2次；《庄子·天地》，2次；《庄子·天道》，9次；《庄子·天运》，6次；《庄子·刻意》，2次；《庄子·缮性》，7次；《庄子·秋水》，8次；《庄子·至乐》，20次；《庄子·达生》，2次；《庄子·山木》，1次；《庄子·田子方》，3次；《庄子·知北游》，3次。

杂篇：《庄子·庚桑楚》，2次；《庄子·徐无鬼》，8次；《庄子·则阳》，2次；《庄子·寓言》，1次；《庄子·让王》，8次；《庄子·盗跖》，3次；《庄子·渔父》，6次；《庄子·天下》，9次。

由此可见，"乐"在庄子思想中有着举足轻重的地位。

虽然《庄子》中有这么多的"乐"，但在庄子看来，"乐"是指"至乐无乐"的"无为之乐"，"乐"也是"无待""无累""自足其性"的"逍遥之乐"，"乐"还是"与天和"的"天乐"。庄子在《天道》篇中说："夫明白于天地之德者……与人和者，谓之人乐；与天和者，谓之天乐……以畜天下也。"这段话就是说，用来均调天下的"乐"，是与人冥合的"人乐"。调和万物却不认为是义，泽及万世却不认为是仁，长于上古都不算作是老，覆天载地、雕刻各种物体的形象却不愿意展露技巧，能够明了天地常德的"乐"，便是与天冥合的"天乐"。庄子进而指出，所谓的"天乐"就是一种以圣人、真人的宽广心胸来包容融合天下的崇高心境，这是一种与大道相融通，与天合一，不依靠外在事物，拥有为苍生所依存，包容万事万物的心境。达到了这样一个境界后，就不会被外在事物所牵制，就能够非常自由而且很自然地去享受生命的乐趣，也就是和天道合为一体，与天同乐了。

庄子指出，那些俗世之人认为的快乐，如"富贵寿善""身安厚味美服好色音声"，在他看来并不是快乐。他所认为的快乐超越俗世之乐，追求天人相合的"天乐"，注重身心一体的"至乐"，"至乐无乐，至誉无誉"。[①] 庄子在这里提出的"至乐"，为我们描绘了一幅绝对快乐的美好精神家园。他所要达到的是一种无为无乐的状态，从根本上舍弃俗世的一切快乐（当然也包括痛苦），从而在精神上达到一个高度，获得完全的快乐。这是一种超脱世俗功利的内心

---

① 《庄子·至乐》。

之乐，既展现为洒脱的生命气象，也展现为超越的心灵境界。值得注意的是，庄子的"天乐"并没有将"人乐"抛弃。郭象曾说："俯同尘俗，且适人世之欢；仰合自然，方欣天道之乐也。"① 这句话是说，庄子所推崇的"天乐"不仅包括与自然合一、融合自然的天乐，而且也包括尘世间人的欢乐。

　　为了达到"至乐无乐"的境界，庄子提出了实现的途径，即需要一种"无为"的人生态度，要追求"无己""无功""无名"，"至人无己，神人无功，圣人无名"②，从而与道融为一体。"三无"之中，"无己"是最根本的，"无功""无名"实际上已包含在"无己"之中。在管理活动中，庄子着重强调管理者一定要做到无己，以求胜物而不伤物。无己就是要去掉自己的主观成见或偏见，忘掉自己可能获得的各种利益。管理者无己就是要求其在管理活动中应用心若镜。镜子的功能就是物来不迎，物去不送。当物出现于镜子之中时，镜子能够明澈、虚无、客观地对之反映。管理者用心若镜，可以有效去除自己的主观私意，也被称为"无己"。如果管理者过分关注自己的得失、功名，就会阻碍"道通为一""至乐"和"人乐"的整体和谐。同时，还可通过"心斋""坐忘"进行"忘我"的人生修炼。"心斋"就是要求心中无知无欲，关闭感官的通道，专注于内心的宁静，并且进一步摒弃一切知识和思虑。"坐忘"，《庄子》中常常以"隐几而坐"的形式呈现出"形如槁木、心如死灰"的神秘状态，《齐物论》中的南郭子綦、《田子方》中的老聃、《知北游》中的蓄缺均有"坐忘"境界的展现。尤其是在《田子方》中，老聃的"坐忘"竟使孔子感到目眩，老聃自述"游心于物之初"，而"坐忘"中的遨游能够使人生幸福至于极点。当然，庄子所讲的这种"忘"，并不是简单无谓的忘记，是建立在之前努力辨认、探索是非得失的基础上，达到的一种精神上的绝对高度。

---

① 郭象注，成玄英疏. 庄子注疏 [M]. 中华书局，1998：26.
② 《庄子·逍遥游》.

2.4 先秦道家管理思想的现代价值

先秦道家管理思想中包含许多积极的、有价值的内容。"道法自然"的思想包含着人们的管理活动要符合道之自然，即符合事物的本性和规律，不可任凭主观意愿妄为和强为的观点，对于当代生态文明建设具有重要启示。"无为而治"的管理思想从古至今在社会发展的多个领域发挥着重要作用，追求无为而治的管理已经成为许多企业管理者的目标，并将其作为管理的最高境界。"弱者道之用"的管理方法、水善品格修炼等柔性管理思想对于组织和管理者都具有现实的应用价值。"法天贵真""至乐无乐"的思想对于幸福管理具有重要的借鉴价值。

2.4.1 道家生态思想与生态文明建设

道家的生态思想是以"道法自然"的自然主义思想为起点和基本精神并贯穿于其整个理论体系的。道家以"道法自然""无为而治"为核心的生态智慧对于当代生态文明建设具有值得借鉴的时代价值。

2.4.1.1 人类发展与生态环境发展和谐统一

自然是各种物质系统的总和，通常分为非生命系统和生命系统两大类。先秦道家所说的自然，既是广义的，也是狭义的，既是无所不包的整体环境，也指包含在其中的万事万物，既是抽象的，也是具体的。就狭义的自然而言，道家认为人与自然界是一个有机的整体，同源于道，道先于天地而存在，是万物产生的动力之源。它无所不在，对天地万物的生化养育是一种无目的性的自然而然，彼此之间在运动变化中互相依赖，互相转化，处于动态的平衡之中。正因为如此，"故万物一也"[①]，万物都有共通性、一体性，整个自然界是一个有机联系的整体，强行干预只会破坏自然的和谐。先秦道家这种有机的自然观，认为人与自然界是有着共同本源的有机整体，将自然界看作一个生生不息的和

---

① 《庄子·知北游》。

谐的生态系统、充满生机的价值创造的场所，强调自然界的生命意义、自身价值和不以人的意志为转移的客观运行规律，充分体现了人与自然的相互依存、相互交融、和谐共生。

在先秦道家思想中，自然是第一位的，因为包括人在内的天地万物都是大自然的产物，其生存与发展必须依靠大自然提供的各种物质、能量和信息，良好的自然环境是人类生存和发展的必要条件与重要保证，是人生存与发展的"第一资源"。在道家那里，"自然无为"更多的是一种"为"的方式，即按照事物的自然状态行事，这就是"道法自然"。在庄子看来，人类最理想的生存环境便是万物自生的自然环境，所以人类不需要人为地对其做改变。也就是说，人与自然环境本身就是一种和谐的状态乃至是"合一"的状态，即"人与天一也"①。庄子所说的自然环境是由虫鱼鸟兽、日月星辰、山河大地以及阴阳四季所组成的。这些事物与人类都处在和谐的状态中，因而有了"山无蹊隧，泽无舟梁；万物群生，连属其乡；禽兽成群，草木遂长"②，一派祥和的景象。保存自然本有的状态、本来的习性，人类才可以在这样的环境中诗意地栖居、生活、发展。以这样的方式对待自然万物，就是要顺应自然、保护自然，与自然相和谐，这些思想与现代生态伦理学的基本主张是一致的。在道家看来，"自然"不仅是宇宙中一切存在的基本形态，也是人类一切行为的根本原则和依据。

首先，二者都要求以自然规律的优先为原则。道家认为，天地自然的自然而然就是"道"，就是自然规律。当然，道家的"道"的概念是通过人的经验和直觉，以思辨的方式提出来的，与现代自然科学通过观察和实验而揭示的自然规律有差别。但是，"道"的概念反映了自然事物存在的某些重要特征，这一概念通过吸收现代自然科学知识，可以与自然规律相通。因此，"道法自然"强调人要顺应天地自然的自然而然，顺应"道"，效法"道"，实际上就是要求以自然规律为先，遵循自然规律。正如李约瑟指出的那样："就早期原始科学的道家哲学而言，'无为'的意思就是'不做违反自然的活动'，亦即不固执地要违反事物的本性，不强使物质材料完成它们所不适合的功能。"③

---

① 《庄子·山水》。
② 《庄子·马蹄》。
③ （英）李约瑟. 中国科学技术史（第2卷）：科学思想史 [M]. 科学出版社，1990：76.

其次，反对过度地开发自然。人生活在自然界中，需要从自然界获得必需的生活资料，这就要开发自然。现代生态伦理学要求在开发自然过程中，以遵循自然规律为前提，实现开发自然与保护自然相结合。道家的"道法自然"讲"自然无为"，并不是不"为"，而是要在"为"的过程中，从维护天地自然的自然而然入手，从而达到"无为而无不为"。先秦道家思想认为人类和自然界以及其他存在的物种是一个有机的整体，其中没有高低贵贱的区别，自然界的一切生命都有其存在和发展的权利与价值，所以人要尊重大自然中一切动物、植物和其他生命形式的存在与发展。这就要求我们尊重自然、顺应自然，反对肆意干预自然、破坏自然，主张对自然资源取之有度、用之有节，维持资源持续不断的供给能力。显然，无论是现代生态伦理学，还是道家的"道法自然"，都反对过度地开发自然，要求适宜地、合理地开发和利用自然资源。

总之，先秦道家建构了一幅人与自然和谐共处、协同发展的美好图景，不仅要求人类自我道德心灵的净化，善待生命、尊重自然，而且主张人类克制自我的物质欲望，珍惜资源、保护环境。在人类社会面临环境恶化、生态危机的时刻，不仅为人们认识生态问题和解决问题提供了一种新的路径，而且有助于人类精神的自我解放，最终实现"天人合一"的至高境界。

2.4.1.2　追求经济、生态和社会发展的可持续性

可持续发展思想是当今人类为解决环境与生态问题而提出的战略思想。资源的可持续发展问题并不仅仅是技术与科技问题，很大程度上是意识形态与思维方式问题。先秦道家的生态伦理思想把人类与大自然视为一个有机联系、不可分割的整体，对自然的一切存在物赋予同等的地位，承认并尊重它们生存与发展的价值和权利，在实践行为中顺应自然，反对肆意干预自然、破坏自然，主张对自然资源取之有度、用之有节，这其中的很多思想观点都符合可持续发展的理念。可持续发展包括经济可持续发展、生态可持续发展和社会可持续发展三方面的内容，是三者的有机统一。

老子指出："甚爱必大费，多藏必厚亡。故知足不辱，知止不殆，可以长久。"[①] 人的主观意识往往不知道节制的意义，过度偏爱某种东西，不合乎天地间的大德。总是有贪得无厌之徒出现，他们对环境的危害可以说是巨大的。

---

① 《老子》44章。

老子认为，天地万物都有其本身的限度，人类对自然界的行为也要恰到好处、适可而止，这样才可以长久持续地发展。"知足"就是说任何事物都有自己的发展极限，超出此限，则事物必然向它的反面发展。正如老子所说："祸莫大于不知足，咎莫大于欲得，故知足之足，常足矣。"① 所以，老子要人们对自己的行为有所约束，降低欲望，使行为和欲望与天地万物所能承受的限度相符。庄子提出"知止其所不知，至矣"②，意思是让个人行为止于未知之处，就是明智之举，旨在强调顺其自然，适可而止。在庄子看来，"知足"必然的结论是知止。先秦道家在对待开发利用自然方面采取了顺其自然的主张，强调要以自然方式对待自然界，开发资源要适可而止，主张人类回归自然，过一种无知无欲、衣食为足的自然"天放"生活。归根结底，庄子认为开发自然资源必须"知止""知足"，否则就违背了"道"的原则。只有"道法自然"，做到人和自然的"和谐"共处，宇宙间的万事万物才能有更好更长远的发展。人类对自然界的开发利用要始终保持在合理的范围之内，要把经济发展速度控制在一定的范围之内。

先秦道家提出的"知止""知足"的资源利用开发原则是从人性的理论来阐述节俭消费的重要性，并把节俭作为顺应自然、追求生态和谐的基本准则，表现出道家认识自然规律、顺应自然规律的超前意识。先秦道家提出"少私寡欲"的消费观，客观上有利于引导人们正确对待生产资料的开发和利用，在对待土地、矿产等国土资源方面也有利于树立正确的消费观，一定程度上起到了保护资源环境的作用。这对于实现人与自然、人与社会、人与人等多种关系的和谐统一有很大的引导作用，促使人类在社会生产过程中创造新的物质形式、探索新的产业体系，如循环经济、绿色产业，创造生态文化形式，这些对于保护生态环境、引导绿色消费、推动社会的全面进步、实现可持续发展具有重要的现实意义。

2.4.2 道家无为管理思想在管理职能中的运用

作为道家管理哲学的思想核心，无为而治追求的是"为无为，则无不治"③。其中，"无为"指的是"有而似无"，这里体现的"有"和"无"是一

---

① 《老子》46章。
② 《庄子·齐物论》。
③ 《老子》3章。

种典型的辩证哲学,"有"并非"无为"的实行者不采取任何行动,而是在特定的环境下,可能会拒绝行动,但是拒绝行动和不做出反应本就是"有为"的一种;"似无"主要体现在"似"上,即"无"非真无,乃"无为之无",因此,"无为而治"的管理模式便是充分考虑了"软管理"和"硬管理"两者的有机结合。无为而治一方面强调"有",这在企业管理中体现为法规、制度等无形的约束;另一方面,注重对"似无"的"修炼",强调管理行为的自然状态,这种理想的管理模式,无疑在管理职能方面具有较好的借鉴价值。

2.4.2.1 在计划职能中的运用

计划是管理的基本职能之一,贯穿于管理活动的全部过程,是管理的首要职能。而随着环境的变化,企业经营活动的动态性得到了明显加强,计划正面临着重要的挑战,如何才能做出正确的计划或决策已经成为关乎企业生死存亡的首要工作。道家"无为而治"的思想为我们提供了有益启示:计划活动是人的主观活动之一,因此在企业管理中,一方面要克服急功近利的思想,另一方面要最大限度地顺应企业发展的外部环境和客观规律,顺势而为,放弃"妄为"和"强为",并在"有为"和"无为"之间进行动态的选择,达到"以动制静,以静制动"的双向统一。此外,在计划工作的整个阶段,都应遵循基础性的原则,即计划工作的进行需要对员工和社会公众的意见进行广泛征集,集全体员工的智慧于一体,以此来克服计划工作复杂多变的特点,集思广益,实现从"亲为"到"不为"的转变。

2.4.2.2 在组织职能中的运用

管理的关键是效率的提升。在企业内部要建立一个高效的组织结构和组织机制,使其不仅能够适应企业的资源特征和能力,还能具有较强的前瞻性和可预见性,与企业的战略制定和实施相契合。为了实现这个目标,就需要将"无为而治"的管理思想运用其中:(1)在组织内部按照任务的不同种类和重要程度,进行灵活的授权和分权,使任务的执行更加高效;(2)建立起合乎企业发展阶段的组织结构,使各部门之间能够进行有效衔接;(3)按照现代企业的发展要求,使企业的组织机制能够与其总体战略保持一致。

2.4.2.3 在领导职能中的运用

众所周知,"领导"与"管理"有着本质的区别。在道家看来,"以身下民""不言而教"是积极的领导方式,领导者要善于尊重下属和授权。高明的领导者善于处理大事，只做宏观规划和确立规范制度，而将具体的工作交由具体的人员执行，不须事必躬亲。因此，在现代企业管理中，领导者应与员工之间更多地进行沟通和协作，通过多种有效的激励手段使员工能够接受认同组织文化、理解企业目标、实施企业战略和策略。在这方面，对员工的尊重显得尤为重要，不但要尊重员工的个性，还应对其个性化的诉求及时做出反应。只有这样，员工才能积极地参与企业的运行，尊重自我价值实现的努力，尊重企业的价值观，尊重企业的发展目标，使员工自身和企业本身都获得持续的健康发展。

2.4.2.4 在控制职能中的运用

"无为管理"不仅着重管理行为本身，还对管理过程进行整体监控，唯有如此，才能达到最终的"治"的效果。也就是说，企业的管理行为涉及对计划、组织和领导效果的控制，突出对企业发展战略和对目标执行效果的评估与反馈方面，既注重对目标的检查和评价，又注重对相关政策的制定和宏观把控。企业内部的各个部门或业务单元，都应在既定目标的指引下，参与到企业的具体任务中来，管理者要在任务执行的整个过程中关注目标的实现。正如管理大师德鲁克所指出的，"目标管理最大的好处或许在于，管理者因此能控制自己的绩效。自我控制意味着更强烈的工作动机"[①]。因此才会有所"为"，这样才会达到"无为而治"的良好效果。

总之，无为管理应遵循"道法自然"的基本原则，管理者既要在观念上形成对"规律"的敬畏，还应在实际行动上通过学习与实践，寻找和把握企业的实际运行规律，唯有如此，才能很好地完成企业管理的各项职能——使计划决策更有依据，使组织工作更加高效，使领导工作更有效能，使控制活动更加全面，使企业经济效益、社会效益、生态效益和内部资源之间形成完整高效的动态均衡。

2.4.3 道家柔性管理思想的应用价值

道家柔性管理思想的现代应用价值主要有"弱者道之用"的管理方法及水善品格修炼等方面。

---

① （美）彼得·德鲁克. 管理的实践 [M]. 机械工业出版社，2006：110.

2.4.3.1 弱者道之用

《老子》系统地提出了辩证法体系，看到了事物和现象之间是对立统一、相互联系、相互包含、相辅相成的，即矛盾是事物的普遍现象。老子提出"有无相生，难易相成，长短相形，高下相倾，音声相和，前后相随"①，"祸兮，福之所倚；福兮，祸之所伏"②，"贵以贱为本，高以下为基"③ 等，可以说，老子是最早把辩证法运用于解决人类各种问题的先哲和典范。

老子说："反者道之动；弱者道之用。"④。弱，即柔弱，代表着所有负面的概念，如弱、柔、雌、卑、谦、下、虚、静、曲、枉、洼、敝、辱、黑、退、后等。道之动，是"道"的作用性质。"弱者道之用"，是说柔弱是"道"的作用所在，也可以说，"道"的作用是柔弱。由此，柔弱就成为"道"的根本属性；处柔守弱就成为保持事物符合"道"的最妙手段。

老子处柔守弱，目的是为了战胜刚强，赢得主动。这是出乎常理的逆向思维。老子认为要做到"柔弱胜刚强"，切忌与强大的敌人硬拼，而应采取迂回曲折的斗争策略以迷惑敌人，最后达到战胜敌人的目的。老子说："将欲歙之，必固张之；将欲弱之，必固强之；将欲废之，必固兴之；将欲取之，必固与之。是谓微明，柔弱胜刚强。"⑤ 收敛、张开、强弱、废兴、取与，这些都是可以互相转化的。要想收敛它，就要先扩张它；要想削弱它，必须先强大它；要想废掉它，必先兴盛它；要想夺取它，必先给予它。这些都是促使其向对立面转化的做法，充满着相反相成的辩证法原理。老子把这些策略思想叫作"微明"（微妙的智慧），通过这些"微明"的智慧就可以达到"柔弱胜刚强"的目的。因此，处柔守弱只是一种手段，一种策略，其真正的目的是"强"。

道家处柔守弱、以柔弱胜刚强的管理思想，体现到竞争谋略上，其指导思想就是以退为进，以守为攻，后发制人，而不是先声夺人，先发制人。"退""守""后发"是"柔弱"的表现，"为进""为攻""制人"是"克刚"的结果。

在处理组织内部人、我关系时，老子力主"处下""善下"。"善下"既是管理原则，也是用人之道。"善用人者为之下。是谓不争之德，是谓用人之力，

---

① 《老子》2 章。
② 《老子》58 章。
③ 《老子》39 章。
④ 《老子》40 章。
⑤ 《老子》36 章。

是谓配天古之极。"① 善于用人的人，对人表示谦下。"处下""善下"对于正确处理领导与被领导、组织与个人、组织内部各部门之间、组织与外部环境之间的关系，都有很强的现实意义。

2.4.3.2 水善品格修炼

水是老子道德思想的具体形象表现之一。老子发现，如果人人都想要满足并且追寻自己的利益（如争取更多的物质利益、名利和更高的职位），那么便容易出现很多的冲突（如打架、战争、屠杀）。因此人类必须从水那里得到启示，做到"上善若水"——水总是处于最低处，并且不与其他事物竞争，水总是有益于万事万物。"上善若水。水善利万物，而不争；处众人之所恶，故几于道。居善地，心善渊，与善仁，言善信，政善治，事善能，动善时。夫唯不争，故无尤。"② 这就是说，水具有三种特性：一是"利万物"；二是"不争"；三是"处众人之所恶"。在老子看来，水具有的这三大特征，就很接近于"道"了。接着，老子又从七个方面描述了"水德"，即"七善"的管理品格。

老子以水喻人，用水的善性来比喻管理者的人格品德。老子的"七善"思想是一体的，都是在言水之性，进而言道之性，更具体地阐释了圣人如何成就自身的德行。管理者如何才能达到圣人的管理境界，这需要从老子的"七善"思想中寻找答案，修炼自身的水善品格。

(1)"居善地"。在老子的"七善"中，"居善地"为水最根本的品格。处下是水之本性，只有处下，才能使水得以汇成大江大海，成为孕育万物的源泉。老子言："上德若谷。"③ 管理者的胸怀像山谷一样能容纳一切，正是因为其处下不争。在组织中管理者要处下谦卑，要有"大肚能容，容世间难容之事"的心胸雅量。

(2)"心善渊"。"心善渊"意指圣人之心如山渊一样沉寂和平静，不被外事所牵绊。老子所言的"虚怀若谷"也体现了心如同深幽的山谷，容纳百川，旷远豁达。在当今浮躁的现实社会中需要保持一种平静、豁达的心态。作为组织的管理者要时刻保持清醒的头脑，做到冷静思考，不要被流言蜚语所迷惑，要根据实际情况做出判断。同时要用谦虚豁达的心态面对一切问题，要在平静

---

① 《老子》68 章。
② 《老子》8 章。
③ 《老子》41 章。

中分析其利害关系，从中寻找有效的解决思路和方法。

（3）"与善仁"。"水"守柔处下，无私奉献，尽其所有，用其所能，滋养万物，却毫无怨言，与万物接触采取友好慈善的准则。人与人的交往也应效仿水的高尚品格，待人处事要和睦友好。在管理中应特别重视道德的重要作用，做一个心中有他人的人。管理者要时刻了解员工的需要，以老子水的品格为基础处理好与员工之间的关系。

（4）"言善信"。"善信"指诚实不妄。"水"是最守承诺的，夏天化作雨水滋养花草树木，冬天凝结成雪花，散落大地，瑞雪兆丰年，为来年的庄稼提前输送营养。但当今社会最缺的就是诚信。有的企业视追求利益为根本，在经营中为减少生产成本偷工减料，掺杂使假，不追求企业产品质量和服务质量，从而损害了消费者的利益，使消费者丧失信心，同时对企业的信誉和形象造成了严重伤害。因此，企业应该诚信待客，恪守信用。在内部管理时，管理者对下属要以诚相待，站在员工的角度考虑问题，赢得员工的信任。

（5）"正善治"。"水"清澈明亮，晶莹剔透，毫无杂质并且简单、自然。"正善治"所指的是精简政令。正如老子所说："将欲取天下而为之，吾见其不得已。"① 企图将天下占为己有的，是不可取的。在企业中，管理者不要将所能获得的全部都占为己有，要懂得与他人分享。同时在管理过程中也要坚守"希言自然"的管理方式，少制定规章制度，多贯彻自我管理的思维。让员工从自我出发，提高自身素质，明确目标，自主管理，实现自身价值。

（6）"事善能"。老子所讲的"事善能"是指管理者为人处世要像水一样懂得迂回之道，遇到坚硬的石头会谦逊避让绕道而行。"方圆之道"体现水的品格，做事要讲究内方外圆。老子所言的"圣人方而不割"，即圣人做事既要坚持原则，又要在坚持原则的基础上具有灵活性。"方"指的是遵守规则，"圆"是指灵活性。在管理过程中，管理者要时刻谨记不要太过重规则，也不要太过重人情，要在坚持规则的基础上，讲究人情，做到具体问题具体分析。

（7）"动善时"。"时"指时势、时机。水的动静变化，都能顺应时势，善于把握时机。老子观察水时发现水是有汛期的，大海的潮起潮落都有一定的规

---

① 《老子》29 章。

律，动静有时。老子又言："宠辱若惊，贵大患若身。"① 这告诉我们不要因宠辱而感到诚惶诚恐、患得患失，而要在处理问题时保持良好的心态。要像水一样有万流向东的精神，虽然道路迂回曲折，但是目标明确，直至汇入大海。管理亦是如此。优秀的管理者要善于把握时机，一切管理行为要能与时推移，随俗化成，相机而行。要像水那样灵活圆通，通权达变，有极强的创新能力和应变能力。

总之，老子"水"性管理思想的"利万物""处下不争""七善"正是软管理的核心，"柔弱胜刚强"体现了管理者的柔性管理方式。水主柔，可以以任何形式存在，能长且久，水不只是保全自身，而且信念坚定，万流向东，汇入大海。管理者应深刻领会水的品格，提高自身修养，坚定信念，明确方向，率领并激励全体员工为实现组织目标持续向前。

2.4.4 道家自然观与道商人格塑造

道是宇宙万物的原理和规律，能够生成和长养万物，而在现代商业社会，以道家思想遵循自然之道从事商业经营管理的人就可称为道商。一个经营管理者要想成为道商，他就要按照道家所主张的思想践行管理。②

第一，管理者必须遵循市场和企业的自然法则与规律，以其作为自身的指导价值观和行为准则，去处理管理方面的主要事务。在以自然法则和规律为常则的基础上，管理者需要做到以下几点：其一是要求企业员工各司其职，不能僭越，切实做到知足知止。对他们来说，能够处理好自己工作职责内的事务就已经足够了，不要干涉、影响别人的正常工作。其二是管理者能够做到守常伐异，即管理者应时刻守住自己的自然常道，反对违反常道的异作之举，能够坚守其职，惩罚任何违反自然本性的异作举动。在管理中，对于违反企业正常运行的工作事务应及时予以制止，防止其产生破坏力，使企业的自然秩序受到危害。其三是损余补欠，即对于贪婪多得、超过其所应得之外的东西，应想办法将之减损，对于该得到而没有得到的东西，应加以补偿，这是老子守常伐异措施在实际管理事务中的具体应用。其四就是要做到公平待物，公平对待员工。人为的作用会导致这个社会的不公平，因此管理者应遵照自然之道，公平地处

---

① 《老子》13章。
② 孟军本. 老子自然观及道商人格塑造理论研究［M］. 科学出版社，2017：320.

理企业事务和员工管理问题。

第二，管理者在遵循市场和企业的自然法则与规律的同时，应了解自然所包含的各种实体要素的特性，即应了解物是以形显现其存在的。管理者往往在处理事务方面显示出刚强、雄白、奢泰、轻躁、高大上等特性，并以此对他物施加影响，而自然之道则与之相反，它坚持以无知守愚、不学不见、处贱不争、慈生畜养等方式与物相处。所以具有道商特色的管理者，应真正做到尊道贵德，并效法道、德的各种特性，能够抛弃自身先天具有的物性特征。因此，管理者在经营企业过程中应根据道、德的特性处理事务，并抱着虚而容物、厚实有信的理念去践行。

第三，在具体施为方面，管理者应做到无欲、无为、无事，并将它们作为塑造自己人格的主导理念和必要的逻辑思路。即对自己所从事的工作不产生过多的要求，不产生过高的期望，也就是不要产生太多的欲望。没有太多的欲望，就不会有过多的索取，也不会费尽心机、贪得无厌地为自己逐利，使自己保持一个稳定宁静的生活状态。因此，这种管理作风就要求管理者能够做到合理分权，即将自身拥有的权力之一部分授予下属员工，让下属帮自己分担部分工作职责，使其根据工作能力及面临的实际情况，独立自主地处理所要完成的工作，而管理者则能够为企业的长远、总体的发展投入更多的精力。这就是老子的愚人之治，或者说是无欲、无为、无事而治思想对道商人格塑造的要求。

第四，如果管理者想取得无欲、无为、无事而治的管理效果，就必须做到自重守静、处贱守辱、处下不争、柔弱慈畜、处雌自小、俭啬不有，通过这些方法能够达到预期的管理效果。如果管理者能够按照上述方法而为，就可以有效地塑造道商人格特质，这样不仅可以转变、改进自己的经营理念，提升自己的修为境界，还可以提升企业形象和企业价值。

2.4.5　道家幸福思想的管理价值

幸福既是人类追求的终极目标，也是思想家们探讨的永恒话题。先秦道家对人生幸福的终极命题做了很多探索和努力，尤其是庄子的"至乐"思想，达到了一种精神上的绝对高度。在今天看来，道家不仅提出了一套对人生幸福快乐的根本理解，而且还进行了广泛的实践，它对当今组织中的员工管理以及人生幸福管理具有重要意义。

2.4.5.1 知足寡欲

"道"作为客观存在的力量,支配着世界,是不可改变的自然规律。然而,人一旦掌握这一自然规律,与"道"接轨,返璞归真,就可达到幸福的境界。为了能够掌握自然规律,返璞归真,道家推崇"自我克制""天人合一"和"无为而治"的幸福论。老子认为,一个完整的人包括物质层面的"形体"与精神层面的"心灵"。在《老子》一书中,"众人"指被欲望与躯体束缚住的普通人,而"圣人"则指超越了这些束缚,进入一种更高生命状态的人。老子指出:"故令有所属:见素抱朴,少私寡欲,绝学无忧"[①];"故知足之足,常足矣"[②]。老子认为,人皆有欲望,一切社会冲突和人际纠纷都是因为人的欲望太多,人们在争相满足欲望的过程中自受其苦,社会也因此而深受其害,要解决这些问题,老子认为人应"知足寡欲"。只有知足知止,才会永远感到充实满足。所以"故知足不辱,知止不殆,可以长久"[③]。知道满足的人不会受到屈辱,知道适可而止就不会带来危险,这样就可以保持长久。老子的理想人格的内在意蕴和本质特征是质朴纯真、自然无为。人都有自然本性,只有将这种本性充分发展,实现无知、无欲、无私、无为和柔弱不争的上德,才能回归真我,得到幸福。因此,在这一假设下,道家主张过清静无为、原始质朴的田园生活,追求自由和精神的愉悦,这样才能获得心灵的宁静。只有那些意识到"知足""知止"和"无为"的人才能够返璞归真,达到"圣人"的境界。将道家"知足""归真"的幸福思想用于组织管理时,可针对员工需要的多元化和个性化特征,采取合适的幸福干预策略,引导员工追求物质需求、精神需求和心理需求的统一,提升员工的内在精神追求。

2.4.5.2 养心忘我

庄子对幸福的追寻过程既是自我精神(心)的修养过程,也是老子的形上之道"由上向下、由外向内的落实"过程。[④]《庄子·在宥第十一》中明确提到养心之术:

> 云将曰:"吾遇天难,愿闻一言。"鸿蒙曰:"噫!心养。汝徒处

---

① 《老子》19章。
② 《老子》46章。
③ 《老子》44章。
④ 徐复观. 中国人性论史(先秦篇)[M]. 三联书店,2001:350.

无为，而物自化。堕尔形体，吐尔聪明；伦与物忘，大同乎涬溟，解心释神，莫然无魂。万物云云，各复其根，各复其根而不知；浑浑沌沌，终身不离；若彼知之，乃是离之。无闻其名，无窥其情，物固自生。"

庄子幸福观的核心是"忘我"，他认为一切束缚自由或不能满足的欲望是获得幸福的障碍。庄子所倡导的人生幸福理念并不容易践履，它靠的是一种内心的修炼过程，包含"虚静""心斋"和"坐忘"，即"忘我"。《庄子·人间世》载：

回曰："敢问心斋。"仲尼曰："若一志，无听之以耳而听之以心；无听之以心而听之以气。听止于耳，心止于符。气也者，虚而待物者也。唯道集虚。虚者，心斋也。"

"心斋"就是要求心中无知无欲，关闭感官的通道，专注于内心的宁静，并且进一步摒弃一切知识和思虑。在这种情况下，"精气"就集中起来，就是所谓的"唯道集虚"。"心斋"是一种特殊的精神修养方法，其能够体验进入寂静的精神境地。精神的安谧虚静，心灵空无一物的宁静和谐，这也是庄子所追求的幸福体验与心灵境界。

除了"心斋"外，庄子还认为可以通过"坐忘"彻底忘掉所有的想法和自身的存在，与道合一，以达到最为幸福的境界。"坐忘"的情形在《庄子》中多次出现，最为经典的就是《大宗师》中颜回的体验历程。颜回告诉孔子，自己先是忘了仁义，后来又忘了礼乐，最后达到了"坐忘"的境界："堕肢体，黜聪明，离形去智，同于大通。"庄子"忘"的过程是一个以自我为中心，由远及近、由外向内、由疏至亲、由易到难的循序渐进的过程。这种人生体验的境界，就是取消主体与客体、我与非我的界限，在精神中建构起一个天地万物相融相通的混沌世界，与道合一，从而达到绝对的幸福，超乎时空成为永恒。

与老子相比，庄子对个体生命具有更强的忧患意识以及对死亡具有更理性的认识。首先，庄子认识到"养形必先之以物，物有余而形不养者有之矣；有生必先无离形，形不离而生亡者有之矣"[①]，说明物不足以养形，形不足以存

---

① 《庄子·达生》。

生。其次，庄子在《知北游》中指出："人生天地之间，若白驹过隙，忽然而已。注然勃然，莫不出焉；油然漻然，莫不入焉。已化而生，又化而死，生物哀之，人类悲之。"显然，庄子对个体现世生命的短暂有着清醒的认识，并且抱着悲痛与惋惜的心情，这种对生死必然性的承认从侧面说明了庄子并不祈求于形体上的永生。"死生，命也，其有夜旦之常，天也。"① 既然生与死只是自然循环链条上处于同等位置的两个环节，那么就无所谓孰轻孰重、孰好孰坏，因此，最恰当的办法就是"外生死"，即"不知悦生，不知恶死"②。由此可见，庄子实际上是一层层拨开了生命的困惑，最终解除对死亡的畏惧，进入精神上的幸福状态。

庄子的精神修养除了"养心"外，还有保有自由的"游心"。所谓"游"，庄子在《大宗师》中有具体说明："齑万物而不为义，泽及万世而不为仁，长于上古而不为老，覆载天地刻雕众形而不为巧。此所游已。"从中可以发现，庄子之"游"并不是完全虚幻、孤独的神思，而是个体行走于大千世界，与万物发生相互关系，但又并不刻意于价值的创造、名利的追求，而是以一颗无欲无知的虚静心游于人间世，即"明白入素，无为复朴，体性抱神，以游世俗之间者"③。"游心"之最高境界当为"撄宁"。"其为物，无不将也，无不迎也；无不毁也，无不成也。其名为撄宁。撄宁也者，撄而后成者也。"④ 本质上，"撄宁"仍是物我之间、个体与社会之间关系的反映，个体存在于社会，必然与物相摩，或将或迎，或成或毁，无一不是动的体现。但此"动"必是出于"静"，也就是说，"游心"需建立在"养心"的基础上，只有通过"心斋""坐忘"等一系列修养功夫，达到"灵台心"之澄明、灵动境界，才能"无不将也，无不迎也；无不毁也，无不成也"，从而达致物我之大"成"。最后这个"成"，既是生命的圆满状态，也是心再次归于宁静的状态，走向最高幸福之所在。

综上所述，道家幸福观以"道"为最深基石和最高指南，体现出一种"自然主义"特征。道家思想中，生命的整个历程即是对"道"的复归，是一种自然而然、顺其自然的过程；也是在"无为""无欲"中充分拓展个体生命的过

---

① 《庄子·大宗师》。
② 《庄子·大宗师》。
③ 《庄子·天地》。
④ 《庄子·大宗师》。

程。庄子的幸福观正是建立在这种思想基础上的，以"逍遥"（自由）、"成""全"（完满）为个体生命的终极目标，所追求幸福之路实为"心"之修养过程。"养心"之术以"心斋""坐忘"为重点，其本质为"虚心"。具体之"伦与物忘""离形去知"，除了对自身既成精神世界的解构之外，更是将个体无限放大，凸显对个体生命的关怀。现代意义的幸福概念既具有主观性又具有客观性，从这个意义上讲，"心斋""坐忘"似乎过于强调主观形式。一个人主观上体验到幸福，如果是因为重大需要的满足、理想目标的实现，那么这样的幸福就是主观与客观统一的真实幸福。因此，组织的幸福管理可以帮助员工发现自我、寻求本真的幸福，提升心灵对于幸福的感知与体验。从组织的终极目的上讲，管理就是提升人的幸福力。从组织文化而言，管理者要为员工提供一个充分发挥潜能、为顾客创造价值的环境，并为员工快乐地工作与生活提供价值指导。

先秦儒家管理思想

CHAPTER 3

儒家是春秋末期孔子创立的学派，儒家学说简称儒学。儒家管理思想是中国封建社会的统治思想，其形成与发展对中华文明的影响重大而深远。孔子提出以"仁"为核心的思想体系，孟子进一步发展孔子的思想，提出"性善论"，推行"仁政"，荀子则从"性恶论"入手，主张"礼法并施"。儒家思想的出发点是"仁"，运用在管理上就是"为仁在人"，实施"仁政"和"德治"，以求达到"修己安人"的目的，因而特别重视个人品德的修养和管理人才的作用，对后世中国式管理产生了深远影响。本章主要阐述孔子的管理思想、孟子的管理思想和荀子的管理思想，并探究儒家管理思想的现代价值。

3.1　先秦儒家管理思想概述

3.1.1　儒家管理思想的起源

儒家管理思想源远流长，早在尧舜时期就已经产生，经商汤和周文王的传播，到了周公那里，方形成一套典章，称为周礼或周公之典，成为孔子毕生试图重新振作和传播的"礼"的来源，"周因于殷礼，所损益可知也"，"周监于二代，郁郁乎文哉"。可见，儒学源于殷礼，最初是相礼的学问，儒最初是相礼的人。上古时期，一切文化皆为贵族所专有，这就是所谓"官学"之说。《汉书·艺文志》有云："儒家者流，概出于司徒之官。"司徒是上古官名，主管教化民众和行政事务。在西周初期，周公对以往的礼进行了补充、整理，制定出一套以维护宗法等级制为中心的规范以及相应的典章制度、礼节仪式，并运用于治理国家，《周礼》即是一部关于礼治的管理组织和制度的典籍。周王朝建立之后，统治者在夏礼和商礼的基础上，以"亲亲"和"尊尊"为基本指导思想，综合本族的风俗习惯，制定了一整套礼制，史称"周公制礼"。通过周公制礼，统治阶层力图使西周的社会制度、国家制度和人们的生活以及思想，都要符合礼的要求，做事以礼为准则。

春秋时期，由于"王室衰微""礼崩乐坏"，导致学术下移，出现了"私学"，由"学在官府"走向"学在四夷"，在民间兴起了私人讲学之风。孔子虽非私学的首创者，但孔子私学规模最大，影响最深。孔子作为儒家思想的集大成者，对以往儒家思想进行了总结、阐发和传播，构建了儒家管理思想的基本框架。

3.1.2 先秦儒家管理思想的代表人物

3.1.2.1 孔子

孔子是儒家学派的创始人，是中国历史上著名的思想家和教育家。孔子（前551—前479），名丘，字仲尼，春秋时鲁国陬邑（今山东曲阜）人。其先人是宋国贵族，因避宋国内乱而迁到鲁国，其父做过鲁国官吏。孔子幼年丧父，家境贫穷，年轻时曾从事儒的职业，在祭祀、喜庆和丧葬中司礼仪，还做过管理仓库账目的"委吏"和看管牛羊的"乘田"。相传孔子曾问礼于老聃，学乐于苌弘，学琴于师襄。孔子于50—56岁间在鲁国担任中部宰、司空，后升任司寇并代摄相事。不久即辞官，周游列国，以宣传自己的主张。68岁时回鲁国致力于教育和整理文献，相传先后有弟子3 000人，其中著名的有72人。虽然孔子一生中有过一点管理经济和治理国家的实践活动，但他主要是个思想家和教育家。

《论语》成书年代约在战国初期，是孔子生前言论的汇编，它以语录体和对话文体为主，记录了孔子及其弟子的言行，集中体现了孔子的政治主张、伦理思想、道德观念及教育原则等。在孔子的思想体系中，其政治思想核心内容是"礼"与"仁"，在治国的方略上，他主张"为政以德"，用道德和礼教来治理国家是最高尚的治国之道。孔子建构了完整的"德道"思想体系：在个体层面主张"仁、礼"之德性与德行。孔子道德教育的主要内容是"礼"和"仁"，其中"礼"为道德规范，"仁"为最高道德准则。"礼"是"仁"的形式，"仁"是"礼"的内容，有了"仁"的精神，"礼"才真正充实。

孔子第一个系统地整理和总结了中国传统管理文化，奠定了儒家管理思想。从孔子开始，儒家的管理思想才有了自己独特的思想体系，儒家管理思想的各种基本观点，大都是由孔子首先提出来的，由此奠定了孔子在中国管理思想史上的地位。

3.1.2.2 孟子

孟子（约前372—前289），名轲，字子舆，战国时期邹（今山东邹城市）人，中国历史上著名的思想家和教育家，儒家学派的代表人物，与孔子并称

"孔孟"。孟子曾仿效孔子，带领门徒周游各国，但不被当时各国所接受，随后退隐与弟子一起著书。孟子与其弟子的言论汇编于《孟子》一书，是儒家学说的经典著作之一。

孟子建立了人性本善的学说，认为人生来就具备仁义礼智四种品德。人可以通过内省去保持和扩充它，否则将会丧失这些善的品质。因而他要求人们重视内省的作用。在社会政治观点方面，孟子突出仁政、王道的理论。仁政就是对人民"省刑罚，薄税敛"。他从历史经验中总结出"暴其民甚，则以身弑国亡"，又说三代得天下都因为仁，由于不仁而失天下。强调发展农业，体恤民众，关注民生，他在《梁惠王上》中说："老者衣帛食肉，黎民不饥不寒，然而不王者，未之有也。"他又提出"民贵君轻"的主张，认为君主必须重视人民，"诸侯之宝三，土地、人民、政事"。君主如有大过，臣下则谏之，如谏而不听可以易其位。至于像桀、纣一样的暴君，臣民可以起来诛灭之。他反对实行霸道，即用兼并战争去征服别的国家；而主张行仁政，争取民心的归附，以不战而服，实行王道就可以无敌于天下。在价值观方面，他强调舍生取义，"生，亦我所欲也；义，亦我所欲也。二者不可得兼，舍生而取义者也"。强调要以"礼义"来约束自己的一言一行，不能为优越的物质条件而放弃礼义，"万钟则不辨礼义而受之，万钟于我何加焉!"孟子的思想贡献是创立性善说，把孔子的礼治思想发展为仁政学说，使儒家思想具备更加周密、完整的理论形态。

3.1.2.3 荀子

荀子（约前313—前238），名况，号卿，战国时期赵国人，时人尊称"荀卿"。荀子为实现其政治抱负，曾效法孔孟，周游列国。他几度赴齐，在名噪一时的稷下学宫讲学，曾向齐相提出改革建议，但未被采纳。不久到楚国，被楚相春申君任命为兰陵（位于今山东兰陵县）令。后来再一次到齐国与稷下先生论学，三次担任学宫的祭酒（学宫之长）。后因受谗言诬陷而适楚，春申君死而荀卿废。此后定居兰陵，专心著述和讲学，韩非、李斯都是他的入室弟子。

荀子对诸子百家都有所批评，唯独推崇孔子的思想，认为是最好的治国理念。荀子对儒家思想有所发展，在人性问题上提倡"性恶论"，主张人性有恶，否认天赋的道德观念，强调后天环境和教育对人的影响。其学说常被后人拿来跟孟子的"性善论"比较。荀子对重新整理儒家典籍也有相当显著的贡献。其著作现存有《荀子》三十二篇，是研究其管理思想的主要依据。

3.1.3　先秦儒家管理思想的特点

3.1.3.1　修己安人的管理目标

在儒家看来，治国管理首先是人的管理，而人的管理又可分为"修己"的自我管理和"安人"的社会管理两大部分。

首先，"修己"的自我管理，包括管理者和被管理者，其中更为强调的是管理者自身的道德修养。孔子十分强调管理者的"正己"在管理中的巨大影响作用，诸如"其身正，不令而行；其身不正，虽令不从""不能正其身，如正人何？"[①] 这都是强调管理者一定要重视自身的品行修养，做到安人先正己。儒家"正己安人"的管理思路，在孟子那里得到了进一步张扬。孟子说，"行有不得者，皆反求诸己，其身正而天下归之"。在儒家看来，修己做好了，自己在道德能力方面更完善了，才有治国安民的条件和本领，这就是他们所宣扬的"内圣外王"之学。

其次，"安人"的社会管理，立足于自我修身的基础之上，其内容包括齐家、治国、平天下。"齐家"就是家庭管理，它是以规正家人的行为规范、实现家庭的社会功能为特点的。它要求家庭成员遵循各自角色的行为规范，完成各自应担负的职能。在儒家看来，不能做好齐家的管理，也就不能做到治国的管理。治国管理包括政治管理、经济管理、军事管理、文化管理等各方面。这些管理在目的、本质和原则上与家的管理差不多，家是构成社会的最小单位，国是家的政治放大。千家万户和睦相处之时，当然是国泰民安之日。儒家之所以将安人作为管理的最终目的，就因为"安人"出于人的生存需求。荀子认为："人莫贵乎生，莫乐乎安。"[②] 意思是说，生存和安宁是人的最大需求。保证人生安宁，也是社会发展的基本要求。

3.1.3.2　民为邦本的管理意向

孔子在《论语·阳货》中回答弟子提问时明确地说："惠则足以使人。"即给民众以恩惠，就能很好地指使民众。孔子把是否关爱民众作为能否有效统治

[①] 《论语·子路》。

[②] 《荀子·修身》。

民众的前提，这虽然是站在统治者的立场说话，但强调以民生为本不失为古今中外均被看重的管理智慧。孔子希望统治者"泛爱众"，他说："道千乘之国，敬事而信，节用而爱人，使民以时。"① 意思是说治理国家要爱护民众，节约财用，征调民力要适时适度，不可滥用，这样才能保证民众适时地从事农业生产。孟子提倡："乐民之乐者，民亦乐其乐；忧民之忧者，民亦忧其忧。乐以天下，忧以天下，然而不王者，未之有也。"② 荀子在《富国篇》中主张富国与富民并举，提倡"上下俱富"。他认为，"下贫则上贫，下富则上富"，必须是"上下俱富"。为此，他提出应该采取强本、轻税、节用等措施。儒家的后继者们还就如何发展生产、缩小贫富差别等关系国计民生的问题进行过许多探讨，其基本思路都是如何让老百姓富足和安居乐业，以促进社会的稳定与和谐。

3.1.3.3 贵"和"与"中庸"的管理标准

在儒家文化那里，"和"既是管理的目的性要求，也是管理的方法论要求。孔子强调："君子和而不同，小人同而不和。"③ 所谓"同"是指取消差别、合为一类，表现在处理人际关系上，就是唯唯诺诺，无原则地同流合污。所谓"和"，是指不同事物的相成相济，表现在处理人际关系上，就是有原则地和睦相处。也就是说，凡无关原则的小事，要讲协调、重和睦，不要小题大做，闹不团结；凡事关原则性的大问题，则要坚持原则，不应苟同。

怎样才能做到"和"呢？孔子对中庸的方法十分推崇："中庸之为德也，其至矣乎！"长期以来，人们对中庸的认识有误解。在不少人的心目中，中庸就是折中调和。对"中庸"做如此贬义的理解，并不符合孔子本意，孔子的本意是指无论做人、处世还是办事都不能过分，要"执其两端用其中于民"。这里的"端"是指极端，极端就是偏；"中"就是正中、适中的意思。中庸之道的实质是讲求合理和适度，既不能"过"，也不能"不及"，"过"和"不及"都将破坏管理效果。因为管理的最终效果就是力求使人与物处于合理和适度的状态，所谓"礼之用，和为贵"，达到和谐圆通、井然有序的管理效果。

---

① 《论语·学而》。
② 《孟子·梁惠王下》。
③ 《论语·子路》。

3.1.3.4 德礼之治的管理手段

管理目标的实现有赖于恰当的管理手段的运用。孔子说:"道之以政,齐之以刑,民免而无耻;道之以德,齐之以礼,有耻且格。"① 实际上道出了儒家"德礼之治"的管理手段。儒家管理思想认为,单纯依靠政令、刑法等强制性的政治举措,实施惩罚性的管理手段进行管理,对于治民虽然可能有效,但并不是最理想的,即使在短期内能够奏效,其作用也不可能长期持续下去。而以道德教化贯穿管理过程的始终,强调道德价值观的精神引导作用,要求管理者把一套"设定"的价值观念灌输到民众的头脑中去并化为其自觉行为,从而达到控制民众思想和稳定社会秩序的目的。

同时,以"礼"为特征的外在控制方式在儒家管理哲学中也是十分重要的管理手段。儒家极力主张用"礼"的规范来约束人们的行为,使用一定程度的强制手段来实现社会管理的目标。实际上,由于"礼"具有政治法律制度、道德行为规范、礼节礼仪的内容,因此,它在管理过程中的作用就在于提供一整套规范形式,起着重要的管理功能。"礼"不仅对管理者具有约束和规范作用,同时管理者又按"礼"的规定来管理国家政务。对所有民众而言,还具有正身和自律的作用。古代的"礼"对于不同社会等级的人的言行都有明确的规定,要求每一个人必须按照"礼"的规定来约束自己,使之合乎"礼","顺乎礼义";以礼制欲,必须把"礼"贯彻到自己的一切言行之中,做到"非礼勿视,非礼勿听,非礼勿言,非礼勿动"。这种"齐之以礼"的礼治就是用合乎"仁"的道德规范、行为准则和典章制度来进行管理的方式。

从上述儒家管理思想的主要特点可以看出,儒家管理思想具有强烈的伦理色彩和积极的入世精神。

---

① 《论语·为政》。

3.2 孔子的管理思想

司马迁在《史记·孔子世家》中说:"孔子布衣,传十余世,学者宗之。自天子王侯,中国言六艺者,折中于夫子,可谓至圣矣!"孔子作为儒家学派的创始人和主要代表,被后世尊称为"圣人",其仁学思想内涵极其丰富,如仁爱与德治、和与中庸、重义轻利、重视诚信等,这些思想对现代管理有重要的借鉴意义。孔子的管理思想始终围绕着"修己"和"安人"来论述,认为一位君主(领导者)只有先提升自我修养,慎独自律,育德育心,方可谈治国,才能给百姓带来福祉。

3.2.1 仁爱与德治

3.2.1.1 仁爱

"仁"是孔子也是儒家思想的基础和核心,"仁爱"是孔子思想的总纲。孔子一生都在向弟子们传授仁的思想、仁的情感,《论语》中提及"仁"的次数有109次,"仁"在孔子思想里的重要性不言而喻。

究竟什么是"仁",在孔子《论语》中有着大量不同的界定。大体上说,《论语》中"仁"有以下12种含义[①],分别是:(1)仁是孝悌,或者反过来说,孝悌是仁,且是仁的基础和根本。(2)出言谨慎,内外一致,言行合一。(3)勤劳为先,迎难而上,索取次之。(4)忠恕,此乃"尽己之谓忠,推己之谓恕"之谓也。(5)克制自己,按规矩和礼法行事。(6)严肃认真,小心谨慎,无怨无悔。(7)恭敬、庄重、忠实。(8)坚毅、果敢、坚强、谨慎。(9)注意方式方法,团结依靠仁人贤士。(10)恭敬(谦恭、庄重)、宽容(宽厚)、诚信(诚实)、勤勉(勤敏)、恩惠(慈惠)。(11)学、记、问、思。(12)爱人。

总结上述之论,《论语》之"仁"其总的情怀和精神就是一个字,那就是

---

① 徐小跃. 仁爱思想:中华民族最深沉的精神追求[J]. 唯实, 2014 (1): 81—84.

"爱"。"仁"与"爱"之间相互诠释,在内涵上仁或大于爱,爱或大于仁。其中,"仁者爱人"最为重要,因为它表达了儒家仁学的实质,即对人和人性的珍视。可以说孔子的"仁"是专门讨论人与人之间关系的。在孔子那里,人与人相爱的关系又是具体通过不同对象之间的关系来得到确证的。血缘关系表现为"孝悌",人际关系表现为"忠恕",落实到实际中表现为"惠民"。所以,可从三个大的方面概括孔子的"仁爱":其一是孝悌之爱,其二是忠恕之爱,其三是惠民之爱。总之,在孔子看来,仁应当是人的本性,只有具有仁心仁德的人,同情关心他人的人,才配称作真正的人。

至于如何才能做到仁,孔子提出了忠恕之道的途径。所谓忠,就是要尽自己的努力积极为人,即孔子所说的"夫仁者,己欲立而立人,己欲达而达人"①;所谓恕,就是要推己及人,"己所不欲,勿施于人"②。"忠恕之道"是贯穿孔子仁学的中心思想。从孔子的志向看来,忠恕之道已使"仁"的内涵超越了贵族"爱亲"的家族范围,体现了对他人、对社会的关心。但"仁"的执行要以"礼"为规范,孔子主张"克己复礼为仁"③。

根据"礼",孔子主张维持严格的等级制度,认为这样才能稳定统治秩序,维持统治者的地位。孔子强调治国要做到"君君、臣臣、父父、子子",就是说君、臣、父、子要各守本分,各按自己的等级名分办事。根据"礼",孔子把管理者与被管理者,也就是统治者与被统治者的界限划分得十分清楚,这无疑也是有利于统治者地位的。孔子说:"君子怀德,小人怀土;君子怀刑,小人怀惠。"④ 在孔子眼里,"唯上智与下愚不移","君子"和"小人"有着天壤之别。根据他的"礼"来管理社会,就是要使这种区别固定化,使君子耻为小人,使小人仰慕君子。因此,以仁德治国,需要依礼行事。

3.2.1.2 为政以德

"为政以德"是孔子的重要思想,体现着他对如何重建政治秩序的思考。孔子说:"为政以德,譬如北辰,居其所而众星共之。"此句乃《为政》篇之首章,被后人公认为是孔子主张德治的代表性言论。《为政》一章的基本思

---

① 《论语·雍也》。
② 《论语·颜渊》。
③ 《论语·颜渊》。
④ 《论语·里仁》。

路是，将"北辰"比作"君"，把"众星"比作"臣下"，认为君主若能具备"北辰"之德就能收到"众星共之"的有序政治局面。此章的重要性在于，它暗含了一种为治的思路，即政治秩序建立之根本在于为政者之"德"。孔子认为就德治而论，为政以德是非常重要的，是为政者行德治的首要要求，为政者只有先把德性修行好，才能得应民心，顺利地治理国家。可见"为政以德"之论，意在强调领导者自身的道德素养。孔子的德治思想首先强调的是有德者之治。①

孔子强调领导者自身的道德素养，有关言论在《论语》中多处可见。如《为政》篇记载，鲁大夫季康子请教孔子：怎样才能得到民众的尊敬和忠诚？孔子回答说："临之以庄，则敬；孝慈，则忠。"意即领导者能以庄重的态度对待民众，就能得到民众的尊敬；能在孝敬长辈、慈爱晚辈方面做出表率，就能得到民众的忠诚。《颜渊》篇记载：季康子问如何临民理政，孔子回答说："政者，正也。子帅以正，孰敢不正？"与之意思相同的还有《子路》篇所载两段孔子之言："其身正，不令而行；其身不正，虽令不从。""苟正其身矣，于从政乎何有？不能正其身，如正人何？"这几段话都是强调为政者要躬行正道，率先垂范。孔子还曾说："君子之德风，小人之德草，草上之风，必偃。"②把形成公序良俗的着眼点放在领导者的非权力影响力上。他所说的"修己以安人""修己以安百姓"③，同样是把领导者的品德养成与人民安居乐业直接挂起钩来，视前者为后者的必要条件，可以说反映了孔子德治思想的真谛。

正因为孔子非常重视领导者的道德素养，视之为治国理政的首要条件，所以他在评价历代帝王将相时，总是把"为政之德"放在最优先、最重要的位置上，把"修己"作为最基本、最核心的内容加以考量。"古之欲明明德于天下者，先治其国；欲治其国者，先齐其家；欲齐其家者，先修其身；欲修其身者，先正其心；欲正其心者，先诚其意；欲诚其意者，先致其知，致知在格物。物格而后知至，知至而后意诚，意诚而后心正，心正而后身修，身修而后

---

① 裴传永. 治官而非治民：孔子德治思想的核心诉求与当代价值[J]. 孔子研究，2014（6）：48—54.
② 《论语·颜渊》。
③ 《论语·宪问》。

家齐,家齐而后国治,国治而后天下平。"① 在被儒家称为目标的"修身、齐家、治国、平天下"中,"修身"是基础。理想的社会不是一蹴而就的,它是由每一个高尚的个体构成的,因此一个人的品质素质也就不再是个体的事,尤其是领导者个人自身的修养关系到整个组织及社会的和谐。

3.2.2 和与中庸

孔子重"中庸",讲求"允执其中"。其实,"中"与"和"的根本含义是一致的,是一种"不偏不倚""适度""有序"的状态。《中庸》将"中和"作为一个整体范畴提出,"中"为根本,"和"为所求之境界,"中"乃"和"之手段。因此,"中庸之道"与"贵和"在根本上亦具有一致性。

3.2.2.1 "和"的管理理念

《论语》中共有5次提到"和":

> 有子曰:礼之用,和为贵。先王之道,斯为美;小大由之。有所不行,知和而和,不以礼节之,亦不可行也。②
>
> 子与人歌而善,必使反之,而后和之。③
>
> 君子和而不同,小人同而不和。④
>
> 丘也闻有国有家者,不患寡而患不均,不患贫而患不安。盖均无贫,和无寡,安无倾。⑤
>
> 君子一言以为知,一言以为不知,言不可不慎也。夫子之不可及也,犹天之不可阶而升也。夫子之得邦家者,所谓立之斯立,道之斯行,绥之斯来,动之斯和。其生也荣,其死也哀。如之何其可及也?⑥

上述"和"中,既有音乐之"和",亦有道德人伦之"和"与社会政治之"和"。孔子"贵和"的含义可理解为:既讲求团结、和合,又保持各自独立与差异;强调对立之统一,力图在不破坏统一体、不损害任何一方的情况下,以

---

① 《礼记·大学》。
② 《论语·学而》。
③ 《论语·述而》。
④ 《论语·子路》。
⑤ 《论语·子路》。
⑥ 《论语·子张》。

包容解决事物内部矛盾。总体来看,孔子要求的最高境界就是"和为贵",贵在包容,贵在和合。

"和"既是孔子的管理理念,也是孔子所追求的管理境界。孔子把社会和谐看成是治理国家的最佳状态,"盖均无贫,和无寡,安无倾"①。意思是说,一个国家的稳定,不取决于财富的多少、人口的多少,而取决于分配是否公平、人心是否安定。因此,孔子强调人与人之间的相互关爱和尊重,并把家族之内的血缘亲情原则扩展到全社会范围,要求大家如亲人一样友好相处。为了实现"大同"理想,孔子指出,具有良好管理的社会组织中,首先每一个个体要各安其位、各守其分;其次具有不同地位和作用的个体之间还要互相协调,达成统一。在孔子看来,每个人都应"素其位而行,不愿乎其外。素富贵,行乎富贵;素贫贱,行乎贫贱"②,只有做到了这些,才能使整体保持一种稳定与和谐的状态。

虽然孔子强调社会的整体和谐,但他所说的"和"并不是盲目追求一致、同一,消除差异与矛盾的"一团和气",而是承认差异、寻求共存的良好状态。孔子从自己教导学生的实际管理经验出发,提出"君子和而不同,小人同而不和"③。这里的"和"就是承认人与人之间的相互差异、矛盾、对立,并使之达到一种相对的平衡和谐;"同"则是"以同裨同",即排斥差异、矛盾,只求同质事物的绝对同一。孔子把"和"看作处理差异、矛盾的基本原则,看作处理人际关系的准则,在坚持基本原则的同时,通过各种因素的差异互补来寻求整体和谐,这是一种积极的态度和方法。

3.2.2.2 "中庸"的管理艺术

孔子认为,要实现"和"的管理境界,必然要求"中庸"的管理艺术。

"中庸"作为一个整体概念,最早是由孔子提出的。"中庸之为德也,其至矣乎!民鲜久矣。"④那么,"中庸"的含义是什么呢?孔子没有明确解释。后世众多注家分别对"中"和"庸"的含义做了注解,我们可以把这段话直译为:"中庸作为一种美德,该是最高的了,但民众缺少这种美德的时间已经很

---

① 《论语·季氏》。
② 《礼记·中庸》。
③ 《论语·子路》。
④ 《论语·雍也》。

久了。"孔子认为，中庸的核心是避免"过"和"不及"两种极端。在孔子看来，任何管理都要树立"度"的原则，不要过分走极端，要把握好"适度"原则。而"适度"原则的核心即"时中"，根据不同的场合、不同的对象、不同的环境等外在因素，我们可以对同一类事物做出不同的处理意见。"中"体现了对管理处事的原则要求，即不偏不倚，兼顾矛盾的双方利益；而"时"则强调了灵活性。"中庸"要求执中以致和。可以从以下几个方面理解"中庸"：

(1) 中庸思想注意考察矛盾的两个方面，力求全面、均衡、灵活和统一。例如孔子曰："质胜文则野，文胜质则史。文质彬彬，然后君子。"① 意思就是说，做事只考虑实际的质朴而胜过文采，就显得粗野；做事只考虑外表的文采而胜过质朴，就显得虚浮；只有质朴和文采全面兼顾，不偏废于一面，才能称为做事恰到好处的君子。

(2) 中庸思想强调对"度"的把握。例如孔子曰："毋意，毋必，毋固，毋我。"② 既要有自己的主见，又不能太主观用事；既要有一定的原则，又不能固执己见。"君子惠而不费，劳而不怨，欲而不贪，泰而不骄，威而不猛。"③ 要求为政者既要施惠于民，又不过分耗费；既要为百姓做事任劳，又不能心存抱怨；既要有所追求，又不贪婪；既庄重又不傲慢；既有威严又不凶猛。可见，孔子非常重视对分寸的把握。

(3) 中庸重视权变，即因时因地而变化，不断改变策略和方法。例如孔子说："虞仲、夷逸，隐居放言，身中清，废中权。我则异于是，无可无不可。"④ 像虞仲、夷逸这些人，过着隐居缄默的生活，保持清高，退隐得合乎时机，这当然好，但孔子自己不以为然，认为要根据具体情况采取更为灵活的态度，即所谓"无可无不可"。

3.2.3 义利与信

3.2.3.1 孔子的义利观

所有的人都有追求私利的欲求，必然会在追求利益的过程中产生冲突和对立。在孔子看来，"以义生利"乃是正确处理义利关系的基本原则。"义"对

---

① 《论语·雍也》。
② 《论语·子罕》。
③ 《论语·尧曰》。
④ 《论语·微子》。

"利"具有主导地位,"利"必须"取之有义"。孔子曰:"君子喻于义,小人喻于利。"① 这既是对统治者提出的道德要求,又表明了以义生利的立场,希望人们都能"见利思义"。"见利思义"是指当利摆在面前时,要用义的标准来衡量,凡是通过正当方式占有的利,是合乎义的,在此义利是一致的;反之,就是违背道义和人格的。孔子并非一概地反对利,但他认为人对利的追求,要将道德规范放在第一位,在基本道德规范的约束之下,再谈及其利,不能忘了做人之根本。

贯彻"以义生利"管理基本原则必须做到以下几个方面:

其一,管理者必须肩负起相应的社会责任。孔子曰:"志士仁人,无求生以害仁,有杀身以成仁。"② 人们都有活下去并且活得更好的目标,但决不能为了自己的私利而做出损害他人正当利益的事情,当个人利益与国家社会利益相冲突时,宁可牺牲自己也要服从国家社会的利益。管理者自身活动必须要有益于社会发展,在这种情况下才可以称得上是"义"。领导者应当是道义的承载者,向下属、民众传递和弘扬道义,敢于担当,这是管理目标的前提和基础。

其二,管理者要以身作则,以义制欲。孔子要求管理者身体力行,以自己的行动为被管理者做出榜样。孔子说:"其身正,不令而行;其身不正,虽令不从。"③ 当管理者自身端正、做出表率时,不用下命令,被管理者也会跟着行动起来;相反,如果管理者自身不端正,而要求被管理者端正,那么纵然三令五申,被管理者也不会服从。孔子反对统治者用各种手段搜刮民财和兼并土地,他说:"不患寡而患不均,不患贫而患不安。"④ 这是因为,这种行为破坏了礼制所规定的各等级贵族之间的权势、利益关系,破坏了礼制所要维护的和谐与安定,因而是不义的。

其三,管理者要教育百姓向义、好义。孔子说:"上好礼,则民莫敢不敬;上好义,则民莫敢不服。"⑤ "上好礼"和"上好义",一方面要求领导者喜好礼仪和道义,对百姓起一种示范作用;另一方面要求领导者加强思想上的说

---

① 《论语·卫灵公》。
② 《论语·卫灵公》。
③ 《论语·子路》。
④ 《论语·季氏》。
⑤ 《论语·子路》。

教,用"礼"和"义"来教化百姓。孔子说:"为政以德,譬如北辰,居其所而众星共之。"统治者应以道德原则治理国家,就像北极星一样处在一定的位置,所有的星辰都会围绕着它。这代表了孔子的为政思想,强调道德对政治生活的决定作用,主张以道德教化为治国的原则。这是孔子思想中较有价值的部分,表明儒家治国的基本原则是德治,而非严刑峻法。

3.2.3.2 诚信思想

孔子非常重视诚信和信用问题,将"信"之思想发展为主体的道德责任,将人与人关系伦理化,把信任上升为治理准则,认为这是管理成败的关键性因素。《论语》一书中涉及"信"的地方共38处之多,主要有《学而》《为政》《公冶长》《述而》《泰伯》《子涵》《颜渊》《子路》《宪问》《卫灵公》《阳货》《子张》《尧曰》等篇章。这些"信"的主要意义是指"信用""诚信""守信"等。关于"信"思想的论述主要集中在两个层面:一是从国家治理层面上来谈诚信;二是从人际关系方面来谈诚信。

孔子认为,"信"这种道德是用人之基本要求,一个人只有遵"信"了,才可以得到别人的赏识。当然"信"之范围也不会局限于人与人之间,治国之时同样应重"信"。当然,孔子并不赞同无原则之"信","言必行,行必果,硁硁然小人哉"①,无须处处时时遵"信",不对之"信"不可过分遵守。所以在"信"之行为上应该做到合于义。"狂而不直,侗而不愿,悾悾而不信,吾不知之矣。"② 意思是说,狂妄之人却又不直,无知之人却不谨慎,外貌诚恳之人却内心不讲信用,这种人在孔子看来是不可理解的。由此可见,孔子以"信"作为人安身立命的根本。孔子还强调"信则人任焉",就是说诚信是任人的标准之一,只有讲诚信才能得到别人的青睐。孔子将"文、行、忠、信"放在一起谈,作为四教,在教导别人时自己应该做到言而有信。

孔子曰:"道千乘之国,敬事而信,节用而爱人,使民以时。"③ 道,治也。千乘,诸侯之国,其地可出兵车千乘也。敬者,主一无适之谓。敬事而信者,敬其事而信于民也。时,谓农隙之时。言治国之要,在此五者,亦务本之意也。治理千乘大国,应该做到讲诚信,谨慎地处理国家的事情,让老百姓按

---

① 《论语·子路》。
② 《论语·泰伯》。
③ 《论语·学而》。

时耕种，勤俭节约，爱惜民力。只有这样，才能将国家治理好。这里所说的信就是指不用权诈之法来治理，政令不朝令夕改，只有这样的真确之诚才算讲信。

3.2.4 人才管理思想

孔子十分重视人才的作用，以塑造德才兼备的君子人格为培养目标。"其人存，则其政举；其人亡，则其政息"，"故为政在人"。① 孔子十分注重内在品格的修养和外在行为的表现，注重人才的内外兼修，德育和智育并举。在人才培养上，孔子主张"有教无类"，注重"因材施教"、灵活多样、循循善诱的培养方法。

在孔子看来，选拔和培养人才固然重要，但关键之处在于如何使用人才。孔子提出"举直错诸枉，则民服；举枉错诸直，则民不服"② 这一观点，为如何选拔人才提供了有效的途径。"举直"即选举正直的人才，要重用贤才，意为在选贤任能的过程中，应把品性正直无私的人才选拔出来，罢黜邪曲之人，百姓就会服从政令；若是提拔邪曲不正之人，并将其放在正直无私的人才之上，百姓则不会服从政令。在不同规格人才的使用上，孔子对不同类型的人才采取了不同的使用方法，做到人尽其才。在这里，他提出了"君子不器"的主张，即要求为政者在选拔人才方面要做到量才而用。而且，用人不求全责备。孔子提出了"先有司，赦小过，举贤才"③ 的观点，这是针对犯有小过失的人提出的。这就要求各级组织首先要建立管理体制，分设下属给其职位，让他们各自负责，不计较下属细微的过错，宽容他们小的过失，提拔德才兼备的优秀管理人才。这一原则无论是对于一个组织还是一个国家，都有着普遍的适用性。

3.2.5 经济管理思想

孔子的经济管理思想同其他方面的管理思想相比，是比较薄弱的，他的经济管理思想仅是其治理国家理论的一部分，也强调"义"对"利"的规范作用。主要有以下几方面：

其一，"惠而不费"。孔子认为"小人喻于利"，因此主张在使用"小人"

---

① 《礼记·中庸》。
② 《论语·为政》。
③ 《论语·子路》。

即庶民从事各种劳动和服役时，必须使他们能得到一定的经济利益，这就是他所说的"惠则足以使人"。但是，怎样给被使役者、被管理者以"惠"呢？或者说，怎样使他们获得足以调动其积极性的物质利益呢？孔子对此提出了一个指导原则："惠而不费。"意思是说，能使被管理者得到物质利益，对统治者、管理者来说却没有多少花费。这实际上包含着以尽可能少的代价取得尽可能多的成果的经济原则。

其二，"使民以时"。所谓"使民以时"，是指为了保证农业生产的正常进行，不要过度地使用民力。这样既可以使百姓安居乐业、正常生活，不至于铤而走险，又可以保证统治者取得正常的赋税收入。因此，孔子的这一主张对于维护当时的经济生活正常运行具有一定的意义。

其三，节用。孔子主张治国要"节用而爱人"，又一再宣扬："礼，与其奢也，宁俭。"① 这说明他把"俭"或"节用"看作经济管理的重要原则之一。孔子讲的"俭"或"节用"，是从消费方面讲的。"惠而不费"和"使民以时"主要是从生产方面提出问题，以促进生产增长。但生产增长了，如果统治者在消费方面挥霍无度，必然会以苛重的赋税、劳役加之百姓，结果虽然生产增长了，仍不能富民，甚至反而使百姓更加穷困。孔子判断"节用"或"俭"的标准，是"礼"所规定的等级标准。如果处于某一等级的人的生活享用不超过"礼"为这一等级所规定的标准，就称赞他为"节用"或"俭"；如果超过了这一标准，则指责他为"奢"。

3.3　孟子的管理思想

孟子接受并发展了孔子的儒家学说，其管理思想的理论基础是人性本善论。从民本观和性善论出发，孟子认为，社会管理的核心就是争取民心和实施仁政，主张义利统一。

---

① 《论语·八佾》。

3.3.1 孟子管理思想的出发点：性善论

孟子认为，人性天生是善的。"人性之善也，犹水之就下也。人无有不善，水无有不下。今夫水，搏而跃之，可使过颡；激而行之，可使在山。是岂水之性哉？其势则然也。人之可使为不善，其性亦犹是也。"① 人性的善良，就像水性趋下一样。人的本性没有不善良的，就如水的本性没有不向下流的。假如拍打水让它飞溅起来，则可以高过人的额头；堵住水道让它倒流，就可以引上高山。然而，这不是水的本性，是所处形势迫使它这样的。同样的，人之所以做坏事，是由于他的本性受到了影响，受到了外界物欲的诱惑，乱了本性，丧失了善性。《孟子》七篇直接提到性善的只有两处：一是《滕文公上》的"孟子道性善"，二是《告子上》的"今曰性善"。研究者如徐复观、唐君毅、牟宗三等认为，孟子指证性善不从性本身来说，而是从心切入，从良心本心说起，即心言性，心善故性善。良心本心是善的，因此性是善的。②

所谓人性本善，是指人的那些特殊本性是善的，即"四端之心"。"恻隐之心，人皆有之；羞恶之心，人皆有之；恭敬之心，人皆有之；是非之心，人皆有之。恻隐之心，仁也；羞恶之心，义也；恭敬之心，礼也；是非之心，智也。"③ 在这里，孟子不再说恻隐、羞恶、恭敬、是非四心是仁义礼智之四端，而是直接说四心就是仁义礼智四性。就是说，人生来就具有仁义礼智四种善良的天性，这四种天性是"不学而能""不虑而知"的"不忍之心"。"人皆有不忍人之心……所以谓人皆有不忍人之心者，今人乍见孺子将入于井，皆有怵惕恻隐之心，非所以内交于孺子之父母也，非所以要誉于乡党朋友也，非恶其声而然也。由是观之，无恻隐之心，非人也；无羞恶之心，非人也；无辞让之心，非人也；无是非之心，非人也。恻隐之心，仁之端也；羞恶之心，义之端也；辞让之心，礼之端也；是非之心，智之端也。人之有是四端也，犹其有四体也。"④ 大意是，如果有人忽然看到一个孩子要掉到井里去了，都会有惊恐同情的心情。这不是想借此同孩子的父母攀交情，不是要在乡邻朋友中博取名声，也不是讨厌那孩子惊恐的哭叫声才这样的。由此看来，没有同情心的，不

---

① 《孟子·告子上》。
② 杨少涵. 孟子性善论的思想进路与义理架构[J]. 哲学研究, 2015 (2): 44-52.
③ 《孟子·告子上》。
④ 《孟子·告子上》。

是人;没有羞耻心的,不是人;没有谦让心的,不是人;没有是非心的,不是人。同情心是仁的开端,羞耻心是义的开端,谦让心是礼的开端,是非心是智的开端。人有这四种开端,就像他有四肢一样。人有不忍之心,说明人性善良。正因为人性先天是善的,所以可以用仁政方法引导人民。

人性本善说是孟子仁政管理的理论基础,突出了人作为社会人具有相互依存和利他性。从这一思想出发,他提出了一系列管理人的主张。

3.3.2 孟子管理思想的核心:仁政

孟子将其"性善说"应用到国家管理上,提出了理想主义的"仁政"主张。孟子认为,仁政之所以能够成立,其根本在于人性本善。《孟子》第一章开宗明义地提出"仁"。梁惠王问孟子:"叟,不远千里而来,亦将有以利吾国乎?"孟子回答:"王,何必曰利?亦有仁义而已矣。"① 在这里,孟子并非不讲利,而是要梁王行仁政,把"仁政"放在首位,要先义而后利,要讲国家的大利。孟子认为,施仁政是治国之本。

其一,仁政管理的核心——民为贵。孟子认为统治者要把为"民"作为行为的出发点和归宿点,提出了"民为贵"的民本思想。孟子说:"诸侯之宝三:土地、人民、政事。"② 而这三宝中人民又是最重要的。孟子指出:"民为贵,社稷次之,君为轻。"③ 为什么民为贵呢?他有这样的推论:"得乎丘民而为天子,得乎天子为诸侯,得乎诸侯为大夫。"④ 也就是说得到人民拥护的人可以当天子,即最高的统治者;得到天子赏识的人可以当诸侯,即地方长官;得到诸侯赏识的人可以当大夫,即地方长官的属官。天子、诸侯、大夫三个级别中天子最高,而天子的地位是由人民确定的,所以人民最高贵。如果哪一个天子违反了人民的意愿,他就会成为孤家寡人,就要被推翻。得到人民就得到天下,失去人民就失去天下。这一思想是作为管理国家的大计被提出来的,促使统治者重视"为民"的问题。

其二,仁政管理的原则——得民心。孟子认为,能得到人民的拥护就是得民心。得民心的关键就是"以德服人"。他说:"以力服人者,非心服也,力不

---

① 《孟子·梁惠王上》。
② 《孟子·尽心下》。
③ 《孟子·尽心下》。
④ 《孟子·尽心下》。

赡也；以德服人者，中心悦而诚服也。"① 以德服人才能得民心，得民心就能得天下。孟子所说的"得民心"，有一些具体的做法。首先要保证人民的物质生活条件，使他们有恒产、有恒心。其次要进行伦理道德的教育，提高遵循伦理道德的自觉性。再次要把道德高尚、能力突出的人安排在各级领导岗位上。最重要的是管理者自己要"尽其心"，全力做好为民兴利除害的事，如果道德败坏、以权谋私，是无法"得民心"的。

孟子认为，"得民心"的关键是"与民偕乐"。"乐民之乐者，民亦乐其乐；忧民之忧者，民亦忧其忧。乐以天下，忧以天下，然而不王者，未之有也。"② 统治者如果能够把民众的喜乐当成是自己的喜乐，那么民众自然会喜乐于统治者的喜乐；同样地，统治者如若能够把百姓的忧苦当成自己的忧苦，相应地百姓也会忧苦于统治者的忧苦。与天下的百姓一起分担忧苦、分享喜乐，这样还不能称王于天下的是从来没有过的。在孟子看来，这样统治者与被统治者一同品尝苦与乐的情景便是"仁政"所能带来的和谐祥乐的社会氛围。

其三，仁政管理的重要职能——尊贤使能。孟子提出"为天下得人谓之仁"命题，认为"得人"是领导者的一项重要工作，领导者是否真"仁"，就体现在"得人"上。孟子说："仁则荣，不仁则辱。今恶辱而居不仁，是犹恶湿而居下也。如恶之，莫如贵德而尊士。"③ 也就是说，领导者要真正称得上"仁"，真的得到"荣"而不是"辱"，就必须"贵德尊士"。这体现了孟子对领导者用人这一职能的肯定和重视。

孟子认为，尊贤不能停留在口头上，只有重用贤人，发挥他们的作用，才是真正的尊贤。他提出，对贤人一要"养"，即给以优厚的生活待遇；二是"举"，即加以重用，使"贤者在位，能者在职"。

3.3.3 孟子的管理价值观：仁义

孟子的管理价值观集中表现在对义利的价值辨析上，在利益和仁义发生冲突时，孟子主张把"仁义"放在首位，提出"先义后利"的管理价值观。

孟子见梁惠王。王曰："叟不远千里而来，亦将有以利吾国乎？"

---

① 《孟子·公孙丑上》。
② 《孟子·梁惠王下》。
③ 《孟子·公孙丑上》。

孟子对曰："王何必曰利，亦有仁义而已矣。王曰：'何以利吾国？'大夫曰：'何以利吾家？'士庶人曰：'何以利吾身？'上下交征利而国危矣。万乘之国弑其君者，必千乘之家；千乘之国弑其君者，必百乘之家。万取千焉，千取百焉，不为不多矣。苟为后义而先利，不夺不餍。未有仁而遗其亲者也，未有义而后其君者也。王亦曰仁义而已矣，何必曰利？"①

在这段著名的对话中，梁惠王向孟子请教"何以利吾国"，孟子的回答却只有"仁义"两个字。孟子在义利关系上首先肯定的是行仁义去私利。所谓"义"是指仁义等道德规范和行为准则，是精神追求，而"利"指个人私利或眼前、局部利益，是物质利益和食色等低层次之需。孟子认为，义、利都是针对人的某种需要而言的。"义"针对的是人的高层次的精神需求，而"利"只能满足人的低层次的感官物质需求，其价值低于仁义道德对人的意义。孟子认为"取之有义"是治国、管理的基本原则。"非其道，则一箪食不可受于人；如其道，则舜受尧之天下，不以为泰。"②"非其义也，非其道也，禄之以天下，弗顾也；系马千驷，弗视也。"③ 如果符合道义，就应该"义"不容辞，这就是所谓的"取之有义"。当义利发生矛盾冲突时，应坚持道义而放弃物质利益，"舍生取义"是这一要求的集中体现。

义利关系即"义"与"利"孰轻孰重的问题，在本质上是价值选择的问题，是管理价值观的核心。无论是对梁惠王还是对齐宣王，孟子游说他们的前提立场几乎都是从此出发：国因民而有，民因身而有，身因心而有，心因"仁义"而有。在价值选择中，义与利没有绝对的排他性，只有层次的区别，选择义不一定必须排斥利，选择利也不一定违背义。换言之，只要合于义，可以追求最大限度的利，反过来说，追求最大限度的利，并不一定就违反义。从管理哲学的视角讲，重义轻利的价值观不仅是自我管理的根本，也是平治天下最为根本的管理原则，"仁义"是政治的价值根源。④

---

① 《孟子·梁惠王上》。
② 《孟子·滕文公下》。
③ 《孟子·万章上》。
④ 蓝法典. 论孟子仁政思想的内在逻辑 [J]. 孔子研究，2016（2）：70—78.

3.3.4 孟子的经济管理思想：富民

孟子仁政学说的社会目标，是建立一个以民为本的仁政社会，其民本思想在经济管理方面就是如何才能"富民"。孟子继承孔子的思想，希望建立一个稳定、和谐的社会，富民是实现其理想社会的基础。战国时期，"统一"成为人们向往的目标。孟子也极力主张统一，认为当时动荡的社会只能"定于一"，即只有统一才能安定。孟子主张通过实行"仁政"取得本国人民的拥护和其他诸侯国人民的归服来实现统一。他认为只有"民可使富也"才能"得民心"，从而得到和谐安定的统一，而得民心必须使普通百姓能过上温饱富裕的生活。如何富民，孟子认为总体上应该"易其田畴，薄其税敛，民可使富也。食之以时，用之以礼，财不可胜用也"①。意思是说，让百姓种好他们的田地，减轻他们的赋税，就可以使百姓富足；按一定时节使用，按礼的规定使用，就有用不完的财富了。如此，"菽粟如水火，而民焉有不仁者乎"。就是说，粮食如同水火那样多了，百姓哪有不仁爱的呢？

至于富的标准就是要使民有恒产，因为孟子认为让老百姓拥有恒产意义重大，即其所说"民之为道也，有恒产者有恒心，无恒产者无恒心"②。在孟子看来，有恒产即有固定产业的人，做事情才会持之以恒，而没有恒产的人做事情则容易缺乏韧性。既然有恒产如此重要，那么有恒产即富民应该达到怎样的程度才合适呢？在他看来应该是让老百姓足以赡养父母，抚恤妻子，丰年的时候可以丰衣足食，歉收的岁月也能免于冻馁而死。为了能够真正实现这种富民思想，让统治阶级有章可循，他提出了一系列主张。具体有以下几方面：

一要不违农时，鼓励耕种。孟子说："民事不可缓也。"他又说："不违农时，谷不可胜也。"他还劝梁惠王要鼓励百姓种桑、养鸡、养畜，使"民养生丧死无憾"。

二要给百姓以"恒产"。孟子认为，百姓拥有一定数量的财产，是巩固社会秩序、维持"善良习惯"的必要条件。"恒产论"是孟子独特的管理思想，这是中国历史上第一次明确提出拥护私有财产制度的主张。

三要薄税敛。在农业方面，孟子主张实行单一税制，就是在劳役地租之

---

① 《孟子·尽心上》。
② 《孟子·滕文公上》。

外，不再征收其他农业税，即"助而不税"。他反对当时向农民实行的"布缕之征、粟米之征、力役之征"三种征税制度，提出只能采用一种方法，"用其二而民有殍，用其三而父子离"。在工商业方面，孟子主张减轻商人的负担，提出在市场上不征商舍税，货物按规定办法出售不征税，关卡上只检查不征税。不过，孟子主张只对一般商人给以"不征"的优惠，而对垄断市利的商人则要征税。

3.4 荀子的管理思想

　　荀子的管理思想在外在形态上与孟子思想呈现出不同的分野，但在本质上与儒家精神相契合。荀子以其独到的观察和思考，丰富了儒家管理思想。荀子反对孟子的"性善论"，提出了"性恶论"思想，认为管理必须"隆礼重法"。荀子特别强调"尚贤用能"，认为国家管理者的职责就在于按照一定的分工和等级把人们组织起来，使士农工商诸民各得其位，即所谓"明分使群"。

3.4.1　性恶论

3.4.1.1　人性本恶

　　与孟子提倡人先天性善相反，荀子从现实出发，认为人性本恶。"人之性恶，其善者伪也。"[①] 在荀子看来，所谓"性"，即天性、本性，是"不可学，不可事而在天者"，是人未经过加工的自然之质。这种自然之质主要表现为人先天就有的欲望："目好色，耳好声，口好味，心好利，骨体肤理好愉佚。"[②] 人性就是饥而欲食，寒而欲暖，劳而欲休，好利而恶害。在荀子看来，人性就是人的好利恶害的本能和感官欲望，如果顺从人的这种本性，就会发生相互之间的争压、残害和淫乱，会坏礼义、乱纲常，导致争夺、混乱，所以不能放任人的本性自由发展。当然，人之"好利""疾恶""好声色"仅仅是一种自然的

[①]　《荀子·性恶》。
[②]　《荀子·性恶》。

心理倾向，它意味着导向"恶"的可能性，而并没有排除向善的可能性，只是向恶的倾向是处于主导地位的。

在《性恶》篇中，荀子围绕"人之性恶明矣，其善者伪也"的命题，从九个方面做出了论证：其一，人"生而有好利焉""生而有疾恶焉""生而有耳目之欲，有好声色焉"等。其二，"今人之性恶，必将待师法然后正，得礼义然后治。今人无师法，则偏险而不正；无礼义，则悖乱而不治"。其三，"凡性者，天之就也，不可学，不可事。礼义者，圣人之所生也。人之所学而能，所事而成者也"。其四，"今人之性，饥而欲饱，寒而欲暖，劳而欲休，此人之情性也"。其五，"凡礼义者，是生于圣人之伪，非故生于人之性也"。其六，"凡古今天下之所谓善者，正理平治也；所谓恶者，偏险悖乱也；是善恶之分也已"。其七，"凡论者，贵其有辨合，有符验。……今孟子曰'人之性善'，无辨合符验"。其八，"今人之性恶，必将待圣王之治，礼义之化，然后皆出于治，合于善也"。其九，"凡人之性者，尧、舜之与桀、跖，其性一也；君子之与小人，其性一也。今将以礼义积伪为人之性邪？然则有曷贵尧、禹，曷贵君子矣哉？"通过这九条论据，我们可以看到荀子的论证是基于经验现实的，这是他区别于孟子性善论的重要一点。他批判孟子"人之性善"的主张"无辨合符验"，一种对人性的理论假设，无法在经验层面上进行验证。而他的性恶论却是由现实经验所推导出来的。首先，人天生便有与礼义相对立的各种生理欲求（第一、四、六条）。其次，为什么圣人要制作礼义，提倡道德呢？人性因情欲的影响流于为恶的可能性很大，故圣王以礼义来加以规范。人性若天然为善，何需礼义？（第二、五、八、九条）第三，道德礼义，例如辞让，都是后天教化而得，若顺从人的天性必倾向于争夺而不是辞让，由社会的道德现实而观之，礼义不出于先天（第一、三、五、八条）。所以，以经验现实作为立论基础而进行探讨的话，性恶论更为合理，而性善论则无法用经验证实（第七条）。荀子对人性论的探讨并不是基于某种建构纯粹形而上学的兴趣，他的出发点和落脚点仍然是基于经验现实而解释人性和改造人性。

3.4.1.2 化性起伪

为了使人由"恶"变"善"，荀子提出了"化性起伪"的命题。荀子认为要用礼义、法度来对人的自然欲望加以约束，通过后天的礼义教化，改造人性之恶、实现人性从善和社会安定大治。所谓"伪"是指人为、后天的努力，

"可学而能,可事而成之在人者,谓之伪"。与"性"不同,"伪"不是人自然的本能活动,只有经过人为的学习改造,自然质朴的原始素材才能完善美好。荀子认为人性是可以被"化"的,即"性也者,吾所不能为也,然而可化也"①,圣人即通过"积思虑"与"习伪故",从而制定出以自身为模板的礼义、法度,对人的本性加以改造,使之"化"而为善。性善不是天生的,而是对人性的根本改造,要想成就完善美好的品格,就必须通过接受教育和后天的勤奋努力"化性起伪"。社会秩序对人性恶的限制和改造是"善"之本源,而建立"善"的关键在于"心"能知"道"。荀子在《正名》篇中说:

> 欲不待可得,而求者从所可。欲不待可得,所受乎天也。求者从所可,所受乎心也。所受乎天之一欲,制于所受乎心之多,故难类所受乎天也。……故欲过之而动不及,心止之也。心之所可中理,则欲虽多,奚伤于治?欲不及而动过之,心使之也。心之所可失理,则欲虽寡,奚止于乱?故治乱在于心之所可,亡于情之所欲。

这里,荀子既突出了"天"(欲)的盲目性和恶性,又强调了"心"(心之多)的主观能动性。这"多"之"心"在荀子看来可以克制和引导"欲",所有的善都是经由后天的教化和训练获得的,因而要利用"心"来建立起道德意识,以"心"知"道"才可成"善"。"心"只有明白"道"、遵循"道"才能分辨是非、善恶,确保行为的正当性。在荀子看来,"化性起伪"的途径有礼义教化、人的主观自觉和环境的潜移默化等方面。

荀子将管理活动建立在道德判断(善与恶)和道德教化(扬善去恶)的基础上,从而把管理当作塑造人性、成仁成圣的过程。② 对于管理者来讲,面对"性恶",应当尊重各种客观规律,通过礼制和法制来约束人的"恶性",明确"圣人化性而起伪",从而"制天命而用之"。在"起伪"的过程中,达到并保持制度和教化两者的有益张力,这才是实现管理目标现实可行的途径。

3.4.2 隆礼重法

荀子从"性恶论"出发,认为管理必须"隆礼重法"。所谓"隆礼",就是重视"礼"在社会中的地位,把"礼"作为修身、处事、治国所依据的准绳。

---

① 《荀子·儒效》。
② 黎红雷. 儒家管理哲学 [M]. 广东高等教育出版社,2010:177.

所谓"重法",就是提倡法治,用律法去规范人们的行为。他认为:"故古者圣人以人之性恶,以为偏险而不正,悖乱而不治,故为之立君上之执以临之,明礼义以化之,起法正以治之,重刑罚以禁之,使天下皆出于治,合于善也。"①这就是说,由于人性是恶的,就需要进行礼义教化和法律强制的约束。

荀子特别重视礼治在管理中的地位和作用,他说:"礼者,治辨之极也,强国之本也,威行之道也,功名之总也。"②他还说:"人无礼则不生,事无礼则不成,国家无礼则不宁。"③ 由此可见,礼是治国的规范,强国的根本,立身处世的总则。荀子所谓的"礼"不仅仅包含所谓的礼仪、仪式等原始礼仪的内容,还包含政治法律制度、社会等级秩序、道德准则、行为规范等一系列政治、管理法度和准则。可见,荀子的礼治思想实际上包括法治的内容,他说:"礼之所以正国也,譬之犹衡之于轻重也,犹绳墨之于曲直也,犹规矩之于方圆也。"④ 就是说,礼作为一种行为规范,同衡量轻重的秤、校正曲直的绳和墨、度量方圆的规和矩很相似,是治国安邦、立身处世、判断是非的标准。荀子非常强调法律的约束和制裁作用,他认为制定法律的根本目的在于"禁暴恶恶,且征(惩)其未也"⑤。人的天性会使人作恶,作恶就应该受到应有的惩罚,否则赏罚不明,会导致社会的不公,引起混乱。

荀子的"隆礼重法"是对孔子"仁礼并重"管理理念的一种回归和发展。一方面强调"礼"的道德规范作用,另一方面通过"法"这一理念强调"礼治"中蕴含的强制性因素。在现实中,说到底"礼治"首先强调的还是道德因素,强调依赖于外在的道德权威解决社会矛盾。礼治必须辅以法治的力量,两者刚柔并济、相辅相成,才能实现国家的稳定、天下的太平。治理国家的最高原则,是崇尚礼义,完备法制。治理国家,必须将"礼"与"法"结合起来,才能实现国家正常的秩序,达到治理国家的目标。

3.4.3 明分使群

荀子通过对人类社会组织问题的研究,提出了"明分使群"的管理组织原则。荀子指出:"(人)力不若牛,走不若马,而牛马为用,何也?曰:人能

---

① 《荀子·性恶》。
② 《荀子·议兵》。
③ 《荀子·修身》。
④ 《荀子·王霸》。
⑤ 《荀子·正论》。

群，彼不能群也。人何以能群？曰：分。分何以能行？曰：义。"① 人类之所以优于其他生物，就在于能"群"，即人的社会性。荀子所谓的"群"，即社会组织。"群"是人类与生俱来的功能，而要使之成为现实的社会组织，就必须有"分"，即人的社会分工。为保证"群居和一"的理想实现，荀子明确提出了"明分使群"的主张。

荀子认为，人为了生存必须以"群"的形式组织生活生产，"群"是一种有效的也是必需的组织形式。但是，"群"的内部并不是杂乱无序的，在"群"的内部必须以一种形式使各部分各有所属，这就是"分"的方式。通过"分"的形式，使"群"的内部有序化。"分"具有基础性的作用，只有做到"分"才能更好地"群"。"明分使群"就是明确上下职分、等级和社会人伦关系，从而形成明确的社会秩序。"穷者患也，争者祸也。救患除祸，则莫若明分使群矣。"② 荀子之"分"具有三种含义：其一是指社会分工。在荀子的管理思想中，"分"的首要意义是社会分工，体现为士农工商的社会职业关系。其二是指君臣父子兄弟的社会伦理关系。人伦有序在内部保证人作为群体的稳定性，人依靠内在先天的人伦关系，构成了家庭，进而把家庭关系推至社会，进而推至国家。其三指社会等级关系。荀子认为如果人没有等级的划分，就会产生争端，有争端就会混乱，导致管理的无效。这种分等级的关系不仅存在于伦理家庭以及君臣关系中，还体现在不同的分工中。对于社会关系中的每一个社会角色，荀子都根据礼义做了具体的规定。荀子指出，人与人之间的君臣、父子、兄弟等伦常关系是不可改变的。这实质上是将社会政治中上下尊卑的等级关系视为一种人伦关系，对政治和管理关系进行了伦理解读。在荀子那里，这种社会伦理关系是永恒存在的，"始则终，终则始……与天地同理，与万世同久"③。在荀子看来，通过人伦之分，确定了长幼、贵贱、贫富之序，也就确定了"谷禄多少厚薄之称"，"皆使人载其事，而各得其宜"，人之争也就解决了。

在荀子管理思想体系中，"群"具有三层含义：第一层含义是自然属性的"群"；第二层含义是社会属性的"群"；第三层含义是以"分"为基础的

---

① 《荀子·王制》。
② 《荀子·富国》。
③ 《荀子·王制》。

"群"。"群"内的人各司其职,严格遵守"分"的原则。因此,荀子主张社会不同等级的人,社会地位不同。"圣王在上,分义行乎下,则士大夫无流淫之行,百吏官人无怠慢之事,众庶百姓无奸怪之俗,无盗贼之罪,莫敢犯上之禁。"① 在荀子看来,君主作为国家最高管理者执掌"分"的职权。君主以一定分工和等级把人们组织起来,组织社会的原则恰当,天下百姓各得其所,各得其宜。所以荀子说:"人君者,所以管分之枢要也。"② 君主的职责是掌管天下等级划分的中枢"分",能够实现"和",这样,人类社会就可以治理得有条不紊了。"故序四时,裁万物,兼利天下,无它故焉,得之分义也。"③ 荀子"明分使群"的总要领是使士、农、工、商诸民各得其位,从天子、国君、三公,以至士、农、工、商诸民按照"礼"的规定,各按自己的职分从事所应该做的工作,使人人各得其位,从而满足自己的需求,进而实现社会和谐有序。

为了达到"群居合一"的目标,荀子认为,应通过管理手段实现"上下俱富",这样才能将人们团结凝聚起来,促使管理组织日益发展壮大。荀子说:"君者,舟也;庶人者,水也。水则载舟,水则覆舟。"阐述了君主与庶民、上与下之间的关系问题,进而论述只有达到"上下俱富"才能保持经济社会的稳定,才能实现"群居合一"的大同世界。荀子认为,要实现人民的富裕,君主作为管理者应该在经济上开源节流,管理主体消耗多少财富必须以礼作为标准,如果管理者不能开源节流,民众创造的社会财富再多也不可能有剩余,社会再生产就难以继续,不利于道德教化和社会管理。此外,管理者还须"以政裕民",通过"轻田野之税""平关市之征""省商贾之数"等经济政策措施促使民众富裕。

3.4.4 尚贤用能

荀子主张礼法结合,但在他看来更重要的是任贤用能。他说:"有乱君,无乱国;有治人,无治法。"④ 意思是说:世上有造乱的国君,没有造乱的国家;有能够治理好国家的人,没有能够治理好国家的法律。荀子又说:"法者,治之端也;君子者,法之原也。故有君子,则法虽省(简单),足以遍矣;无君子,则法虽具(详细完备),失先后之施,不能应事之变,足以乱矣。"⑤ 这

---

① 《荀子·君子》。
② 《荀子·富国》。
③ 《荀子·王制》。
④ 《荀子·君道》。
⑤ 《荀子·君道》。

段话精辟地阐述了人与法的关系。制定法律仅仅是治理的开始,关键是要有贤能的人来执行,"君子"是礼义法度的制定者,又是施行者,是庶民行为的楷模。法律只有通过贤能的人才能推行,如果掌权的人是君子,法律虽然不完备,也可以在全国推行;如果没有君子,法律虽然详细完备,也不能推行,仍然要乱。因此,应选拔那些"内足使一民,外足使以距难;民亲之,士信之;上忠乎君,下爱百姓而不倦"的贤者为"相"。

荀子指出:"为人主者,莫不欲强而恶弱,欲安而恶危,欲荣而恶辱,是禹桀之所同也,要此三欲,辟此三恶,果何道而便?曰:在慎取相,道莫径是矣。"① 无论是尧舜禹还是桀纣,都希望国家强盛,社会安定,经济繁荣,如果要实现这三点,则一定要慎重选择管理者。在这里荀子并不是单指丞相而言,而是对选贤举能的概括。荀子认为能否选择合适的人才担任官吏,是关系到国家强危的大计。荀子还提出"论德而定次,量能而授官"的主张,也就是要实现"量才适用"、任人唯贤唯能。在此基础上,荀子对如何任人唯贤唯能的问题做了进一步阐发,即"贤能不待次而举,罢不能不待须而废",对德才兼备的贤能要不拘一格提拔使用,而对于没有才干和良好道德修养的人要立刻免除其职务,清除出管理层。在"用人"原则上,应注意两点:一是不避亲戚贵贱,以能用人,而不以自己的好恶听信左右的谗言。二是在考核官员的时候要从其道德、智慧、成绩等方面着眼。他说:"行义动静,度之以礼;知虑取舍,稽之以成;日月积久,校之以功……故校之以礼,而观其能安敬也;与之举措迁移,而观其能应变也;与之安燕,而观其能无流慆也;接之以声色、权利、忿怒、患险,而观其能无离守也。"② 而此处"接之以声色"似已涉及用人的非常手段了。他还说:"德必称位,位必称禄,禄必称用。"③ 强调用人要德位相称,禄位相称,禄用相称,既重视道德表现,又重视实际工作表现。

---

① 《荀子·君道》。
② 《荀子·君道》。
③ 《荀子·富国》。

3.5 先秦儒家管理思想的现代价值

先秦儒家以"仁"为核心的管理思想内容丰富,其中包含许多积极的、值得借鉴的管理智慧。

3.5.1 儒家德治思想的现代启示

先秦儒家创建的德治思想无疑是中国历史上国家治理方法中的宝贵财富。儒家德治思想中的"为政以德"、修身正己以及道德教化等对现代管理都具有指导意义。

综观孔子的德治思想,他提出"政者正也"①,"修己以安百姓"②,把"尊五美屏四恶"③ 作为从政要求之一。他反对不教而诛,主张富而后教;他认为刑罚不是目的,"胜残去杀"才是理想社会。所有这些论述无一不是针对为政者而言,都是"为政以德"的儒家德治思想的展开,都是对"以德治君"的阐述。孟子继承孔子的"为政以德"思想,进一步发展成为王道仁政的主张,用"仁义"去约束为政者。荀子的学说中虽然兼容了更多的法家思想,但主张为政者应爱民富民,不能与民争利,强调为政者应具有与其权位相应之道德品格,以德治君的儒家基调一以贯之。

"为政以德"强调国家的政治法令必须符合道德,必须以仁为基础,要以仁心去施政,要重民、爱民。一个国家拥有再好的管理制度,如果没有合适的人来贯彻和执行,那么也根本发挥不了其应有的作用。譬如,市场经济是效率经济,这种经济制度是以市场秩序为基础的,但除了健全、有效的市场制度之外,还需要拥有良好道德素养的人去操作。此外,儒家的"民贵君轻""得民心者得天下"的思想以及在选拔官员时要以"德"为标准,这些都对我国现代化的公民道德建设和官德建设,以及一系列的法规政策的颁布与实施具有一定

---

① 《论语·颜渊》。
② 《论语·宪问》。
③ 《论语·尧曰》。

的启示作用。

"以德治国"应以领导者的职业道德建设为突破口,它的一个重要内容就是要求各级领导者在其位谋其政,带头守法,依法行政。领导者要对被领导者起表率作用。"知所以修身,则知所以治人;知所以治人,则知所以治天下国家矣。"① "其身正,不令而行;其身不正,虽令不从。"② 领导者不先正己,就不能正人;只有正己为先,才能以正立身,以正教人,以正服人。成己是成物的前提,修己才能安人,安百姓,安天下。"圣人之教"所提倡的就是正己为先,君主与各级官吏、士大夫阶层均是推行儒家教化的主体,在全社会发挥着道德示范和表率作用,使社会形成效仿典范榜样的历史和传统,使上行下效成为中华民族的一种行事原则。直至今天,政府各级官员尤其是领导者和知识精英的道德表率仍是整个社会和民众眼中的道德风向标。

在今天,德治的一个重要目的就是要弘扬社会主义核心价值观,提高全体人民的思想道德素质,促进人的全面发展,这必然有利于提高民主精神和民主意识。当然,在法治社会的大背景下提倡德治,并不是使德治超越法治,而是强调德治和法治相辅相成、相互促进。推进中国的法治进程,建设法治国家、法治社会,制度保障、制度创新是必要的,但是不能仅仅寄希望于制度保障,而必须同时关注制度下人的因素,关注道德的人和人的道德,尤其是关注官员这个特殊群体的职业操守和道德素质对于法治建设的重要性。

3.5.2 儒家诚信思想的现代价值

"诚信"是儒家道德体系的重要范畴。孔子认为君子应当"主忠信"。孟子说:"诚者,天之道也,思诚者,人之道也。"③ 儒家十分重视诚信的价值,即所谓"儒者不宝金石,而忠信以为宝"。在儒家看来,"诚信"不仅是个人也是国家安身立命的根本,即所谓"民无信不立""人而无信,不知其可也"。要达到诚信,在个人修行上就要"内诚于心,真实无欺",即所谓"反身而诚,乐莫大焉"。要达到诚信,与人交往中就要"外信于人,言行一致",即所谓"与朋友交,言而有信"。

关于"诚信为本,立国立人"。儒家将诚信视为安身立命的根本,个人如

---

① 《礼记·中庸》。
② 《论语·子路》。
③ 《孟子·离娄上》。

此，国家也同样如此。对于国家而言，"民无信不立"，在孔子看来，一个国家，需要有充足的粮食赋税，充分的军备武装，但这些都不是立国的根本，真正的立国之本在于民众对政府的充分信任。对于个人而言，"人而无信，不知其可也"。在孔子看来，信誉是人的第二生命，一个人如果没有信誉，将无法立足于社会。政府的信用与民众个人的信誉两者关系密切，前者是后者的先导，后者则是前者的基础。

当代中国，社会信用缺失已受到国家层面的高度重视，为了加强政务诚信、商务诚信、社会诚信和司法公信建设，国家提出了加快社会信用体系建设的总体要求，制定了《社会信用体系建设规划纲要（2014—2020）》。因此，我们要以政务诚信建设为先导，将"民无信不立"的传统理念现代化，着力解决腐败问题，维护司法正义，创造公平公正环境，以强化人民群众对党和政府的政治信任。我们要以商务诚信建设为重点，将"诚招天下客，信义通四海"的经营理念制度化，建设企业信用信息平台，打击商业欺诈、制假售假、偷逃骗税等不诚信经商行为，推动市场经济进入健康发展轨道。我们要以社会诚信建设为基础，将"讲信修睦"的传统理念具体化，加强诚信教育，弘扬诚信文化，树立诚信典型，开展诚信活动，在全社会形成"诚信光荣、失信可耻"的良好风尚。总之，要以弘扬诚信传统美德为内在要求，以守信激励和失信约束为外在机制，提高全社会的诚信意识和信用水平。

在儒家诚信思想内在价值的现代转化方面，可着重以下三点：一是促进道德诚信向制度诚信的转化。先秦儒家诚信思想是建立在地缘、血缘基础上的人与人之间的诚信，由于缺乏相应的诚信制度保障机制，需要个人内心的良知与无字据的"君子协定"来约束双方的行为。而在当今市场经济发展的大背景下，传统的诚信品德应合理地向诚信制度转化，这样才能更好地适应现代诚信发展的需求。二是促进品德诚信向责任诚信的转化。儒家诚信思想是人们一直追求的道德规范，应该与特殊的环境有效结合，注重实践。在管理实践中应强化所有员工所应当遵守和担负的责任，通过这种实践中所担负的责任可从本质上判断一个人的道德价值，既要观察个人是否诚实守信，又要观察其诚信的价值，是否具有使社会、他人甚至有利益关系的人信任的能力，积极承担对自己、对他人、对社会、对自然等利益相关者的责任。三是促进诚信从道德意识向市场经济信用意识的扩展。现代社会市场经济高度发展，人与人交往、人与社会的联系，尤其是利益相交的过程中，人们会受到更多经济利益的诱惑，树立市场经济就是信用经济的观念尤为重要。因此，应该扩展诚信在市场经济领域的范围，摆脱儒家"重义轻利"的道德思想，进而规范人们的求利之行。

3.5.3 儒家和谐中庸思想的现代价值

先秦儒家经典中包含着十分丰富的和谐中庸思想。尽管思想家们在概念的使用上有"和合""中和""中庸""和睦""融合""和而不同"等，但其基本内涵都是指差异因素的协调平衡，兼容并包，求同存异，多样统一。随着社会的发展，和谐中庸思想已经逐渐演化成扎根于中华民族内心的民族文化传统和社会行为准则。孔子最早提出了具有伦理道德意义的中庸思想，它在孔子思想中占有重要地位，贯穿于孔子的整个思想体系，既是指导人们认识社会的世界观，又是处理社会问题的管理之道，它对当今构建和谐社会具有重要的意义。

先秦儒家有关社会和谐的思想具体包括人自身的和谐、人与人的和谐、人与自然的和谐等方面。孔子明确提出"礼之用，和为贵"的处世原则，即礼的运用以和谐为标准，"执其两端用其中于民"。《中庸》云："喜怒哀乐之未发，谓之中；发而皆中节，谓之和。中也者，天下大本也；和也者，天下之达道也。"中和，即平衡。事物只有在平衡的状态下才能生存和发展，一旦失衡就会崩溃、灭亡，导致新事物产生。这一思想落实到政治上，即"和谐社会"的理念，要求社会各因素和谐共处。

具体到和谐社会的公民个体来说，中庸思想有利于每个社会成员完善自我修养、提高个人道德素质。中庸思想要求人们不要独享成功、不要推诿责任；要求人们在独处时，坚持慎独的原则；要求人们严格要求自己。这些道德修养的准则，有利于人们完善自我品质，促进和谐社会目标的实现。就人际关系而言，中庸思想在处理自身与他人的关系上要求人们养仁爱之心，行忠恕之道，对自己的行为严加约束，将其限制在社会伦理所许可的范围内，做到无过无不及，这是处理人与人之间关系的一种不可缺少的"和谐剂"。就经济领域而言，中庸思想提倡的"执中而权"有利于平衡贫富差距、经济发展速度和改革力度之间的关系，促进经济的可持续发展。就政治领域而言，中庸思想提倡的"德刑并用"，有利于促进德治和法治的有机结合，为构建和谐社会提供根本保证。就文化领域而言，有利于协调精神文明与物质文明、传统文化与现代文化、本土文化与外来文化之间的关系，为构建和谐社会积淀丰富的文化底蕴。

此外，中庸思想为协调人与自然的关系提供了重要的形上依据和理论借鉴。中庸思想追求"天地位焉，万物育焉"的天人合一的境界，认为人和天地万物一样是由一气而生，具有和谐性、平等性和整体性，理应是一个统一的有机体。然而，当今社会，一些人打着"人定胜天"的旗号，过度开发自然资源，造成生态环境的严重破坏，阻碍了和谐社会发展的步伐。因此，和谐社会的发展应该秉承"万物齐一""万物并育而不相害"① 的理念，合理利用自然，人类与自然在和谐的状态下共生共荣，这样才能维持社会的可持续发展。

3.5.4 儒家义利观对现代企业经营的启示

"义利观"是先秦儒家最重要的经济伦理思想，儒家的"义利之辨"是儒学对于社会治理理论的重要贡献。"义"是一种引导人们正确行动的规范或准则，是有利于社会、国家、人民的最高行为准则和道德标准，"义"即道义、公正和正义；而"利"是指物质价值，如社会财富、地位等。长期以来，人们以为儒家只讲"义"而不讲"利"，其实这是一种误解。孔子确实说过"君子喻于义，小人喻于利"②，但这里的"君子"与"小人"是阶层地位上的区别："君子"指国家统治者，"小人"则指百姓。所谓"君子喻于义"，是在承认当时国家统治者已有的物质利益基础上，对他们提出更高的道德要求；所谓"小人喻于利"，则是强调只有满足被统治者的基本物质需求，才能对他们进行必要的精神指导。因此，君子之义中含有利，小民之利中也含有义。儒家的这种"义利合一"观体现在管理活动中就是"义以生利"③，是精神价值创造物质价值、精神价值制约物质价值的过程。这一过程包括价值认识上的"见利思义"，即管理效果上的"先义后利"，以及价值评判上的"重义轻利"。

其一，"见利思义"。孔子指出："见利思义，见危授命，久要不忘平生之言，亦可以为成人矣。"④ 这里的"成人"，指道德完美的人，即孔子所强调的内外兼修、道德高尚的君子标准。孔子认为，一个人如果能够做到"见利思义"，即在面临利益选择的时候，见利而思义，不以牺牲道义来获取利益，则可"成人"。孟子认为，"义"是以"利"作为物质基础的，"明君制民之产，

---

① 《礼记·中庸》。
② 《论语·里仁》。
③ 黎红雷．儒家管理哲学［M］．广东高等教育出版社，2010：127．
④ 《论语·宪问》。

必使仰足以事父母，俯足以畜妻子，乐岁终身饱，凶年免于死亡；然后驱而善之，故民之从之也轻"①。他看到精神追求与物质条件是相辅相成、不可分割的，物质条件是精神追求的基础，一个和谐而稳定的社会是由丰富的物质条件所构成的。在物质条件得到满足的基础上，通过教化改善人民的道德状况，社会才能长治久安。

其二，"先义后利"。在论及儒家义利观时，人们常举的例子是"孟子见梁惠王"所说的"王何必曰利"。其实孟子所说的并不是真的不要利，而是从统治者的根本利益出发，强调统治者要带头讲义。孟子认为君王如果带头言利势必造成"上下交征利而国危"的结果，因而直言："先义后利"方为治国之本。儒家所说的"义"不仅指公平正义，而且指恰当适宜，所谓"义者，宜也"。公平正义与恰当适宜二者非但不矛盾，而且从根本上说是一致的。在处理义利关系时就要做到取之有义，先义后利，如荀子所言"先义而后利者荣，先利而后义者辱"。儒家并不反对人们谋利，而是主张谋利的行为必须符合道义的要求。当代的市场经济，为人们的谋利行为提供了广阔空间。市场经济是以平等、互利、互信、自由交换为伦理纽带的网络社会，其间每一个社会主体在拥有某种社会性权利的同时被赋予了相应的社会责任与义务，企业是市场社会的核心主体，其责任更为重大。② 对于现代企业而言，将儒家"先义后利"的义利观运用到企业社会责任方面，就要求企业从长远战略的高度，为谋取企业的根本利益而必须承担相应的社会责任，尽到一个企业公民的义务。

其三，"重义轻利"。正因为人既有"好利"之心，同时又具有"好义"的精神追求，荀子提出了其义利观的一个重要命题——"义利两有"。"义与利者，人之所两有也。虽尧舜不能去民之欲利，然而能使其欲利不克其好义也。虽桀纣亦不能去民之好义，然而能使其好义不胜其欲利也。"③ 在荀子看来，人有"义"和"利"两种需求，尧舜不能去人之好利之心，桀纣不能去人之好义之心，这是由人性决定的。因此，一方面要承认人对利益追求的正当性，但与此同时，更要以"好义"来对人们的欲求进行约束和导向，使其不至于陷入私利而不能自拔。

---

① 《孟子·梁惠王上》。
② 魏文斌. 企业伦理与文化研究［M］. 苏州大学出版社，2013：2.
③ 《荀子·大略》。

在"重义"方面，先秦儒家诸子有大量的诠释。孔子主张"君子义以为上"，"上义"也就是"重义"。荀子指出："请成相，道圣王，尧舜尚贤身辞让，许由、善卷，重义轻利行显明。"① 许由、善卷都是尧舜时代的人，尧舜要把天下让给他们，但他们都不愿接受，荀子认为他们重义轻利，光明正大。孟子主张"善养吾浩然之气"，在他看来，那浩然之气，最宏大最刚强，用道义去培养它而不用邪恶去伤害它，就可以使它充满天地之间，无所不在。孟子又指出："生，亦我所欲也，义，亦我所欲也；二者不可得兼，舍生而取义者也。"② 当生命与道义发生矛盾、二者不可得兼时，孟子主张牺牲生命而保存道义。也就是说，要把个人人格的完善与社会责任、社会义务相连接，以承担社会责任义务为己任，以国家与人民之"大利"为"义"。个人的私利是国家人民"大利"之一部分，要服从于大义，义利不仅是相对待的，更是相统一的。

在当代，企业与其他利益相关者之间的关系备受人们的关注，企业利益与社会利益、国家利益以至生态环境如何协调，儒家的义利观给予我们有益的启示。如果义与利发生矛盾时，要做到舍私利取公义；企业在追求自身利益的过程中，要始终坚持不损害国家、社会、顾客、股东、员工、竞争者等利益相关者的利益，使企业利益的获得不以侵害国家社会整体利益和其他利益相关者的利益为前提，这样才可能实现企业利益与其他利益相关者的利益、义与利的协调均衡。

---

① 《荀子·成相》。
② 《孟子·告子上》。

先秦法家管理思想

CHAPTER 4

法家是春秋战国时期以法治为思想核心的重要学派。法家的思想先驱可追溯到春秋时期的管仲、子产，到了战国时期，法家中出现了李悝、商鞅、申不害、韩非子等代表人物。先秦法家学派立足社会现实，以"富国强兵"为目标，在诸侯国大力推行"变法图强"和"以法治国"的治国方略，提出了至今仍然影响深远的"以法治国"的管理思想。在具体管理技术上，法家在法、术、势的配合，管理激励，管理控制手段等方面提出了行之有效的举措。本章主要概述管子的管理思想、商鞅的管理思想和韩非子的管理思想，并探究法家管理思想的现代价值。

4.1 先秦法家管理思想概述

4.1.1 先秦法家管理思想的起源

《汉书·艺文志》把法家列为"九流"之一。其思想源头可上溯至春秋时期的管仲、子产，战国时李悝、吴起、商鞅、慎到、申不害等人予以大力发展，遂成为一个学派。战国末期韩非子对他们的学说加以总结、综合，集法家之大成。先秦法家在历史上对封建生产关系的产生、国家的统一以及中央集权制的建立起过重要的作用。

在中国传统法治文化中，齐国的法治思想独树一帜，被称为齐法家，古代大家和近代学者一致认为其为道家分支。齐国是"功冠群公"的西周王朝开国功臣姜太公的封国，姜太公的祖先伯夷辅佐虞舜，制礼作教，立法设刑，创立礼法并用的制度。太公封齐，简礼从俗，法立令行，礼法并用成为齐国传承不废的治国之道。管仲辅佐齐桓公治齐，一方面将礼义廉耻作为维系国家的擎天之柱，张扬礼义廉耻道德教化的重要性；另一方面强调以法治国，君臣上下贵贱皆从法，成为中国历史上第一个提出以法治国的人。至战国时期，齐国成为中国历史上第一次思想解放运动和百家争鸣的策源地，继承弘扬管仲思想的一批稷下先生形成了管仲学派。管仲学派兼重法教的法治思想是先秦法家学派的最高成就。

战国时期法家分前期法家和后期法家。前期法家主要是指战国初期出现的一批新兴地主阶级的改革家和政治家，如魏国的李悝、楚国的吴起、秦国的商鞅、韩国的申不害等。他们的贡献突出表现在社会政治经济的改革方面，战国初期的三大著名变法就是由李悝、吴起、商鞅发起的。所以，他们的管理思想主要蕴含在社会政治经济改革之中。商鞅是这一时期法家最突出的代表人物，他在秦国执政20年，顺应历史潮流，锐意变法图强，所制定的法家政策最完整、最典型，所实行的政治、经济改革最彻底、最坚决，使秦国长期积贫积弱的局面迅速改变，后来居上，国力超过了其他各主要诸侯国，成为战国七雄中的头号强国，从而为秦统一天下奠定了基础。商鞅不曾著书立说，但他治秦时所制定的法令、推行的政策措施以及变法中的若干议论，在他身后都有比较确实、具体的材料保存下来。秦国的法家以商鞅为旗帜，他们就以这些材料为依据加以发挥，形成了《商君书》的内容。尽管作者不是一人，成书的时间也较长，书中所涉及的历史事实很多发生在商鞅死后，但全书的思想体系是基本一致的，较为集中、明确地体现了商鞅学派管理思想的主要特点。

后期法家是指集法家之大成的思想家韩非子，他的杰出贡献主要是在政治学术思想方面。他批判、总结、吸收了前期法家政治的经验和思想遗产，即把商鞅的重"法"、申不害的重"术"、慎到的重"势"有机地结合起来，以法家观点为指导，以荀子思想为思辨，创立了自己独特的思想体系，也为维护新兴地主阶级的统治和利益提供了理论依据。其管理思想主要体现在"尊主安国"的君主专制理论中，代表作是《韩非子》。

先秦法家的源起既有其特定的时势背景，亦得益于春秋战国思想文化领域学术争鸣的自由环境和其他学派的理论给养。春秋时期，周王室大权旁落，以各诸侯国为代表的地方权力迅速膨胀，诸侯争霸战争愈演愈烈，为儒、道、墨、法等学派治国理念的"外销"提供了充足的需求。经济的发展，工商业的兴起，促使人们权利意识觉醒，激发了人们追逐私利的欲望，而法家管理思想中的功利价值又十分契合于这一社会现实。在理论渊源上，法家虽自成一派，但在发展过程中也积极地汲取和借鉴其他学派理论中的有益成分，既实现了理论突破，又保持了自身鲜明的特色。

4.1.2 先秦法家管理思想的代表人物

先秦法家管理思想的代表人物主要有以下几位：

管仲（约前 723—前 645），又称管子，姬姓，名夷吾，字仲，谥敬，颍上（今安徽颍上）人，春秋时期齐国著名的政治家、军事家。桓公即位（前 685）后，经鲍叔牙力荐，管仲任齐国上卿（即丞相）。管仲在任内推行了一系列改革，即管仲改革，富国强兵。政治方面，提出了"四民分居定业"论，使全国在行政上形成统一的整体；推行了乡选—官选—君选"三选法"的官吏选任制度和基层官吏的"进贤"制度，任贤使能。经济方面，废除"公田制"，提出"均田分力"，推行"相地而衰征"的改革，建立新的封建经济制度；提出"官山海"，实行盐铁专卖；规定国家铸造钱币；鼓励与境外的贸易，"与民分货"。军事方面，寓兵于农，"寄内政于军令"，建立中央统一领导的军政合一的基层组织机构。在管仲辅佐下，齐桓公成为春秋时期的第一霸主，管仲也因此被誉为"春秋第一相"。管仲的著作被收入《国语·齐语》和《汉书·艺文志》。《管子》共 24 卷，85 篇，今存 76 篇，内容极丰，包含道、名、法等家的思想以及天文、舆地、经济和农业等方面的知识。其中《七法》《法禁》《形势解》《明法解》《任法》《禁藏》等篇集中体现了管仲的法治管理思想。

子产（？—前 522），春秋时期郑国人。公元前 553 年开始执掌郑国国政，从改革田制、肯定土地私有的合法性入手，以法律协调新旧贵族利益，进行一系列政治改革。子产突破传统的天命神权观念，区分了礼和仪的不同，指出礼是最高的自然法则，是人们所必须遵行的行为规范，将其从礼节仪式中独立出来。同时，强调礼的规范性，法必须以礼为原则，以礼规范民众，打破传统的"礼不下庶人"的原则，也沟通了礼与法的联系，开拓了由礼治过渡到法治的先河。子产在法治方面的主要贡献是"铸刑书"。公元前 536 年，他将刑书铸于金属器物之上，量刑定罪应以公布的礼法为标准，准确地使用法律，使罪名与刑罚相当，改变了"刑不可知，威不可测"的传统，明确了法律对贵族的限制作用，为"法治"创造了条件。同时，子产主张宽猛并用，一方面肯定德治的作用，"为政必以德"，立法体现"德政"，以道德教化、宽惠爱民感化人民，反对不公平和滥狱；另一方面强调济之以"猛"，即立法要严，执法要严，在以"宽"服民难以奏效的情况下，以"猛"为主，使人畏而不犯。子产是春秋时期著名的政治家和思想家，他的思想和实践削弱了旧礼天命神权的色彩，开创了古代公布成文法的先例，增加了法的独立性。

李悝（前 455—前 395），河南濮阳人。嬴姓李氏，名悝，一作克，战国初期魏国人(今河南濮阳)。约生于周定王五十四年(前455年),卒于周安王七年(前395年)。战国时期著名政治家,法家代表人物。在魏文侯时任丞相,主持变法。司马迁说:"魏用李悝尽地力,为强君。"班固称李悝"富国强兵"。李悝变法在使魏国走上富强之路中做出了很大贡献,是中国变法之始,随后楚国吴起变法、秦国商鞅变法,都在发展着李悝的变法实践。李悝之于法家乃至法家思想最为重要的贡献是汇集当时各国法律,编制了中国历史上第一部比较系统完整的封建法典——《法经》(分为六篇:《盗法》《贼法》《囚法》《捕法》《杂律》和《具律》),并通过魏文侯予以公布,使之成为法律。以法律的形式肯定和保护变法,固定封建法权,真正掀开了"以法治国"的新篇章,至此,法家思想才初步形成一个体系,法家才逐步成为一大学派,所以,也有学者称李悝是法家的始祖。

商鞅(约前390—前338),原名卫鞅,也叫公孙鞅,战国时期政治家,卫国(今河南省安阳市)人。商鞅是卫国国君的后裔,后因在河西之战中立功获封商于(今陕西省商州市)十五邑,号为商君,故被称为商鞅。商鞅早年为魏国宰相公叔痤家臣,公孙痤病死后,魏王并没有重用商鞅。后来听说秦孝公下令求贤,便携李悝的《法经》到秦国去。通过秦孝公宠臣景监,三见孝公,拿出了三套改革方案,分别为"帝道""王道""霸道"。商鞅畅谈霸道的变法治国之策,孝公大喜,商鞅得到了他施展改革变法理想的舞台。秦孝公于公元前356年任命商鞅为左庶长,在秦国国内实行第一次变法。其主要内容有:改革户籍制度;实行什伍连坐法;明令军法,奖励军功;废除世卿世禄制度;建立二十等爵制;严惩私斗;奖励耕织,重农抑商;改法为律制定秦律;推行小家庭制;等等。为便于向函谷关以东发展,秦孝公于公元前350年命商鞅征调士卒,按照鲁国、卫国的国都规模修筑冀阙宫廷,营造新都,并于次年将国都从栎阳(今陕西省渭南市富平县东南)迁至咸阳,同时命商鞅在秦国国内进行第二次变法。其主要内容有:开阡陌封疆;废井田,制辕田,允许土地私有及买卖;推行县制,初为赋,统一度量衡,燔诗书而明法令;塞私门之请,禁游宦之民;执行分户令,禁止百姓父子兄弟同居一室;等等。商鞅变法是战国时期最典型、最深刻、最彻底的一次政治改革,推动了社会生产力的发展,反映了历史发展的客观要求。秦国自商鞅变法后,迅速成为一个强大的诸侯国,为后世统一天下奠定了基础。商鞅的主要思想包含在《商君书》中。

申不害（约前385—前337），亦称申子，郑国京邑人（今河南新郑人）。战国时期法家重要代表人物之一、思想家。申不害以"术"著称，著有《申子》，是春秋战国时期百家争鸣中的代表人物。韩国灭掉郑国后，韩昭侯重用他为丞相，在韩国主持改革。申不害变法改革的第一步就是整顿吏治，加强君主集权统治。在韩昭侯的支持下，首先向挟封地自重的侠氏、公厘和段氏三大强族开刀，果断收回其特权，摧毁其城堡，清理其府库财富充盈国库，这不但稳固了韩国的政治局面，而且使韩国实力大增。与此同时，大行"术"治，整顿官吏队伍，对官吏加强考核和监督，"见功而与赏，因能而授官"，有效提高了国家政权的行政效率，使韩国呈现出一派生机勃勃的局面。同时，他还重视和鼓励发展手工业，特别是兵器制造。申不害相韩15年，"内修政教，外应诸侯"，帮助韩昭侯推行"法"治、"术"治，使韩国君主专制得到加强，国内政局得到稳定，贵族特权受到限制，百姓生活渐趋富裕，史称"终申子之身，国治兵强，无侵韩者"。从"任法"到"重术"，体现了随着封建君主专制制度的确立，法家思想的进一步发展。

慎到（约前390年—前315），尊称慎子，战国时期赵国邯郸（今属河北省）人。《史记》说他专攻"黄老之术"。齐宣王时他曾长期在稷下讲学，是稷下学宫中最具影响的学者之一。《史记》说他有《十二论》，《汉书·艺文志》的法家类著录了《慎子》四十二篇。慎到是从道家中走出来的法家创始人之一，其著作后来很多都失传了，《慎子》现存有《威德》《因循》《民杂》《德立》《君人》五篇，《群书治要》里有《知忠》《君臣》两篇，清朝时，钱熙祚合编为七篇，刻入《守山阁丛书》。这些一并收入《诸子集成〈慎到〉》中，这是研究慎到思想的可靠资料。慎到把法家所主张的"法"和道家所主张的"道"或"理"等同起来。道家认为人君在"道"面前只能"惟道是从""无为而治"，慎到则认为人君在法面前也应"事断于法""无为而治"。这既是他的法律观所导致的结论，也是他的国家观所导致的结论。二者都源于他的公私观。在他看来，天子、国君以及各级官吏不但必须"任法""守法""唯法所在"，而且其都是为了服务于天下、国家而设立的。因此他说："立天子以为天下，非立天下以为天子也，立国君以为国，非立国以为君也，立官长以为官，非立官以为长也。"他已从公私观上将天下、国家和天子、国君区分开来。基于"贵势"理论，慎到鲜明地主张法治。他认为"国家之政要，在一人心矣"。

保持人心之平稳与和谐，对于维护国家的稳定有关键意义。要达到这个目标，慎子认为唯一的办法是实行法治。

韩非子（约公元前280—前233），战国时期的韩国都城阳翟（今河南省禹州市）人。法家学说的集大成者，与李斯一起曾师从荀子。韩非将自己的学说，追本溯源于道家黄老之术，他对老子《道德经》有相当深的研究，在《韩非子》中著有《解老》《喻老》等篇，集中表述了韩非的哲学观点。韩非是战国末期带有唯物主义色彩的哲学家，是法家思想之集大成者。韩非目睹战国后期的韩国积贫积弱，多次上书韩王，希望改变当时治国不务法制、养非所用、用非所养的情况，但其主张始终得不到采纳。在悲愤之下，写出了《孤愤》《五蠹》《内外储》《说林》《说难》等十余万言的著作。后来这些著作传到了秦国，秦王政看完后，发出了"嗟乎！寡人得见此人与之游，死不恨矣"的感叹。但韩非在出使秦国时，没有得到秦王政的信任，更遭李斯陷害，被毒死在秦狱中。韩非虽然在生前未能实现自己的抱负，但他吸收了儒、墨、道诸家的一些观点，以法治思想为中心，总结了前期法家的经验，形成了以法为中心的法、术、势相结合的政治思想体系，进一步发展了法家思想，为秦始皇统一天下提供了有力的理论依据。韩非的思想深邃而又超前，对后世影响深远。

4.1.3 先秦法家管理思想的特点

4.1.3.1 "好利恶害"的人性论

法家管理思想的出发点是继承了荀子人性恶的思想。在法家看来，"好利恶害"是古往今来人人固有的本性，这种本性是不可改变的。从传承思想文化的角度看，法家的人性论观念是对荀子人性恶思想的承续。《管子·禁藏》说："夫凡人之性，见利莫能勿就，见害莫能勿避。其商人通贾，倍道兼行，夜以继日，千里而不远者，利在前也。渔人之入海，海深万仞，就彼逆流，乘危百里，宿夜不出者，利在水也。故利之所在，虽千仞之山，无所不上；深源之下，无所不入焉。"商鞅认为，人的本性是好利的，人性好利主要表现为人的生存欲望和生存需要。《商君书·算地》中指出："民之性，饥而求食，劳而求佚，苦而索乐，辱则求荣，此民之情也。"由于人有这种生存需要，因此，每一个人在利弊之间都要趋利避害。《商君书·算地》："民之生：度而取长，称而取重，权而索利。"商鞅认为，人的本性与生俱来，人的一生就是追逐名利的一生，人的所有行为都受制于好利的本性。将这种人性论应用在政治上就是追求爵位，经济上就是追求田宅。《商君书·错法》中指出了统治者恰恰可以利用此人性论实现自己的统治："人生有好恶，故民可治也；人情者有好恶，故赏罚可用。"韩非的人性论，部分受到荀子性恶论的影响，同时，也继承了商鞅的人性好利的观点。韩非认为，人的好利主要根源于人的生存需要，人以肠胃为根本，不食则不能活。每个人都有欲利之心，人的任何行为都受好利的本性支配，即使是父子、君臣之间，也是计利而行的。韩非举出了社会上的溺婴习俗说明这一已经演化为自私自利的思想。《韩非子·六反》："父母之于子也，产男则相贺，产女则杀之。此俱出父母之怀衽，然男子受贺，女子杀之者，虑其后便，计之长利也。"韩非认为，儒家所说的君臣之间以忠信仁义相待，是不可靠的。《韩非子·难一》："臣尽死力以与君市，君垂爵禄以与臣市。君臣之际，非父子之亲也，计数之所出也。"总之，法家人性论是那个时代的反映，是私有制和商品经济发展的产物，也为法家法治思想提供了理论基础。

4.1.3.2 以"法"为核心的制度管理

法家著述中多次概括"以法治国"的主张。如《商君书》："据法而治"①，"缘法而治"②，"垂法而治"③，"任法而治"④，"事断于法"⑤，"依法治国"⑥，"以法为本"⑦，等等，"法治"一词已经呼之欲出了。在法家心目中，"法治"作为一种理想，其主要精神就是"法的统治"。如《管子·任法》："夫生法者君也，守法者臣也，法于法者民也。君臣上下贵贱皆从法，此谓为大治。"《管子·法法》："不为君欲变其令，令尊于君。"《管子·明法》："法者，天下之程式也，万事之仪表也。"《商君书·修权》："法者，国之权衡也。"《商君书·壹言》："言不中法者不听也，行不中法者不高也，事不中法者不为也。"《韩非子·问辩》："明主之国，令者，言最贵者也；法者，事最适者也。言无二贵，法不两适。故言行不轨于法令者必禁。"如此等等。

法家"法治"的本质特征有以下几方面：一是以建立和维护集权君主政体

---

① 《更法》。
② 《君臣》。
③ 《壹言》。
④ 《慎法》。
⑤ 《慎子·君人》。
⑥ 《管子·明法》。
⑦ 《韩非子·饰邪》。

为基础，既"尚法"又"尊君"；二是强调国家法律在治国中的普遍作用，实行"刑无等级""一断于法"；三是以法治吏，要求各级官吏严格依法办事，不得以私害公；四是通过推行法制实现富国强兵，终止割据，统一国家。

4.1.3.3 实用主义的管理价值观

相比于儒、道、墨等家，法家的治国思想更具有实用价值。法家倡导的法治是国家一切制度的综合，包含了国家、社会和个人层面的一切治理，其追求的价值目标亦表现为：在国家层面追求"富国强兵""图谋霸政"，在社会层面希望实现"上下统一""循法而治"，在个人层面鼓励人们"积极农战""建功立业"。

富国强兵一直是法家思想和政治实践所追求的重要目标，其实，这也是春秋战国时期的时代课题。这一时期是各诸侯国兼并战争最为激烈的时期，诸侯国之间"争地以杀，杀人盈野；争城以战，杀人盈城"，国家版图的扩张都是靠征伐、杀戮实现的。而能否在战争中取得胜利，兼并他国，这又直接取决于本国的实力。法家立足社会现实需要，真正明白诸侯国君主们的想法，提出了变法图强的治国方略，帮助诸侯国君主快速实现富国强兵，以谋霸道。如齐桓公任用管仲进行变法，使得齐国迅速强大起来，甚至跻身为与楚、秦、晋、宋并列的春秋五霸。从富国强兵的现实目的出发，管仲十分重视农业生产，追求人民富裕，国家富强。他说："所谓兴利者，利农事也。所谓除害者，禁害农事也。农事胜则入粟多，入粟多则国富。"① 商鞅十分尚力，强调国家强力的重要性，认为只有增强国家实力，才能让实力较小的国家臣服，制霸天下。他积极推行"农战"政策，"国之所以兴者，农战也"②。鼓励人民在和平时期积极耕种，增加粮食生产，战时从兵，上阵杀敌建功。韩非子也直接指出："君人者，国小则事大国，兵弱则畏强兵。大国之所索，小国必听；强兵之所加，弱兵必服。"③ 并且，韩非认为要实现富国强兵，就必须推行"以法治国"，"圣人之治也，审于法禁，法禁明著，则官法；必于赏罚，赏罚不阿，则民用。官治则国富，国富则兵强，而霸王之业成矣"④。从上述言论可见，法家的管

---

① 《管子·治国》。
② 《商君书·农战》。
③ 《韩非子·八奸》。
④ 《韩非子·六反》。

理思想对国家治理而言，针对种种不利于富国强兵的传统制度弊端，进行切实而卓有成效的政治改革，无疑具有较好的实用价值。

4.2 管子的管理思想

管子以春秋齐国管仲治国安邦的政治管理实践为基础，构筑了一个主题明确、内容相对完整的国家管理思想体系，其管理思想的主要内容包括"欲利恶害"的人性论、以民为本、礼法并举、赏罚有度等。

4.2.1 管子的人性论

管子在了解人心理活动规律的基础上，指出人性具有"欲利恶害"的特点，并将满足百姓的心理需要作为有效治理的基础。管子认为，人与物是管理中的基本要素："治之本二：一曰人，二曰事"；"人有逆顺，事有称量；人心逆则人不用，事失称量则事不工"。① 准确把握人性、处理好人与事的关系就成为国家管理的基本要求。正如每个管理决策和管理行动的背后，都有一种人性与人性行为的假设一样，管子治国理政之策的选择也是以其对人性的自觉认识为前提的，这就是人的趋利避害特性。"夫凡人之情，见利莫能勿就，见害莫能勿避。"②《形势解》指出人生来具有欲利而恶害的天性："民之情莫不欲生而恶死，莫不欲利而恶害。"《侈靡》篇也说道："百姓无宝，以利为首。一上一下，唯利所处。利然后能通，通然后成国。"百姓犹以财利为重，财利有多少之分，百姓唯利多是从。财利促进了商品的流通，有流通国家就不会灭亡。管子提出的人"四欲四恶"（"四欲"即佚乐、富贵、存安、生育，"四恶"即忧劳、贫贱、危坠、灭绝）其实是人的趋利避害本性的具体表现。这里的"四欲"，再加上"仓廪实而知礼节，衣食足而知荣辱"所强调的物质需求，是对人的需求和欲望较为全面的认识。

---

① 《管子·版法解》。
② 《管子·形势解》。

在管子看来，人的"自利"本性首先是自然的、普遍的，"民予则喜，夺则怒，民情皆然"。其次，人的"自利"是客观的，是不可选择、不可改变的，"民，利之则来，害之则去。民之从利也，如水走下，于四方无择也"①。对于趋利避害的人性，管子没有做简单、机械的善恶评判。他认为，人性本身无所谓善恶，人的善恶如何，是由趋利避害的方式决定的。因而管子并未走向极端，他认为"自利"与"利人"不仅可以调和，甚至"自利"本身就是一种内在的善，既有"自利"之德，又有"利人"之德，唯其如此，才不至于有二心。管理者的任务是顺应人的本性和需求，采取与之相适应的激励和约束政策。《形势解》等篇章概括提出了管理策略："故欲来民者，先起其利，虽不召而民自至。设其所恶，虽召之而民不来也。"所以，要招来民众，先要创造对他们有利的条件，即使不主动招揽民众也会自己来。如果对他们有害，即使招揽他们也不会来。"故利之所在，虽千仞之山，无所不上，深源之下，无所不入焉。故善者势利之在，而民自美安。"② 意思是说，只要民众有利可图，即使千仞的高山，人们也要上；即使深渊之下，人们也愿意进入。所以，善治国者，掌握住利源之所在，人民就自然羡慕而甘心接受；无须推动，他们也会前进；无须引导，他们也会跟来；不烦民又不扰民，而人民自富。另外，管子认为人的本性是具体的、多层次的，"欲知者知之，欲利者利之，欲勇者勇之，欲贵者贵之"③。应该根据不同人的需求情况分别对待，才能达到预期的管理效果。可见，管子爱民富民、富国强兵的管理主张和政策设计实际上都是建立在对趋利避害这一人性认识的基础上的。④

4.2.2 以民为本

"以民为本"思想在管子的思想体系中占有十分重要的地位。《管子》以安民为主旨，将其看作治国的核心问题。认为人是国家的主体，得人是得天下的根基，欲成就霸王之业就要以民众为根本。"夫霸王之所始也，以人为本。本理则国固，本乱则国危。"⑤《国语·齐语》记载，桓公与管子对话时说到"民

---

① 《管子·侈靡》。
② 《管子·禁藏》。
③ 《管子·枢言》。
④ 纪光欣，李远遥. 面向实践的国家治理哲学——《管子》管理思想探要［J］. 中国石油大学学报（社会科学版），2016（6）：24－27.
⑤ 《管子·霸言》。

心为吾安"。要想稳定统治，管理好国家和社会的事，关键就在于取得民众的支持和拥护，因而提出民本管理思想。管子的以民为本思想主要有以下含义：

其一，民众重要。《经言》首篇《牧民》就说道："政之所兴，在顺民心；政之所废，在逆民心。"民心的向背，决定国家的兴衰与政治的成败。因此，统治者要满足老百姓的需要。管子认为，要称霸天下则必须争取民众，争取民众是王霸天下的基础。"夫争天下者，必先争人。明大数者得人，审小计者失人。得天下之众者王，得其半者霸。是故圣王卑礼以天下之贤而任之，均分以钓天下之众而臣之。"① 这里所说的"人"就是民，包括所有民众。《霸形》也说道："齐国百姓，公之本也。"《君臣下》说，国家之所以成为国家，是由于以百姓为本："是故国之所以为国者，民体以为国"，"昔者，圣王本厚民生，审知祸福之所生。是故慎小事微，违非索辨以根之"。圣王将提高百姓生活作为治理天下的根本，慎重地了解祸福产生的原因。对于关系民生的微小事情也谨慎对待，认真办理，并努力辨明是非，追根穷源。

管理行为有赖于人民的监督，人民是判断主政者行为得失的标准。管子认为，民众不仅仅只是服从君主的命令，而且决定着君主的命运。管子在《白心》篇中提出："上之随天，其次随人。"把民众提高到与天相并称的地位，天意与民意并重，充分肯定了民众在社会发展中的力量。"是以我有过为，而民毋过命。民之观也察矣，不可遁逃以为不善。故我有善则立誉我，我有过则立毁我。当民之毁誉也，则莫归问于家矣。故先王畏民。"② 民众对君政的反映是非常敏感的，君王的善行或过失都会被民众感觉到，并用誉或毁来表示他们的赞同与否。"操名从人，无不强也；操名去人，无不弱也。虽有天子诸侯，民皆操名而去之，则捐其地而走矣。故先王畏民。"③ 持有善名而且顺从百姓，没有不强盛的；持有恶名而且背离百姓，没有不衰弱的。即使是天子诸侯，如果百姓都因其持恶名而离去，那么他也只能弃领地而出走了。

其二，爱民。管子在《法法》篇中一语道破爱民的目的："计上之所以爱民者，为用之爱之也。"那么怎样才能做到爱民呢？《枢言》曰："爱之，利之，益之，安之，四者道之出，帝王者用之，而天下治矣。帝王者，审所先所后，

---

① 《管子·霸言》。
② 《管子·小称》。
③ 《管子·小称》。

先民与地则得矣，先贵与骄则失矣。"① 爱惜百姓，使百姓有利，得益，安全，这四者都是从道生出来的，成帝王事业的君主运用这四者，天下就安定了。成帝王事业的君主要分清什么事应放在先，什么事应放在后，而把百姓与土地放在首位就能得天下。《版法解》中也认为要广施仁爱使百姓亲附："明君兼爱以亲之，明教顺以道之，便其势，利其备，爱其力，而勿夺其时以利之。如此则众亲上乡意，从事胜任矣。"② 管子认为，爱民还体现在要慎重使用民力。"欲为天下者，必重用其国；欲为其国者，必重用其民。欲为其民者，必重尽其民力。"

在《小匡》篇中记载的桓公与管子的对话，其中包含着爱民思想。当桓公问"寡人欲修政以干时于天下"，"安始而可"时，管子曰："始于爱民。"并对爱民思想进行了阐述："公修公族，家修家族，使相连以事，相及以禄，则民相亲矣。放旧罪，修旧宗，立无后，则民殖矣。省刑罚，薄赋敛，则民富矣。乡建贤士，使教于国，则民有礼矣。出令不改，则民正矣。此爱民之道也。"其"爱民之道"包括"民殖""民富""民有礼""民正"等。爱民有道，还有具体措施，即修正旧有的法规，选择其中好的，实施并严格执行；慈爱百姓，施舍贫民，宽缓征役，敬重百姓，国家就会富足而人民安定。"修旧法，择其善者，举而严用之；慈于民，予无财，宽政役，敬百姓，则国富而民安矣。"③

管子的爱民思想还体现在重视社会福利方面，他提出"九惠之教"的管理方法，即"老老""慈幼""恤孤""养疾""合独"（鳏寡相配）、"问病""通穷""赈困"和"接绝"（对死于战争的人士，领受一笔钱，负责祭祀他们），这些管理方法实际上是古代的社会福利保障制度。

其三，富民。管子根据人性自利说，提出了"治国之道，必先富民"的管理思想。管子认为，只是爱民还不够，爱民只是形式，具体来讲，爱民就是要让民富裕。因为民富才能国富，只有老百姓富裕了，国家才能强大，并且百姓富裕了才更方便管理，因此主张藏富于民。要实现民富裕，就必须发展农业，把农业置于首要地位。"农有常业，女有常事。一农不耕，民有为之饥者；一

---

① 《管子·枢言》。
② 《管子·权修》。
③ 《管子·小匡》。

女不织,民有为之寒者。饥寒冻饿,必起于粪土,故先王谨于其始。"① 重农首先必须重视粮食生产,管子认为粮食多则国家富裕,把粮食生产上升到关系国家地位的高度。管子在《治国》篇中指出:"凡为国之急者,必先禁末作文巧;末作文巧禁,则民无所游食;民无所游食,则必事农。民事农则田垦,田垦则粟多,粟多则国富,国富者兵强,兵强者战胜,战胜者地广。是以先王知众民、强兵、广地、富国之必生于粟也,故禁末作,止奇巧,而利农事";"田垦则粟多,粟多则国富;奸巧不生则民治。富而治,此王之道也";"先王者,善为民除害兴利,故天下之民归之。所谓兴利者,利农事也;所谓除害者,禁害农事也。农事胜则入粟多,入粟多则国富。……上不利农则粟少,粟少则人贫。……粟者,王者之本事也,人主之大务,有人之涂,治国之道也"。

管子认为,除了粮食生产外,还要因地制宜,保护山泽,发展林业,饲养牲畜,兴修水利,种植桑麻、瓜果和蔬菜。"山泽救于火,草木殖成,国之富也;沟渎遂于隘,障水安其藏,国之富也;桑麻植于野,五谷宜其地,国之富也;六畜育于家,瓜瓠荤菜百果备具,国之富也。"② 如此,就会像《五行》中所描绘的那样,农夫辛勤耕作,草木茂盛,五谷丰登,六畜兴旺,民用充足,国家富庶,就能达到上下亲近、诸侯和顺。管子还鼓励发展工商业,把从事工商业者看作与农民一样重要。管子认为,要使民富还必须轻租税、薄赋敛。为什么强调要宽免赋税呢?管子看到人民的困苦,而赋税重必然加重百姓负担。《霸形》篇中说:"人甚忧饥,而税敛重;人甚惧死,而刑政险;人甚伤劳,而上举事不时。公轻其税敛,则人不忧饥;缓其刑政,则人不惧死;举事以时,则人不伤劳。"好的执政者(善为政者)必定实行宽免赋税,而差的执政者(不能为政者)则必然加重收税。因此,管子主张轻税。

其四,"与民为一体"。正是由于认识到民众的重要作用,管子在《君臣上》篇中认为,统治者不仅要满足老百姓的需要,更要在思想上与民一致,要与民为一体。这标志着民本思想的更进一步:"先王之在天下也,民比之神明之德,先王善牧之民者也。夫民别而听之则愚,合而听之则圣。虽有汤、武之德,复合于市人之言。是以明君顺人心,安性情,而发于众人之所聚。是以令

---

① 《管子·揆度》。
② 《管子·立政》。

出而不稽,刑设而不用。先王善与民为一体,与民为一体,则是以国守国,以民守民也。"统治者与民众这种融为一体的关系,才是国家兴旺发达、永远立于不败之地的根本。

君主颁布的政令之所以能令行禁止,是因为得到人民的支持。只有与百姓融为一体,政令顺乎民情,才能达到令行禁止的目的。《形势解》指出:"明主之治天下也,静其民而不扰,佚其民而不劳。不扰则民自循,不劳则民自试,故曰:上无事而民自试。"明主让百姓安居乐业而不去骚扰他们,让百姓休养生息而不去劳烦他们,为百姓着想,虽然是无为而治,但百姓都能自由发展。管子有一句名言:"安高在乎同利。"高,指高高在上的君主。"是故与天下同利者,天下持之;擅天下之利者,天下谋之。天下所谋,虽立必颠;天下所持,虽高不危。故曰:安高在乎同利。"掌握政权的君主,如能利散天下,与民同利,就能赢得人民的支持;反之,如果与民争利,搜刮和垄断社会财富,必招致人民的反对,从而在根本上决定政权是否稳定。

4.2.3 礼法并举

管子作为齐法家的代表,高度重视国家治理中法的作用和法制建设。《管子》中有着丰富的法家思想,在《任法》《明法》《法法》《明法解》等篇章中都有论述。管子关于"法"的论述主要体现在以下方面:

一是法的作用。管子反复强调"法者,天下之至道也"①,"法者,天下之仪也"②。在管子看来,法律是君主治理国家最有效的工具,"生法者,君也;守法者,臣也;法于法者,民也。君臣上下贵贱皆从法,此谓为大治"③。在《七臣七主》篇中,管子对法的作用做了明确阐述:"夫法者所以兴功惧暴也;律者所以定分止争也;令者所以令人知事也。法律政令者,吏民规矩绳墨也。"法是用来推动立功、警戒行暴的,律是用来确定本分、制止纷争的,令是用来命令人主管工作的。法律政令,是官吏百姓行为的规矩绳墨。《明法解》认为:"使民用者,必法立而令行也。故治国使众莫如法,禁淫止暴莫如刑。"要使百姓为君主效力,必须要建立法制推行政令。所以治国使用民众没有比法制更好的了,禁止放荡制止暴行没有比刑罚更好的了。法的作用,还表现在可以规范

---

① 《管子·任法》。
② 《管子·禁藏》。
③ 《管子·任法》。

民众行为，减少犯罪现象发生。管子强调立法最根本的原则，就是使法起到规范和引导的作用。法的本质不在于赏罚，而在于通过法的惩恶赏善，使民众对于自己的行为有一个明了的合理与不合理的界度。

二是立法和执法观。管子在《法法》篇中把规矩与法相比，规矩与法都是不可废的。"规矩者，方圆之正也。虽有巧目利手，不如拙规矩之正方圆也。故巧者能生规矩，不能废规矩而正方圆；虽圣人能生法，不能废法而治国。"就是说，依法治国在任何时候、任何地方都是维护政权、维持统治的关键。管子认为，凡是准备兴办事项，必须先出台有关法令。将要做某件事，必须先明确赏罚的规定。具体办事的人要严格遵照君主的法令进行赏罚，总结情况，回复命令，上报执行赏罚的结果。他强调要依法治理国家，依法对人民实行奖惩，使人民受刑而无怨恨君主之心，受赏而无有对君主的感激之情，自觉依法行事，从而达到天下大治的目的。"法者，天下之程式也，万事之仪表也。……故明主之治也，当于法者赏之，违于法者诛之。故以法诛罪，则民就死而不怨；以法量功，则民受赏而无德也，此以法举措之功也。故《明法》曰：以法治国，则举措而已。"① 法律制定以后，必须依法办事。"有道之君者，善明设法而不以私防者也。而无道之君，既已设法，则舍法而行私者也。为人上者释法而行私，则为人臣者援私以为公。……国无常法，则大臣敢侵其势。"②《君臣上》强调从君主到百姓都要依法办事："朝有定度衡仪，以尊主位，衣服纪绲，尽有法度，则君体法而立矣。君据法而出令，有司奉命而行事，百姓顺上而成俗，著久而为常。"

在执法方面，管子认为，执法权不应是君主、官吏擅专的，而应同样授予人民。也就是说，人民有权了解执法的原则、方法、准则，并以法为准绳来监督执法人，而且有权拒绝执法人的非法要求，制止其违法行为。管子强调执法为公："凡法事者，操持不可以不正；操持不正，则听治不公；听治不公，则治不尽理，事不尽应。治不尽理，则疏远微贱者无所告诉；事不尽应，则功利不尽举。功利不尽举则国贫，疏远微贱者无所告诉则下饶。故曰凡将立事，正彼天植。天植者，心也。天植正，则不私近亲，不孽疏远；不私近亲，不孽疏

---

① 《管子·明法解》。
② 《管子·君臣上》。

远,则无遗利,无隐治;无遗利,无隐治,则事无不举,物无遗者。欲见天心,明以风雨。"①

三是守法观。管子指出,民众以统治者的行为为楷模,如果在上者带头破坏法制,则上行下效,民众也会不遵守法制,因此,统治者不仅要立法,更要带头守法。"明君知民之必以上为心也,故置法以自治,立仪以自正也。故上不行法,则民不从。彼民不服法死制,则国必乱矣。是以有道之君,行法修制,先民服也。"② 君主治理国家要依法,以法治国,"故明法曰：以法治国,则举措而已"③。

同时,管子没有把以法治国与以德治国、以礼义治国对立起来,而是认为如果只是依靠法制的强制力量,忽视礼义等道德规范的作用,失去民众的心理认同,就容易出现"刑罚繁而意不恐,杀戮众而心不服"④ 的结局。因此,富民之后还要教民,"凡牧民者,欲民之有礼也"⑤。管子把"礼义廉耻"上升到"国之四维"的高度来认识,"四维不张,国乃灭亡"。就是说,单纯依靠严刑峻法,而忽视道德和礼义建设,国家统治自然难以稳定和持久。"礼不逾节,义不自进,廉不蔽恶,耻不从枉。"⑥ 遵守礼,就不会超越规范;讲求义,就不会自行钻营;做到廉,就不会掩饰过错;懂得耻,就不会追随邪恶。

基于对人性的明确认识,管子的礼义教化不是空洞的道德说教和理想导向,而是建立在人的物质需求满足的基础之上,所谓"仓廪实而知礼节,衣食足而知荣辱"。"旦暮利之,众乃胜任"⑦,民众得了实惠,则"虽不召而民自至"⑧。管子对管理中的"德之六兴"给予具有操作意义的具体解释,即"厚其生""输之以财""遗之以利""宽其政""匡其急""振其穷"。并且,管子认为礼的作用是既顺乎人的情欲又能够表明社会身份,把社会管理的宏观构架"礼"落实到人的内心情感上。"礼者,因人之情,缘义之理,而为之节文者也。故礼者谓有理也。理也者,明分以谕义之意也。故礼出乎义,义出乎理,

---

① 《管子·版法解》。
② 《管子·法法》。
③ 《管子·明法解》。
④ 《管子·牧民》。
⑤ 《管子·权修》。
⑥ 《管子·牧民》。
⑦ 《管子·版法解》。
⑧ 《管子·形势解》。

理因乎宜者也。"①

4.2.4 赏罚有度

赏罚有度是管子激励管理的重要思想。在管子看来,赏罚是引导人们行为的重要手段。在管理活动中,赏罚既要有分量,又不能太过,这样才能起到良好的激励作用,才能真正收到赏罚之效。《君臣下》曰:"夫赏重,则上不给也;罚虐,则下不信也。"一方面,赏赐奖额过大,国家财政就可能无法供给,百姓反而会误认为赏赐乃君主之义务;另一方面,惩罚太重,百姓就不会信服,可能会造成严重后果。《牧民》曰:"刑罚繁而意不恐,则令不行矣;杀戮众而心不服,则上位危矣。"刑罚过于随意,则令不行,甚至会失去民心,威胁自己的统治。因此,过赏、过罚都不是为君之道。统治者以赏罚控制群臣,赏罚失当则国危,赏罚有度则国兴。

正是基于此,管子的法治并没有走向法家的暴政,而是把利益诱导与严厉惩罚相结合。《五辅》说:"六者既布,则民之所欲,无不得矣。夫民必得其所欲,然后听上;听上,然后政可善为也。"《明法解》说:"明主之道,立民所欲以求其功,故为爵禄以勤之。立民所恶以禁其邪,故为刑法以畏之。故案其功而行赏,案其罪而行罚。"这表明,管子已经认识到了赏罚结合这一管理方式在国家治理和维护社会秩序上的重要作用。因为管子认识到"刑罚不足以畏其意,杀戮不足以服其心"②。严刑峻法虽然可以使人产生畏惧,却不能真正赢得民心;唯有赏罚有度,才是真正有效的"牧民"之道,"信赏审罚,爵材禄能则强"③。至于赏罚是轻是重、孰轻孰重,管子认为关键是要做到因时随俗,因地制宜。《正世》篇指出,古代所谓的明君,也不都是相同的,"其设赏有薄有厚,其立禁有轻有重",虽然做法不同,但并非特意标新立异,而是"皆随时而变,因俗而动"。可见,赏罚有度是管子法治与心术并行的国家治理思想的具体化,也是基于一般人性和现实需要而实施的有效社会管理方式。

---

① 《管子·心术上》。
② 《管子·牧民》。
③ 《管子·幼官》。

4.3 商鞅的管理思想

商鞅之前的华夏历史中有许多以法治国的元素。夏朝已经产生了《禹刑》，商、周两朝也分别有《汤刑》和《九刑》等法律。管子是法家的先驱者，记载他言行的《管子》一书首次使用了"以法治国"的提法，但只有在商鞅治理秦国时，以法治国的思想才得到系统的论述，并成为中国历史上唯一全面和彻底的实践。商鞅在变法实践中发展了先秦法家思想，强调以法为本，系统阐述了"以法治国"思想，其法治思想体现了强国利民因循的原则。商鞅以人性利的观点为基础，提出了以法为本、明法治官、刑赏分明等管理思想。

4.3.1 以法为本

以法为本，就是将法作为治理国家、管理社会和人民的根本方法。法是治理国家的最重要手段，只要决策者能推行法治，国家的行政命令就会有序地实施，就能富国强兵，因此，治国最好的办法就是行法治。"法者，民之命也，为治之本也"①，"夫利天下之民者，莫大于治，而治莫康于立君，立君之道，莫广于胜法"②。对老百姓最有利的治理方法，就是立君行法。"法者，国之权衡也"③，法是国家衡量是非的标准，是维护社会公平正义的规范工具，同时也可起到定纷止争、减少社会矛盾的作用。法治的基本表现就是国家按法律处理一切事务，有了严格的依法治理的规则，就从人治变为法治。"明君错法而民无邪，举事而材自练，赏行而兵强。此三者，治之本也。"④ 推行法治，民众就没有犯罪的邪恶行为；发动战争，就会造就干练的人才；实行赏罚，军队就会强大。这三个方面是君主治理国家的根本。"故明主慎法制。言不中法者，不听也；行不中法者，不高也；事不中法者，不为也。言中法，则辩之；行中

---

① 《商君书·定分》。
② 《商君书·开塞》。
③ 《商君书·修权》。
④ 《商君书·错法》。

法，则高之；事中法，则为之"，"明王之治天下也，缘法而治"。① 明主"不可以须臾忘于法"，"法任而国治矣"。② 明君如能以法治国，必将"天下大治"。

治理国家就是以法治国，就是所有人按法办事，就是在法律面前人人平等。国家要实行法治，就必须有一个集立法、司法权力于一体的权威，它能依据国情制定法律并使国法一致和有权威性。法治的基础在于有良法，良法的制定需有好的立法原则。良法制定的基础是强国利民因循的立法原则。③ 从《商君书》中，我们可以看出秦孝公和商鞅立法的原则有以下三个：

第一，强国。"苟可以强国，不法其故。"④ 在战国时代，吞并战争进行激烈，保护国家的生存当然也成了立法的首要原则。要在这样的环境中生存下去，就必须强国。强国是战国时代立法的第一法则。商鞅之法，实际上包括了如何强国的五个方面，即发展农业、增强军队战斗力、建设法治国家、以军功粮功为选拔人才的主要标准、加强中央即君主的权力。这些强国措施也是商鞅变法的主要内容。国家要有实力就要发展经济，就要使军队强大。"国富者强"，国富就要发展基础农业，就要争取农民、稳定农村，促进粮食产量增加，在粮食产量面前人人平等，发展农业则国富；军队要强大，就必须使军队有严明的纪律，奖罚分明，激励士兵和军官以作战为荣，以杀敌为功，只有作战才能获利，杀敌才能授爵，在军功面前人人平等。法是国家最有力和最强大的工具，法是国家权力的基本手段，是国家长治久安的基本保障，也是取得国家利益的有力保障，是使国家强大的基本工具，也是对抗强敌、与敌竞争的强大武器，法强则国强，法弱则国弱。

第二，利民。"苟可以利民，不循其礼。"⑤ "王者刑赏断于民心。"⑥ 商鞅把利民定为立法的原则，在当时具有很强的革命性意义，打破了尊君为君护君的传统立法原则，实际上把利民放到尊君之上，而且《商君书》也没有把尊君定为立法的原则，只是在强国中把提高君权作为强国的五大手段之一，可见利民高于尊君。利民主要是利于农民，农民是当时最大的群体，有利于农民也就

---

① 《商君书·君臣》。
② 《商君书·慎法》。
③ 叶自成. 商鞅法治精义及其时代意蕴 [J]. 人民论坛，2014（1）：34—49.
④ 《商君书·变法》。
⑤ 《商君书·变法》。
⑥ 《商君书·说民》。

是有利于民众。如何利民就是如何有利于农民，有利于农业，有利于农村的稳定。商鞅变法的第一个法令就是垦令，它实际上是商鞅所制定的《农业法》，包括了提高农民收入、扩大农民耕地、保护农民利益不受商人盘剥和官吏压榨、稳定农村和农业的内容。利民就是要给农民利益，这种利益在当时主要就是提高农民收入，让农民有机会通过立军功、立粮功得到升迁或减少服役，这些在商鞅的《农战》篇中有大量论述。农战军功是商鞅为秦利民制定的基本国策。

第三，因循原则，即根据时代变化而修改和制定法律的"因时而变"原则。商鞅认为历史在不断变化，每个时代的内在矛盾也不同，解决问题的方法也是不一样的，正如《商君书·开塞》中所说："世事变而行道异也"，"故圣人之为国也，观俗立法则治，察国事本则宜。不观时俗，不察国本，则其法立而民乱，事剧而功寡"。①意思是说，时代是不断发展变化的，法律法令如果能和时代相适宜的话，依法治国就能让社会安定有序。如果历史在发展，法律却不能随时代的变化而改变，则社会的矛盾就会凸显并且激化，这将导致国家产生混乱。商鞅又指出，"因世而为之治，度俗而为之法，故法不察民之情而立之，则不成，治宜于时而行之，则不干，故圣王之治也，慎为、察务"②，"法宜其时则治，法有时而治"③，否则，就会走向反面，"今时移而法不变，务易而事以古，是法与时诡，而事与务易也"，只能导致"法立而乱益，务为而事废"。④

商鞅不仅以这三条为立法原则，而且在实践中也基本上实现了这些原则。商鞅的法治是因时应变的创新，使秦国强大，使"秦民大悦"，使秦国最终完成了一统华夏的历史使命。

4.3.2 明法治官

从《商君书》中可以看到，商鞅的以法治国并不像后人所说的那样只治民，不治官。实际上，如何治官、如何防止官员滥权、如何让官吏不扰民害民，也是商鞅以法治国的重要内容。他提出了明确法制权以使"官无邪"的思

---

① 《商君书·定分》。
② 《商君书·壹言》。
③ 《商君书·佚文》。
④ 《商君书·佚文》。

想。"善为国者，官法明"，"常官则国治"，① 即善于治理国家的人，管理和任用官吏的法令制度严明，以法治官则国治。他虽然没有发展出近代的所谓三权分立与制衡的理论，但对如何以法来制约官吏的权力，如何以法来减少官吏对民众利益的损害，也有很多论述。

法是治民之本，当然也是至官之本。《壹言》："治法明，则官无邪。"《靳令》："法平则吏无奸。"皆旨在强调"法"在治官中的重要作用。《画策》说："圣王者，不贵义而贵法，法必明，令必行，则已矣。"所谓"不贵义而贵法"，就在于"义者爱于人，而不能使人爱"。他主张："圣人知必然之理，必为之时势；故为必治之政，战必勇之民，行必听之令。"② 什么是"必然之理""必为之势"？《开塞》指出："圣人承之，作为土地财货男女之分。分定而无制，不可，故立禁。"很清楚，在商鞅看来"分定而无制"，圣人所做的"土地财货男女之分"，便没办法得到施行。也就是说，圣人所定之"分"要得到执行，必须通过强制的手段，即"立禁"，明确哪些绝对不能做，哪些必须做。《修权》："法者，国之权衡也……故立法明分，中程者赏之，毁公者诛之。赏诛之法，不失其议，故民不争。……授官予爵，不以其劳，则忠臣不进。行赏赋禄，不称其功，则战士不用。"法的特点就在于其具有推动名分得以落实的强制力量。商鞅虽讲礼说教，但实际上是将礼纳入法，以法为教，很显然，"礼"本来规范君臣行为的作用全被"法"所替代。正是基于对"法"的此种认识，他才能提出"善治者塞民以法"③，"圣人之为国也，观俗立法则治"④，"法令者，民之命也，为治之本也，所以备民也"⑤ 的观点，因此，在商鞅这里，法已完全取代礼作为治民的根本制度规定。"法"是治民之本，当然也是治官之本。

为了防止官吏滥权和以权谋私，商鞅还提出了三条措施：一是地方各级行政与法官分离，行政长官不司法，由专任法官司法并对行政官吏进行监督；二是百姓可以依法抵制官吏的不法行为，并对官吏进行监督，可以"告官""告奸"；三是官吏上下级之间进行监督，官吏有了以权谋私或滥用权力行为时，

---

① 《商君书·农战》。
② 《商君书·画策》。
③ 《商君书·画策》。
④ 《商君书·算地》。
⑤ 《商君书·定分》。

知情的官员必须告发，知情不告者同罪，而及时告发滥用权力的官吏可以得到赏赐，甚至可以继承被告发邪官的职务和财产。此外，治官的管理也包括以法律来规定官吏的提拔和升迁。商鞅提出了唯功是举的原则，只有对国家有功（军功、粮功、政功）者，才能得到提拔和升迁。

4.3.3 刑赏分明

商鞅法治的"刑赏分明"思想主要有"刑无等级"、以刑去刑和赏罚并举。

4.3.3.1 "刑无等级"思想

商鞅的法治强调法律面前人人平等，即"壹刑"。"所谓壹刑者，刑无等级，自卿相将军以至大夫庶人，有不从王令，犯国禁，乱上制者，罪死不赦。有功于前，有败于后，不为损刑。有善于前，有过于后，不为亏法。忠臣孝子有过，必以其数断。守法守职之吏，有不行王法者，罪死不赦，刑及三族。周官之人，知而讦之上者，自免于罪，无贵贱，尸袭其官长之官爵田禄。"①

法律能不能实行，关键在于如何处置犯法的权贵和社会上层。人分三六九等，但商鞅认为，无论什么人，只要犯法，就应当受到同样的处罚，反之，若不违法，就不应受法律惩处。除了前面所说的王公贵族与庶民同罪之外，"法律面前人人平等"还包括了以下内容：一是功臣与平民平等。谁也不能因过去的功劳而置于法外。功是功，罪是罪，不能以功折罪，功不抵罪，也不能无功加罪。二是名人与普通人平等。名气再大，也不是减刑的理由，犯了罪就和普通人一样受处罚。三是行善与行恶一样平等。不因你过去的善行而减刑，也不因你过去犯过罪而加刑。四是忠臣孝子与平民平等。法治与道德规范无关，孝忠是德性修养，不是减刑的理由，不孝子只要不犯法就不受罚。五是官吏与百姓平等。只要犯法皆处罚，不因官吏权大而减刑，也不因是平民百姓而加刑。六是富人与穷人平等。只要犯法就要受罚，即使家有千金，也不能花钱去减刑，绝不允许向法官行贿。七是凡举报长官犯罪事实的，不论举报者是谁，都可以得到法律规定的赏赐。

商鞅的"刑无等级"中的"壹刑"精神，已经打破了儒家思想统治下的"刑不上大夫"的法律思想原则。这是法治管理的历史进步，维护了法律的权威。

---

① 《商君书·赏刑》。

4.3.3.2 以刑去刑

商鞅主张,为了让法治得到实施,就得让民众对法令有敬畏感,这就需要轻罪重罚,他认为唯有这样才能做到以刑去刑。"以刑去刑,国治;以刑致刑,国乱。"① 商鞅主张"刑九赏一"。刑重到什么程度,商鞅认为应该让"民不敢试",强调:"行刑,重其轻者,轻者不至,重者不来,此谓去刑,刑去事成;罪重刑轻,刑至事生,此谓以刑致刑,其国必削。"② 他认为如果刑法实行之后,还有奸邪之人和盗贼,说明刑轻,那么继续加重刑法。

商鞅在推行轻罪重罚的过程中还主张"刑于将过",换句话说,就是在百姓将要出现犯罪行为时就要用法律来制止此类事情的发生。他指出,刑罚加在民众头上后,他们的邪念就自然会断绝。因此,商鞅认为,轻罪重罚和刑于将过是防止民众犯罪的最好方法。

4.3.3.3 赏罚并举

商鞅认为,领导者通过建立法制实施对社会的管理控制,必然要落实在对官员和民众的激励上,其控制的效度在于对赏、罚等激励方法的运用。在管理手段上因人性的好利而以农战为赏,因人性的恶害而以重刑为罚。但从本质意义上来说,赏刑是人性激励的结果,所以作为管理激励来说,信赏必罚树立了管理的权威,赏刑并举保证了管理目标的实现。

赏出于壹。商鞅认为农战是人们获得名利的唯一途径。"利禄官爵,抟出于兵,无有异施也。"③ 只对有功于农战的人奖赏。《商君书·去强》篇说:"按兵而农,粟爵粟任,则国富。"强调要获取爵禄必须依靠军功,打破了传统贵族特权,普通百姓也可通过建立军功改变身份。规定"利禄官爵,抟出于兵","富贵之门,必出于兵"。④ 商鞅通过限定赏的范围,规定只有通过农战、为国立功的人才能获得奖赏,不能通过别的渠道接受"私赏",这样可以集中全国人民之力于农战,使人民安于农战,故商鞅说:"故吾教令:民之欲利者非耕不得,避害者非战不免,境内之民莫不先务耕战,而后得其所乐。故地少粟多,民少兵强,能行二者境内,则霸王之道毕矣。"⑤

---

① 《商君书·去强》。
② 《商君书·靳令》。
③ 《商君书·赏刑》。
④ 《商君书·赏刑》。
⑤ 《商君书·慎法》。

关于刑赏的关系，《商君书》中有多种说法，论述复杂，都是如何配合使用刑赏才能达到预期效果的问题。总体来看，在"刑"与"赏"之间，商鞅是绝对地偏向于"刑"，"赏"只不过是辅助"刑"的手段，刑罚思想是其赏刑观的核心内容，刑罚应该是第一位的，赏赐应放在第二位。

4.4 韩非子的管理思想

韩非子是先秦时期法家思想的集大成者。其管理思想的主要内容是抱法处势、循名责实、刑德并用。

4.4.1 抱法处势

法家主张"人性恶"，韩非子也是如此。他否定了同时代一些学派主张的依靠仁爱、尚贤、得民心等治理国家的可行性，强调了以法治国，即进行法制管理的必然性。他不仅系统地阐述了法家"人性恶"的理论，而且明确地把它同管理活动相联系，认为它是一切管理手段和思路的依据。韩非子认为，"好利恶害，夫人之所有也……长行徇上，数百不一失；喜利畏罪，人莫不然"[①]。人性在本质上都是"好利恶害"的，因此，人间的一切社会关系，归根到底都是一种利害关系，这是人类一切活动的根本出发点。正因为人性好利恶害，只有通过建章立制，通过严明赏罚，才能实现国家的良好管理。在这个意义上说，人性好利恶害为他整个管理思想体系尤其是抱法处势思想奠定了理论前提。所谓抱法处势，是指坚守法度，拥有权势。"抱法处势"的内容是以法治国和任势而治。

4.4.1.1 以法治国

既然人性是好利恶害的，那么，如何实现对于国家的管理呢？韩非子提出了以"法"治国的管理思想。韩非认为，法是管理国家的基本手段，即"法

---

① 《韩非子·难二》。

者，王之本也"①。国君如果能够依赖法术治国，则国家富强，反之，国君如果放弃法治，则国家的管理必定会陷于混乱，"抱法处势则治，背法去势则乱"②。所谓"以法治国"，就是用法来治理国家，把法制定出来并推行下去，主要内容包括立法和执法两大部分，即制定法律、政令和执行法律、政令。这就是《韩非子》中所说的"明其法禁，必其赏罚"，也就是现在所说的有法可依、有法必依、违法必究。

法既然是一切管理的依据，那么立法便是为一切管理确立标准。这个标准应当由谁来确立呢？管子指出，立法是自上而下的活动，最高和最初的立法者，那便是君主。韩非子进一步解释说："明主之国，令者，言最贵者也；法者，事最适者也。言无二贵，法不两适。"③ 法令是最高的标准和准则，为了保证其权威性，法令必须由君主发出并确立。"法者，宪令著于官府，刑罚必于民心，赏存乎慎法而罚加乎奸令者，此臣之所师也。"④ 法令，就是由官府明文公布，赏罚制度深入民心，对于谨慎守法的人给予奖赏，对于触犯法令的人进行惩罚，而不是根据个人的好恶来实行赏罚。君主在制定法律时绝不能单凭个人的主观想象，而是要遵循两个基本原则：一是顺应时代发展而立法。即要根据当时社会发展的实际状况，制定并实施促进奖励耕战、富国强兵的法令。二是法律要符合民意。这是要求法律制度的建立要与"好利恶害"的人性相对应；使法律能够促进人与人之间生产关系的和谐。韩非子认为，法律一旦施行以后，它就应当成为判断人们行为合法与否的标准，应当作为衡量是非与功过的依据，应当作为君主赏罚的标准。因此，法令必须具备最高的效力，使其成为民众普遍遵守的行为准则。一方面，要使法令高于一切；另一方面，法令一出所有人都必须无条件地遵守。

4.4.1.2 任势而治

在韩非子的管理思想体系中，势是管理者必须维护的要素。在《韩非子》一书中，韩非子没有给"势"下一个明确的定义，他只是从侧面描述了"势"的若干性质。如："势者，胜众之资也"⑤，"势者，君之舆也；威者，君之策

---

① 《韩非子·心度》。
② 《韩非子·难势》。
③ 《韩非子·问辩》。
④ 《韩非子·定法》。
⑤ 《韩非子·八经》。

也；臣者，君之马也；民者，君之轮也。势固则舆安，威定则策劲，臣顺则马良，人和则轮利。而为国皆失此，有覆舆、走马、折策、败轮矣"①。从这些描述看来，"势"就是指君主至高无上的地位和对臣民施予赏罚的统治权，包括用人之权、赏罚之权等。当然，韩非子一方面主张君权至上，但同时又是反对暴政的。《韩非子·心度》曰：

> 夫国之所以强者，政也；主之所以尊者，权也。故明君有权有政，乱君亦有权有政，积而不同，其所以立异也。故明君操权而上重，一政而国治。

在韩非子看来，君主的尊贵全靠手中的权力，但这权力也得好好使用才行。"明君"使用得好，行政得法，故能使自己受到尊重；"乱君"使用得不好，为所欲为，就难免亡国。可见，"政"依靠"权"才能实施，"权"又依赖"政"的正确施行得以巩固，君主的尊贵地位直接来自"权"，却又不能不靠正确的行"政"来支撑。韩非子所谓的权势，是指具有实际控制力的实权和威势，并不是指拥有"天子""皇帝""国君"之类的虚名。

韩非子把"势"分为自然之势和人设之势两种。自然之势，不是人能随意改变，这不属于韩非子讨论的范围。韩非子所说的势是人设之势，也就是针对那些贤明不及尧舜、暴虐不及桀纣的一般资质的君主而言，如果谨守法度，善用权势，就能形成治理的局面，如果不守法度，背离权势，就会造成祸乱。人设之势就是君主通过运用"法""术"等手段，造成相对于臣民的居高临下、高屋建瓴的态势和至高无上的权威。

如何维护和增强统治者的权势？韩非认为，赏罚二柄是君主控制臣民的工具，也是维护"势"的主要手段。"势"与"柄"是不可分离的。"君执柄以处势，故令行禁止。柄者，杀生之制也；势者，胜众之资也。"②"明主之所道制其臣者，二柄而已矣。二柄者，刑德也。何谓刑德？曰：杀戮之谓刑，庆赏之谓德。为人臣者畏诛罚而利庆赏，故人主自用其刑德，则群臣畏其威而归其利矣。"③君主要固守权势，就必须一人独掌赏罚大权。即使只是放弃赏罚中的

---

① 《韩非子·八经》。
② 《韩非子·八经》。
③ 《韩非子·二柄》。

一个，也会大权旁落，甚至丧国杀身。因此，他总结说："凡明主之治也，任其势。"① 凡是英明的君主治理国家都善于运用他的权势。"善任势者国安，不知因其势者国危。"② 善于运用权势的君主，他的国家就安定；不懂得凭借自己权势的君主，他的国家就会危乱。

4.4.2 术治思想

韩非子的术治思想主要来自前期法家申不害，而将其更向前推进，使术成为后世统治者统治术的主体。术论是韩非子在法治之外另外开出的治国御臣的思想理论，在韩非子看来二者相行不悖，皆为君主治国不可或缺的基石。从君主势位得失的方面看，君主的术治要起决定性作用。

韩非子认为术与法同是君主要独持之物，法是君主保持势位的外在保证，术则是内在的手段，他说：

> 术者，因任而授官，循名而责实，操杀生之柄，课群臣之能者也。此人主之所执也。③

> 术者，藏之于胸中，以偶众端而潜御群臣者也……而术不欲见……（明主）用术，则亲爱近习莫之得闻也。④

从韩非子对术的描述我们可以做以下概括：第一，君术是专门针对臣下官吏而设计；第二，术是人主独持之物，不可借于他人；第三，术要藏于人主胸中，不能明示。术有三个与法截然相反的特性，其一是不成文，其二是私密性，其三是独占性。

在《韩非子》一书中经常使用"君道""主道"这样的字眼，而其中论述的内容又似乎是属于"术"的范畴，所以有些学者认为这里的"道"就是"术"。我们认为，即便是在这里，"道"与"术"还是有区别的。支配事物的内在规律是"道"，人们通过对"道"的体察所制定的裁制事物的办法叫作"术"。"术"是对"道"的体察和应用，也就是利用客观规律去做事的具体办法。韩非讲的"君道""主道"其实是他体察到的君主运用权力的规律，是应然的东西，而"术"则是根据"君道""主道"为君主制定的运用权力的具体

---

① 《韩非子·难三》。
② 《韩非子·奸劫弑臣》。
③ 《韩非子·定法》。
④ 《韩非子·难三》。

方法和手段。

韩非子提出君主驾驭群臣有"七术":"一曰众端参观,二曰必罚明威,三曰信赏尽能,四曰一听责下,五曰疑诏诡使,六曰挟知而问,七曰倒言反事。此七者,主之所用也。"① 概而言之,韩非子把统治、管理之"术"分为三大类:形名术、用人术和治奸术。"形名术"就是"循名而责实",即按照官职名分来追究他的实绩,用下属的言论去衡量其所做的事和所取得的功效。"用人术"有三点是值得思考的:其一,用人要注意排除声誉干扰。假如任命官职不拿才能作为标准,而只根据朋党关系制造出来的声誉选人,国家管理就会因用人不当而混乱。其二,用人要坚持任人唯贤。韩非没有把反对唯亲用人绝对化,他提出"内举不避亲,外举不避仇"②。其三,用人要注意扬长避短。"治奸术"是用来防止君主统治权被削弱以致被篡夺的一系列策略。应该怎样识奸、防奸呢?韩非子认为:一是要注意防微杜渐。英明的领导人在奸邪处于萌芽状态时就能及时发现,这样就不会发生篡权杀君的大阴谋。二是要注意任人毋重。大臣的地位、权势过分尊贵,往往会改变君主的地位。三是要注意以法治奸。主张建立健全"治吏之法",使治奸行为有法可依。

从管理控制来看,韩非子的"术治"是为应对君主危机所开出的秘方。在韩非子看来,君主无"术"则无法御臣防奸,也不可能用好人;同时,君主无"术"不可能做到公正执法,也不可能克服自身情欲的牵引。君主是否有"术"既关乎君主势位之巩固,也关乎国家之治乱。因此,韩非子讲"术"并非仅为君主御臣防奸而发,而是着眼于君主之危机、国家之治乱。

4.4.3 决策思想

"决策"一词出自《韩非子·孤愤》:"智者决策于愚人,贤士程行于不肖,则贤智之士羞而人主之论悖矣。"意思是说,智者的决策是否施行最终要听从愚蠢人的决断,贤者的品德由不贤的人来衡量,那么贤良而有智慧的人就会感到羞耻,而君主的论断必然也会与事实不符。中国古代决策思想在《易经》中就有论述,但韩非子在《孤愤》中的"决策"包含现代决策的意思,"决"是判断,"策"是计谋。③ 韩非子的决策思想主要包含以下方面:

---

① 《韩非子·内储说上》。
② 《韩非子·说疑》。
③ 《韩非子》校注组. 韩非子校注(修订本)[M]. 凤凰出版社,2009:88.

其一，领导者基础的原则。韩非子从维护君主独裁的角度出发，认为领导者要牢牢掌握决策权。"酸甘咸淡，不以口断而决于宰尹，则厨人轻君而重于宰尹矣。上下清浊，不以耳断而决于乐正，则瞽工轻君而重于乐正矣。治国是非，不以术断而决于宠人，则臣下轻君而重于宠人矣。人主不亲观听，而制断在下，托食于国者也。"① 这段话是用两个比喻说明：君主要亲自掌握国事的决策权，这样才会讲话有人听，才不会大权旁落。

领导者在决策过程中要"权其轻重，出其大利"②。决策要权衡轻重利害，以"大利"为出发点。《南面》："举事有道，计其入多，其出少者，可为也。惑主不然，计其入，不计其出，出虽倍其入，不知其害，则是名得而实亡，如是者功小而害大矣。凡功者，其入多，其出少，乃可谓功。"计其出入，考量成本代价，不能做赔本的买卖，这是君主决策必须坚持的原则。《八说》："法有立而有难，权其难而事成，则立之；事成而有害，权其害而功多，则为之。无难之法，无害之功，天下无有也。"③ 意思是说，法制的设立如有困难，估计它虽然困难，但能办成事情，那么就设立它；事情的成功如果包含着有害的一面，估计它虽有害处，但功多于害，那么就去做。不遇到困难的法制，没有害处的事功，天下是没有的。韩非子认为做任何事情都是有困难的，在困难的事情中应当选择能做成的去做；任何事情都是有利有害的，要权衡利害，选择利多害少的事情去做。这里强调的是，领导者选择决策方案的过程中不能追求完美主义，要把对国家是否有利作为首要标准，以社稷之利害为根本原则。

其二，领导者决策的要领和方法。首先，领导者决策要尽量扩大信息渠道，防止"听有门户"，导致决策失灵。决策的有效性基于决策者获取信息的广泛性和准确性。信息来源的广泛性在一定程度上取决于信息渠道的多元性。有效、正确决策的前提就是要确保信息渠道多元性，从这个角度讲，君主决策要坚决避免"听有门户"。所谓"听有门户"就是"只听信一个人的话，如同出入只经一个门户一样"④。在韩非子看来，如果君主获取信息的途径主要集中在"左右"之人，君主的明智就会被阻塞。"听有门户"势必导致臣下对君

---

① 《韩非子·八说》。
② 《韩非子·八说》。
③ 《韩非子》校注组. 韩非子校注（修订本）[M]. 凤凰出版社，2009：526.
④ 《韩非子》校注组. 韩非子校注（修订本）[M]. 凤凰出版社，2009：250.

主的蒙蔽。从君主的角度说,势必偏听偏信,决策就很难保证正确。其次,"一听而公会"是领导者决策的重要方法。"使智者尽其虑,而君因以断事"①是韩非子提出的一个关于领导决策的大原则。在具体操作上,领导者要学会"一听公会"。在《解老》中韩非子提出了"议于大庭而后言则立"的决策论。韩非子说:"万物莫不有规矩。议言之士,计会规矩也。圣人尽随于万物之规矩,故曰:'不敢为天下先。'不敢为天下先,则事无不事,功无不功,而议必盖世。"② 万物皆有规矩法度,议言之士的献言献策,其计策也是以规矩为度的结果。领导者要集中众智、"尽其虑"就要先听,不要急于发表意见,通过综合大家意见最后拍板定案。这就是韩非讲的领导决策的基本过程。

其三,有效决策对领导者个人素养提出了很高的要求。君主听言决策要保持冷静,不能有主观成见。《八经》说:"明主不怀爱而听,不留说而计。"君主不能带着主观好恶听取意见、谋划事情。《外储说右上》说:"好恶见则下有因,而人主惑矣。"君主如果在决策时表现好恶、预设立场,臣下势必就会阿谀奉承。另外,韩非子主张"明主之言隔塞而不通,周密而不见"③,强调君主"听言"时要注意保密,不能轻易把一些臣子所说的话告诉其他人。《三守》说:"何谓三守?人臣有议当涂之失、用事之过、举臣之情,人主不心藏而漏之近习能人,使人臣之欲自言者,不敢不下适近习能人之心,而乃上以闻人主,然则端言直道之人不得见,而忠直日疏。"特别是臣下提出的批评意见不能轻易泄露出去,如果泄露,即使正直的人也不敢轻易讲话了!韩非子强调"听言之道,溶若甚醉。唇乎齿乎,吾不为始乎;齿乎唇乎,愈惛惛乎"④。主张"见而不见,闻而不闻,知而不知"⑤。君主在"听言"的过程中要装出一副"糊里糊涂"的样子,目的是要保持主观上的冷静和中立,排除个人感情和偏见的干扰,只有这样才能充分接纳信息,提升自我认识水平,做到"不言而善应"。

总之,正确的决策是有章可循的。领导决策要基于信息来源的广泛性和准确性,就要尽可能避免"听有门户",在制度上确保民众可以建言,让所有的

---

① 《韩非子·主道》。
② 《韩非子·解老》。
③ 《韩非子·八经》。
④ 《韩非子·扬权》。
⑤ 《韩非子·主道》。

人都能够帮自己看、帮自己听。同时在方法上要做到"一听公会""众端参观"。决策的有效性往往与决策者的心智成熟度及行为方式密切相关，这就决定了在同一情况下、遵循相同的决策程序，往往决策的结果会因人而异。不预设立场，排除主观成见，同时又要有相当的主见，这都给领导决策提出了很高的要求。领导者有效获取信息进行决策是一种艺术。

综上所述，韩非子所提出的"法""势""术"都是君主不可缺少的工具，三者互为条件、相互补充。没有权势，就无法推行法令；没有权术，虽有权势和法令也制止不了"奸臣"；而没有法令，管理国家就没有章法。要使国家长治久安，君主功成名就，必须"法治""势治""术治"相结合。"法""势""术"相辅相成，缺一不可。君主只有"以法为本"，才能治国安邦，富国强兵，即君主必须用"法"，才能处于"势"位；否则，丧失"法"，就会丢掉"势"。同时，君主有"势"，才能发号施令，"势"是行"法"的前提。而要保持"势"，又要讲究用"术"，即有一套驾驭官吏的权术。君主依法实施赏罚，奉公守法的有赏得利，徇私违法的有罚受害，这样，"法治"才能切实得以推行，社会安定，国家强盛。也就是说，法、术、势三者每一项都需要其他两项的补足，由此构成循环互补的关系，韩非子的治国方略体系因之而建立。

4.5 先秦法家管理思想的现代价值

先秦法家管理思想内容丰富，其中包含许多积极的、值得借鉴的管理智慧。在当代社会，管理的目的不再是单纯实现君主个人权力的集中，通过管理活动调动和运作资源的目的是实现各种组织的外部职能。行政组织要向社会提供充足的公共产品，商业组织要向社会提供满足消费者需要的产品和服务。因此，在现代社会当中借鉴法家思想，应当从目的和形式方面对法家思想进行转化，从而帮助管理者实现自身的管理目标。

4.5.1 法家以法治国思想的现代价值

法家的最大特点就是提倡法治，法律是人们一切行为的准则，按准则行事，君臣上下可多结果、少结怨。依法办事，使一切事断于法，可以提高办事效率。

法家的"以法治国"思想中虽存在矛盾之处①，易被不贤明的统治者歪曲利用，进而损害臣民的利益，但其适应了先秦时期动荡不安的社会现状，对平定动荡、尽快实现社会统一起到了积极的促进作用。由于人有"趋利避害"的本性（前提），那么就要采取"赏罚"的方式对民众进行治理，而实行"赏罚"就要依照法律执行（治国的标准），这就是法家实行"以法治国"的思路。

现代社会的法治虽与古代已大不相同——法家的法律即赏罚的标准，作为君主专制统治的工具，体现的是君主的个人意志，采取酷刑之手段巩固君主统治；而现代的法治不再是对赏罚的单纯解读，而是在保障民主的前提下，以法律的强制性来规范、约束公民的行为——但是，无论古今，都将法律作为国家治理的标准，这就是法治的"普适性价值"②。在法家思想中我们不难发现其现代价值：在立法上，一是可以借鉴法家"因情而治"的立法原则，设立人民想要的爵禄鼓励其立功，建立人民所厌恶的刑罚威慑其不做出奸邪的行为，即法律应依据人性特点而设立，对症下药方能达到最优效果；二是借鉴"当时而立法"的立法思想，依据时代的变迁、社会的发展对法律做出修改，以符合社会现状。如我国在1987年1月1日起开始实施的《民法通则》，限于当时的社会经济发展水平以及立法技术等问题，其部分制度、条款于现在来说已经过时，基于我国目前的国情，就需要对现行的民法进行重新梳理，对已经适应当前社会实际的法律条文进行修改、完善，并针对新问题做出新规定以适应即将建成的小康社会。因此经过不断商讨、修订，我国于2017年3月15日公布了全新修订的《民法总则》，并于2017年的10月1日起实施新法。在执法上，法家认为要治理好国家首先应严格依照法律执行，"以智治国，国之贼也"③，若在法律实施过程中加入个人主观的价值判断，就容易使法律沦为工具，失去其正义价值。与此同时，法律之所以有威信就在于其能够严格且平等地被执行，因此在执法时我们应坚持有法必依、执法必严。其次，法家"法不阿贵，

---

① 法家主张"君臣上下贵贱皆从法"（《管子·任法》），认为应该做到"刑无等级"，即使是君主、大臣，也应该遵从法律，但同时法律又出自君主，就容易导致君权膨胀，法律沦为实现专制统治的工具，因此只有君主贤明，才能真正实现"以法治国"。

② 王立仁. 韩非的治国方略研究[M]. 中国社会科学出版社，2012：195.

③ 《韩非子·难三》。

刑无等级""一断于法"等观点对当代司法平等观念的确立产生了重大影响。法律并非领导人用以治理国家的工具，而应是"人民基本权利的保障"，因此要摈弃法家工具主义的法治观，以保障人民的权利为根本，推动民主政治下的依法治国。

4.5.2 法家法治思想与现代企业制度化管理

国家的治理离不开法，企业作为社会中的经济组织同样要重视"法治"的作用，既要遵守国家法律法规，同时又必须制定完善的企业管理制度，使企业内部有法可依。

以法为本、事断于法的管理思想，是现代企业管理制度的思想基础。法家认为，法治并不是一种空泛的理论，而是一种实践的方策。立了法就要执行法，若是在执法上出了问题，则所制定的法就是一张废纸，法治也就名存实亡了。为此，法家提出：（1）依法——遵守制度；（2）执法——执行制度要严明。企业管理制度的实施也要依据以上两点才能保证企业顺利发展。

企业制度变迁是企业财产组织形式与法律责任形式变化的统称。在社会发展进程中，人们不断设计出不同的企业制度形式。这些企业制度安排具有不同的功能，有其自身适用的条件。对单个企业来说，不同企业、同一企业的不同发展阶段，面临的内外环境条件不一样，对企业制度安排的要求也不同。可以说，企业制度直接界定了企业出资者的身份、不同出资者在全部出资中的地位、出资者之间的相互关系、出资者同企业之间的法律责任关系、企业同其债权人之间的法律责任关系等，并因此影响到企业外部利益相关者同企业的关系、企业内部管理制度的安排、经理人员和员工的行为等，最终影响到企业的生存与发展。①

现代企业管理包括条文规章制度和流程制度管理。企业的条文性规章制度是企业制定的，以文件的形式发布。这些制度，可以是行为的准则，也可以是奖惩的依据，还可以是工资、福利等规定。它可以约束一个部门的办事规则，也可以约束每一位员工的办公活动。企业条文性规章制度种类繁多，与企业自身情况有着密切关系，与企业的类型、经营情况，以及所处的行业及其产品或服务有着很大关系。不同行业有着不同的特点与标准，那么企业就要依其行业

---

① 魏文斌. 民营企业管理变革研究[M]. 吉林人民出版社，2007：110.

的标准及要求来制定相应的管理制度。

4.5.3 法家领导思想的借鉴价值

先秦法家领导思想虽然形成于两千多年前的战国时期，存在固有的历史局限性，但其以法为本的理念却影响至今，法、势、术三位一体的领导思想对当今领导力变革仍然具有借鉴意义。其一，领导者的领导实践要基于定制度、树权威和纳人才三种领导活动展开，进而形成三种基本领导力，即制度力、权威力和识人力。其二，为使三种基本领导力有效融合，在定制度、树权威和纳人才两两之间形成三组领导力组合，即务法取势和处势效法、以势驭术和以术显势、以术变法和依法用术。其三，基于这三种组合，提出三种相对应的领导力，即执行力、影响力和前瞻力。这三种力分别包含一个小的循环，使三种基本领导力得以融合。其四，由定制度、树权威和纳人才三种基本领导活动，加上彼此之间三个小的循环，构成一个由制度力、执行力、权威力、影响力、识人力和前瞻力六力组成的领导力一体循环模型，其目的是从传统智慧中寻求中国本土领导力的突破。

基于法、势、术的领导力模型用于分析并指导企业领导者的领导行为，可提升企业各类管理者自身的领导力。在管理实践中要注意处理好以下关系：一是制度和文化的关系。制度不是企业管理层意愿的表达，企业文化才是产生制度的土壤。制度并不能解决制度所导致的问题，只有企业文化和制度建设相互融合才能发挥良性的制度力。二是法治和德治的关系。法势术领导力模型之所以将制度力和识人力作为基本的领导力，就是因为法治和德治并不是对立的。在法家看来，"务法"只是手段，不是目的，只有"贵法"才能"贵义"。在管理实践中，一个好的制度能释放企业活力，提升前瞻力就是建立适合未来人才发展的制度，一个以人为本的制度能够容纳和开发利于企业持续发展的人才。三是领导力与领导情境的关系。所谓"时移而治不易者乱"[①]，时代在变，领导方式不可能一成不变，领导力往往会随着情境不同而发生变化，这是前瞻力的另外一层含义。互联网时代，组织面临的不确定性和复杂性不同以往，领导力的提升更没有固定的路径可以遵循。因此，法势术领导力思想只有融入中华民族的基本文化精神，才能达到领导者与员工的和合、员工与团队的和合，进

---

① 《韩非子·心度》。

而推动团队与整个组织的协调发展。

4.5.4 法家赏罚思想的现代应用

管子、韩非子等在其人性论基础上提出了丰富的赏罚思想。韩非子明确提出了"赏誉同轨，非诛俱行"的激励方式，以提醒管理者，实施赏罚时应该特别注重在给予奖赏的同时也授予相当的荣誉，在进行惩罚的同时亦应加之相应的恶名，以强化激励的效果。韩非子已经在一定程度上注意到了物质激励与精神激励的辩证关系，对当今人力资源管理中的奖惩机制具有直接的指导意义和应用价值。

其一，它告诉管理者，赏罚与毁誉应当相辅相成，力求相得益彰。因为，人们虽然重视物质激励，但是，金钱并不是唯一的激励因素。一个好的领导者应当懂得，在实施物质激励的同时，要自觉地借助精神的力量；当然，在进行精神激励的过程中，也不应忽视一定的物质内容。只有这样，才能实现最佳的激励效果。

其二，它提醒决策人，"信赏"，关键在于一个"信"字；"必罚"，核心在于一个"必"字。如果许诺了的奖赏最后不兑现，公布了的惩罚最后不执行，那么，赏罚的激励效用就将丧失殆尽，考核也将随之失去意义。

其三，它告诫各级领导者，奖励应防"漏"，惩罚应防"赦"。因为"漏"的对象往往是"疏贱者"，而对于领导者来说，"疏贱者"永远是大多数，对于他们，如果该奖而不奖，该重授而轻予，致使其懈怠于工作，那么，管理效率就将无从谈起，严重时甚至会导致人才流失。至于"赦"的对象，自然多为"近爱者"，他们虽然为数不多，却影响甚大，这些人如果骄横放纵，必然激起"民怨"，如此，员工队伍将危机四伏，而这正是现代人力资源管理中应极力避免的。

从管理激励来看，赏罚这种软硬兼施的手法，对于激发人们的创造积极性、提高办事效率是很有用武之地的。管理者如果不一味地重罚，而是以赏为主的话，对于诱发员工蕴藏的巨大潜力，调动其积极性和创造性是非常有益的。因此，在政府、企业等领域均可运用赏罚法，但要注意适宜，不可硬搬硬套或一成不变，在重赏的同时也要运用罚。因此，重视赏罚，做到赏罚分明、赏罚公正、信赏必罚、赏罚及时，有利于企业组织的高效、有序运行。

先秦兵家管理思想

CHAPTER 5

先秦兵家管理思想是中国管理文化的重要组成部分，其中最具代表性、影响最为深远的是孙子及其《孙子兵法》。先秦兵家思想以军事战略为主，对战争规律与军事谋略进行全面系统的总结，从而建立起一套关于如何取得战争胜利的战略思想体系。战争作为人类的一种暴力对抗形式，蕴含着计谋、筹划、指挥、组织、协调、督导等管理要素，因此，从某种意义上说，战争是人类最富有技巧的一种特殊管理行为。本章主要概述孙子的管理思想，并探究兵家管理思想的现代价值。

5.1 先秦兵家管理思想概述

5.1.1 先秦兵家管理思想的起源

兵家是中国古代对战略家与军事家的通称，又特指先秦对战略与战争研究的派别。关于兵家的起源，有人认为兵家起源于九天玄女，有人认为兵家的鼻祖是吕尚，有人认为兵家源自道家，也有人认为兵家源自法家。据《汉书·艺文志》记载，兵家又分为兵权谋家、兵形势家、兵阴阳家和兵技巧家四类。《汉书·艺文志》对兵家有明确的说法："兵家者，盖出于古司马之职，王官之武备也。"兵家乃是起源于古代司马这个官职，是天子手下主管军事的官员。根据《周礼》的记载，夏官司马，是掌管军政的军官，西周始置，春秋战国沿置。兵家很有可能起源于这一类官员。《左传·襄公二十七年》记载宋予罕之语有云："天生五材，民并用之，废一不可。谁能去兵？兵之设久矣，所以威不轨而昭文德也。圣人以兴，乱人以废。废兴、存亡、昏明之术，皆兵之由也。"可知古人对兵的作用认识很深，国不可一日无兵。兵家约在春秋时期开始形成独立的流派。春秋中后期，战争十分频繁，为了适应战争的需要，孙武总结春秋时代丰富的战争经验和规律，使之上升为军事理论，写成《孙子兵法》这部伟大著作，成为兵家始祖。

从时代背景来看，频繁的战争促进了兵家的产生和发展，也为兵家提供了施展的舞台。西周末期，王室衰微，诸侯崛起，实力较强的诸侯国纷纷图谋霸业,争霸战争延绵不断。当各大诸侯国被战争拖得筋疲力尽时,各国内部的卿大夫逐渐强大起来,政治格局从"礼乐征伐自天子出"到"自诸侯出",再到"自大夫出"。强大起来的卿大夫之间也不可避免地相互兼并,激烈斗争,出现了三家分晋、田氏代齐等现象。到了战国时期,伴随着新兴政治力量对权力和地域再分配的过程,战争的目的已经不是为了号令诸侯、争夺霸主,而是夺取敌方国土、人口、财富,把独立的地域连成一片,对分散的资源集中控制。总体而言,春秋战国时期的战争,规模之大,频率之高,形式之杂,是前所未有的。频繁的战争为人们提供了更多的经验和思考,如何取得战争的胜利是各个诸侯国都想要解决的问题,但是此时单靠经验已经远远不够,对系统有效的理论需求更加迫切,所以兵家流派的出现是时代的要求和产物。

兵家关注的焦点是军事问题。《左传·成公十三年》说:"国之大事,在祀与戎。""祀"本意指祭祀,祈天祭祖,在古人眼中它代表了国家政治生活,代表了对国家的管理;另一件可以与之相提并论的国家大事就是"戎",即军事,这正是兵家所关注的焦点。兵家论政的出发点是军事,归节点却是政治,和平是兵家思想的最高目的。作为战争的主要领导者,他们更加清楚战争的残酷性和危害性,所以在对待战争的问题上更加慎重,反对穷兵黩武和非正义之战,追求兵不血刃的胜利。兵家管理思想主要是针对军事组织和军事竞争的战略管理,同时还涉及领导理论、治国理论、信息管理、人才管理等重要管理思想,内容非常丰富。

5.1.2 先秦兵家管理思想的代表人物

"兵家四圣"是对先秦四位战略家与军事家的通称,最普遍的说法是"孙吴膑缭",即兵圣孙武、亚圣吴起、计圣孙膑、尉圣尉缭。兵家四圣的重要著作有《孙子兵法》《吴子》《孙膑兵法》《尉缭子》等。这些著作均是当时战争和治兵经验的总结,其中提出了一系列战略战术原则,包含有丰富的军事辩证法思想以及治兵作战的哲理。

5.1.2.1 孙子

孙子因著有《孙子兵法》一书而世世代代赫赫有名。其名孙武,字长卿,出生于齐国乐安(今山东惠民),出身将门,具体的生卒年月尚不可考,其出生年代据推算在公元前 540 年左右,大约与孔子属于同时代人。

孙子的祖先妫满,被周朝天子册封为陈国(今河南淮阳)国君,后来由于陈国内部发生政变，孙子的直系远祖妫完便携家带口，逃到齐国，投奔齐桓公，齐桓公任命他为负责管理百工之事的主管。妫完在齐国定居以后，由姓妫改姓田。百多年后，田氏家族成为齐国国内后起的一大家族，地位越来越显赫，在齐国的领地也越来越大。

孙子的祖父——田完的五世孙田书，在做了齐国的大夫之后，因为领兵讨伐莒国（今山东莒县）立有战功，被齐国君王齐景公赐姓孙氏，封地乐安作为世禄的食采田邑，自此孙氏一家成为军事世家。

孙子的父亲孙凭，也做了齐国的卿，成为齐国的高级官员。受其家庭和崇武尚智的齐文化的影响，孙子得以阅读古代军事典籍《军政》，了解黄帝战胜四帝的作战经验以及伊尹、姜太公、管仲的用兵史实，并受祖父、父亲带兵作战耳濡目染的熏陶，这些对于少年孙子军事才干的培养提供了得天独厚的环境。但后来齐国内乱，危机四伏，在祸乱即将危及孙氏家族之时，孙凭不得不率全家于公元前517年离开乐安，告别齐国，长途跋涉逃难到南方的吴国。此时的孙子20岁有余，钻研兵法成就卓著，但他藏形不露，过着亦耕（灌园耕种）亦读（写作兵法）的田园隐居生活。

孙子来到吴国之后，便在吴国都城姑苏（今江苏苏州）郊外结识了从楚国而来的伍子胥。公元前512年，孙子由伍子胥推荐给吴王阖闾，伍子胥称赞其"精通韬略，有鬼神不测之机，天地包藏之妙，自著兵法十三篇，世人莫知其能"，是个文能安邦、武能定国的盖世奇才。经过7次推荐，吴王终于答应接见孙子，孙子将他刚写就的兵法13篇作为初次见面的礼物献于吴王。事见司马迁《史记》："孙子武者，齐人也，以兵法见吴王阖闾。阖闾曰：子之十三篇，吾尽观之矣。"吴王阖闾对孙子的兵法极为赏识，于是任命孙子为上将军，封为军师，令他带兵日夜操练，为争霸诸侯做准备。

吴王阖闾依靠伍子胥和孙子整顿兵马，发展军力，吴军的军事力量有了明显提高，首先兼并了吴国临近的舒国（今安徽庐江县西）、钟吾国（今江苏宿迁东北）等几个小国。

公元前506年冬，楚国攻打已经归附吴国的小国蔡国，给了吴军正式向楚国开战的借口。吴国以孙子为大将、伍子胥为副将，率领3万大军，乘坐战船，溯淮而上，直趋蔡国与楚军交战。楚军见吴军来势凶猛，不得不放弃对蔡国的围攻，收缩部队，调集主力，以汉水为界，加紧设防，抗击吴军的进攻。

不料孙子中途改变了沿淮河进军的路线，舍舟登陆，采取"迂回奔袭、出奇制胜"的战法，迅速通过大别山与桐柏之间的黄岘关、武胜关、平靖关三道关口，直插楚国要害部位。楚军被迫仓促应战，经过前哨和柏举两处重创，楚军元气大伤，大败而逃。孙子率军乘胜追击，11 天行军 700 里，五战五胜，一举攻陷楚国国都郢城。这时楚平王已经死去，其子楚昭王弃城南逃，伍子胥恨透了楚平王，刨坟鞭尸以解其恨。这次战役，吴军出征千里以 3 万军队攻击楚军 20 万大军，获得全胜。从此，吴国的声威大振，成为春秋五霸之一，吴国不仅成为南方的强国，而且北方的齐、晋等大国也畏惧吴国。对于孙子的历史功绩，司马迁在《史记》中写道："西破强楚，入郢，北威齐、晋，显名诸侯，孙子与有力焉。"

吴楚战争结束后，孙子计划帮助阖闾征服与其不和的越国，但阖闾争霸心切，不听孙子等人的劝告，仓促出兵，结果吴军于槜李（今浙江嘉兴、桐乡间）被越军击败，阖闾也在激战中中箭受伤，回到吴国后不幸身亡。阖闾去世后，由太子夫差继承王位，军备仍由孙子和伍子胥负责。公元前 494 年春，吴王夫差亲自率领 10 万大军攻打越国。在孙子、伍子胥的策划下，吴军在夜间布置了许多诈兵，分为两翼，高举火把，只见夜幕中火光连成一片，迅速向越军阵地太湖边移动，杀声震天，越军惊恐万状，军心动摇，吴军乘势总攻，越军果然大败。越王勾践带了五千残兵败将逃到会稽山，被吴军围困起来。勾践只得屈辱求和，夫差不听伍子胥劝阻，同意了勾践的求和要求。

随着吴国霸业的蒸蒸日上，吴王夫差争得了霸主的地位，他渐渐自以为是，不纳忠言。伍子胥认为：勾践被迫求和，一定还会想办法报复，故必须彻底灭掉越国，绝不能姑息养奸，留下后患。但夫差听了奸臣的挑拨，不仅不理睬伍子胥的苦谏，反而制造借口，逼其自尽，甚至命人将伍子胥的尸体装在一只皮袋里，扔到江中，不给安葬。而这时的孙子，从伍子胥的遭遇中终于看穿了吴王夫差刚愎自用、暴戾残忍的本质，明白了"飞鸟绝，良弓藏；狐兔尽，走狗烹"的道理，明智地选择了退隐乡间，一边养身顾家，一边根据作战经验修订完善兵法 13 篇，尽享天伦之乐，终老其身。

孙子虽非出生吴国，但一生事业在吴国展开，死后亦葬在吴国。他的一生除了战功卓著以外，更主要的是给后人留下了珍贵的《孙子兵法》。此书共有 13 篇，正文只有 6 000 字左右，却体现了孙子完整的军事思想体系，它对中国古代军事学术的发展产生了巨大而深远的影响,被后世尊奉为"兵经""百世谈兵之祖""兵学圣典""世界古代第一兵书",古今中外的军事家们纷纷使用其论述的军事理论指导战争。其中所阐述的谋略思想和哲学思想被广泛运用到军事、政治、经济、现代经营决策、社会管理等领域。

5.1.2.2 吴起

吴起(前440—前381),卫国左氏(一说今山东省菏泽市曹县,一说今山东菏泽市定陶区)人,战国初期军事家、政治改革家,兵家代表人物。据《史记·孙子吴起列传》中记载,吴起早年在鲁国为将,曾以少胜多击败过齐国。后吴起到了魏国,与魏文侯论兵被拜为大将,镇守河西二十三年,期间"与诸侯大战七十六,全胜六十四,余则钧解",堪称身经百战,常胜将军。

吴起担任西河郡守期间,向子夏学习儒家思想,并改革魏国兵制,创立武卒制。为抵御秦国的进攻,吴起修筑了吴城(今山西省孝义市西南)。公元前389年,秦惠公出兵五十万攻打魏国的阴晋,吴起亲自率领其中没有立过军功的五万人,外加战车五百辆、骑兵三千大败秦军,成为中国战争史上以少胜多的著名战役,也使魏国成为战国初期的强大诸侯国。由于吴起在任西河郡守时取得了巨大成就,他的威信越来越高。后来,公叔任魏相,他心胸狭窄,非常妒忌吴起的威望和才能,便想陷害吴起。武侯对吴起也有所怀疑,吴起害怕武侯降罪,于是离开魏国到楚国去了。

吴起投奔楚国后,楚悼王任命吴起为宛城太守,一年后升任令尹。担任令尹后的吴起在楚国进行了大刀阔斧的改革,具体措施有:制定法律并将之公布于众,使官民都明白知晓;凡封君的贵族,已传三代的取消爵禄;停止对疏远贵族的按例供给,将国内贵族充实到地广人稀的偏远之处;淘汰并裁减无关紧要的官员,削减官吏俸禄,将节约的财富用于强兵;纠正楚国官场损公肥私、谗害忠良的不良风气,使楚国群臣不顾个人荣辱一心为国家效力;统一楚国风俗,禁止私人请托;改"两版垣"为四版筑城法,建设楚国国都郢(今湖北省江陵市西北)。经过吴起变法后的楚国国力强大,平定了百越,兼并了陈国和蔡国,并击退了韩、赵、魏的扩张,向西征伐了秦国。诸侯都畏惧楚国的强大。但吴起的变法招致了楚国贵族的怨恨,也为自己埋下了杀身之祸。前381年,楚悼王去世,楚国贵族趁机发动兵变攻打吴起。贵族们用箭射伤吴起,吴起拔出箭逃到楚悼王停尸的地方,将箭插在楚悼王的尸体上,大喊:"群臣叛乱，谋害我王。"贵族们在射杀吴起的同时也射中了楚悼王的尸体。楚国的法律规定伤害国王的尸体属于重罪，将被诛灭三族。楚肃王继位后，命令尹把射杀吴起同时射中楚悼王尸体的人全部处死，受牵连被灭族的有 70 多家。吴起死后，他在楚国的变法宣告失败。

吴起是一个颇有争议的人物，思想比较复杂，他既有儒家的仁德，又有法家的严苛，是一位内儒外法的兵家人物。吴起所著《吴子》一书在战国时期和《孙子兵法》齐名，受到广泛的推崇。今本《吴子》有六篇，是贾诩注《吴子》一卷的传本，是班固录著的《吴起》四十八篇中的一部分。《吴子》的思想在一定程度上继承了《孙子兵法》，明确指出"文德"和"武备"两者是缺一不可的关系，也就是政治和军事两者是平等且共存的关系，综合论述了对内的国家管理、军队管理和对外战争，关注大战略层面的问题。

5.1.2.3 孙膑

孙膑（生卒年不详），本名孙伯灵（山东孙氏族谱可查），出生于阿、鄄之间（今山东省阳谷县阿城镇、菏泽市鄄城县北一带），是孙武的后代。据《史记·孙子吴起列传》记载："孙武既死，后百余岁有孙膑。……膑亦孙武后世子孙也。"孙膑的祖辈孙书与孙武为兄弟。孙膑后因被庞涓加害，受膑刑，故后人称为孙膑。经田忌推荐，孙膑为齐威王所重用，拜为军师。他随田忌多次征战，驰骋疆场，屡立战功，从此名显天下。

孙膑所著兵书为《孙膑兵法》（古称《齐孙子》），是继《孙子兵法》后中国古代又一部重要军事著作。1972 年，山东临沂银雀山汉墓出土竹简《孙膑兵法》，共有 30 篇，即：擒庞涓、见威王、威王问、陈忌问垒、选卒、月战、八阵、地葆、势备、兵情、行选、杀士、延气、官一、强兵、十阵、十问、略甲、客主人分、善者、五名五恭、兵失、将义、将德、将败、将失、雄牝城、五度九夺、积疏、奇正等。经专家们长期研究整理，最后确定为 16 篇。这 16 篇虽然远非《齐孙子》的原貌，但理论价值十分珍贵。它总结了战国中期以前的大量战争实践，从基本理论到战术原则，都进一步继承和发展了《孙子兵法》。

孙膑在军事理论上的重大成就，主要表现在他的战争观、治军主张和作战方法等方面。特别值得注意的是，他认为少可胜多、弱可敌强。从他一系列观点、主张和方法看，他不仅继承了《孙子兵法》，而且在某些方面有了较大的发展。孙膑敢于竞争、善于竞争的思想是非常突出的。历史上有名的田忌赛马的故事，就表现了他这方面的才华。

在战争观方面，孙膑主张慎重地对待战争。他强调战争是国家政治生活中解决问题的一种重要手段，只有以强有力的武力作为保障，才能够使国家安定、富强。但是他反对穷兵黩武，指出作战胜利能够挽救濒临灭亡的国家，但战败也同样会失去土地、危害社稷，一味好战必然会灭亡，自取其辱，所以必须慎重地对待战争，不可不用也不可滥用。孙膑主张积极地做好战争的准备工作，这样才能做到以战争抑制战争。他指出政治和经济条件是决定战争胜负的基础，"强兵"必先"富国"，只有具备强有力的政治和经济作为后盾才能做到"事备而后动"。他又指出民心军心是取得战争胜利的决定性因素，所以战争必须顺应民心军心，要做到"得众""取众"。

在战争认识论方面，孙膑提出将领要知"道"，"道"就是战争的规律。孙膑认为作战时人众、粮多、武器精良等因素都不足以保证取胜，只有掌握了战争的规律，了解敌我双方情况，指挥得当，才能保证取胜。为此他专门阐述了积疏、盈虚、径行、疾徐、众寡、佚劳六对相互对立又相互转化的矛盾，还对"奇正"进行了深层次的分析，认为将领只有真正认识到这些矛盾的作用，把握了这些矛盾的转化规律，才能利用微妙的变化出奇制胜。

在战略思想方面，孙膑强调"必攻不守"。在敌众我寡、敌强我弱的情况下，积极主动地进攻敌人防守的薄弱环节，不仅能够有效地歼灭敌人的有生力量，而且能够转换攻守形势，掌握战争的主动权。战术方面，孙膑提出"因势""造势"的思想，充分利用敌我双方的条件，造成有利于我方的态势，以扭转敌众我寡的不利形势。

在具体的战术方面，孙膑对阵法进行了专门论述，进而分析了攻击各种战阵的对策。他还专门论述了攻城的问题，把处在不同地形的城分为难攻的雄城和易攻的牝城两类，论述了当时攻城的策略与技术。

在军队建设、管理方面，首先，孙膑对君主和将领的关系进行了分析。将领必须忠于君主，君主不应该干涉将领的具体军务，将领要有独立的军事指挥权。其次，他对将领的素质进行了较多论述，将领应当具备义、仁、德、信、智五个要素；他还分析了致使将帅作战失败的品德缺陷。最后，他就管理队伍的问题进行了论述，可以概括为任用贤能、严明纪律、奖惩公平、赏罚及时。

总之，《孙膑兵法》与《孙子兵法》各有其鲜明的特色，后者比前者更重在谋略和战略的论述，前者则更重于具体战法、战术的实践问题的论述。《孙膑兵法》在一定程度上起着承前启后的重要作用，它的许多思想是《孙子兵法》军事思想的延伸与发展。

5.1.2.4 尉缭

尉缭（生卒年不详），战国兵家代表人物。据一些学者的观点，历史上至少有两个尉缭，一个是战国中期魏国大梁（今河南开封）人，曾游说魏王，因没有得到重用，即过着隐士的生活；另一个是战国末期人，秦王政十年（前237）入秦游说，被任为国尉，因称尉缭。但两人是否为同一人仍存分歧。

关于《尉缭子》的真伪，历来争议颇多，直到 1972 年山东临沂银雀山汉墓出土《尉缭子》残简后，才充分证明其并非伪书。今本《尉缭子》共 24 篇，前 12 篇主要是论政论兵的内容，后 12 篇详细记载军令。中华人民共和国成立后研究《尉缭子》的主要成果有上海古籍出版社 1978 年版《尉缭子注释》、中华书局 1979 年版《尉缭子注释》、中州书画社 1982 年版《尉缭子校注》、中华书局 1982 年版《竹简帛书论文集·尉缭子觏证》、解放军出版社 1989 年版《尉缭子浅说》。虽然尉缭和《尉缭子》的成书还存在一些难以解开的谜团，但是这些疑惑并不影响《尉缭子》自身的价值。

尉缭对当时战争总的看法是：存在着两种不同性质的战争，反对杀人越货的非正义战争，支持"诛暴乱、禁不义"的正义战争。明确指出："凡兵，不攻无过之城，不杀无罪之人。夫杀人之父兄，利人之货财，臣妾人之子女，此皆盗也。"[①] 关于进行战争的战略战术，尉缭强调对战争要有全面的认识，指出有道、威胜、力胜三种不同而又相互联系的取胜策略，认为懂得了这三种取胜的办法，就全面地掌握了战争的主动权。关于军事与政治的关系，尉缭把它比喻为植物的躯干同种子的关系，所谓"兵者，以武为植，以文为种，武为表，文为里，能审此二者，知胜负矣"[②]。并指出，没有良好的政治，就不能有强大的军事力量，而军事又是解决政治问题的手段。他还指出战争中将帅指挥的重要性，以及将帅的政治品德和个人模范作用。

---

① 《武议》
② 《兵令上》

《尉缭子》作为战国时产生的兵书，它所谈的战略战术等问题虽然不如孙、吴兵法深刻，但在一系列问题上也有创见。首先，《尉缭子》提出了以经济为基础的战争观。他在《治本篇》中说，治国的根本在于耕织，"非五谷无以充腹，非丝麻无以盖形"。其次，《尉缭子》也提出了一些有价值的战略战术思想。如主张集中优势兵力，待机而动，"专一则胜，离散则败"①，"兵以静固，以专胜"②。他结合战国围城战的实践，提出了一整套攻、守城邑的谋略。最后，《尉缭子》的另一重要贡献是提出了一套极富时代特色的军中赏罚条令。《尉缭子》作为古代兵书，不但在军事理论上有所发展，而且保存了战国时期许多重要军事条令，这是其他兵书所少见的。

5.1.3　先秦兵家管理思想的特点

先秦兵家的军国兼治是其管理思想的一大特色。兵家以军事为出发点，从全局的视角，很好地诠释了战争年代军事之于国家生存与发展的重要意义，以及在残酷的现实中如何谋求发展。在吸纳各家精华方面，兵家与杂家类似，是一个相对开放的学派，只要是有利于自己的就拿来为我所用。它的兼容并蓄不是只遵循教条的理论，而是将各家中对自己有利的部分重新熔铸，转化为自己的思想；它的辩证性思维又使它不会偏激和盲从，善于寻找合适的平衡点。战争的残酷性塑造了兵家脚踏实地、求真务实的性格，不穷兵黩武，不好大喜功，以实现统一与和平为目标。这些都是先秦兵家在管理思想上的独特之处。

先秦兵家惯于从大战略视角，从国家发展的宏观立场，将有可能影响战争胜负的各种因素加以综合运用，进行全局思考。从保存至今的、公认为比较重要的六本先秦兵书《孙子》《吴子》《孙膑兵法》《司马法》《六韬》《尉缭子》中可以看到，先秦兵家在关注军事的同时，也非常重视政治和经济的作用。他们把政治的清浊、民心的向背与战争的胜负紧密联系起来，通过爱护士卒和人民来调动其积极性，达到"令民与上同意"③的目的。从管理特质来看，先秦兵家战略管理是被"道"这个核心特质贯穿的一个有机整体，遵循治身、经国治军，进而治敌这样一个逻辑。先秦兵家战略管理特质群以"知（智）""仁""勇"三大德的治身思想为出发点，通过"信""义"等重要战略管理特质，把

---

① 《兵令上》
② 《兵权》
③ 《孙子兵法·计篇》。

治身思想扩展到经国治军思想和治敌思想。治国主要是发扬管理者"仁"的德行，实行"德治"为主，辅之以"法治"；治军主要是发扬管理者"勇"的德行，实行"法治"为主，辅之以"德治"；治敌则主要是发扬管理者"知（智）"的德行，以避实击虚为主要手段，强调以智治敌。[①]

先秦兵家对经济因素的作用也有深刻的认识。战争对物资的依赖和消耗都是巨大的，"凡兴师十万，出征千里，百姓之费，公家之奉，日费千金，内外骚动，怠于道路，不得操事者，七十万家"[②]，所以兵家普遍主张奖励耕战、富国强兵。战争不仅是政治与军事的角逐，更是经济的角逐。经济从根本上制约了战争的形式、进程和结局，发展经济乃是增强军力的物质前提和基本保障。

先秦兵家在认识战争时还非常注重整体性，从战前的充分准备、认真谋划到战争中积极求胜再到战后修功，整个过程都非常重要。在先秦兵书中很少有详细描述战争过程的，对于战争大篇幅的描述实际上集中于战前的谋略筹划和战后的善后措施，由此可见兵家关注的重点所在。战争的真正胜利不在于杀伤了对方多少人员、攻下多少城池，而在于如何"不战而屈人之兵"，用非战争的手段达到目的，所谓"上兵伐谋，其次伐交，其次伐兵，其下攻城"[③]。进行战争并打败了敌人的军队并不意味着就取得了最后的胜利，因为战争初衷是为了国家的生存或者强大，而不是把国家打得残破不堪，也不是让战败国的人民掀起更大的反抗浪潮，如何处理好善后问题关系到能否实现战争的目的。对于整个国家的利益和发展而言，这种全过程的意识是非常重要的。

与先秦其他学派相比，不攻击异端、不排斥他学也是兵家的特点之一。儒家为人们从事治国实践活动提供的是价值取向与指导原则，道家为人们从事治国实践活动提供的是哲理启迪和思维方式，法家为人们从事治国实践活动提供的是制度规范与操作程序，而兵家的治国思想更多表现为沟通以德治国和以法治国的关系，在道德自律和法令约束之间寻找适当的平衡点。

---

① 钟尉. 先秦兵家思想战略管理特质研究［M］. 经济管理出版社，2012：178.
② 《孙子兵法·用间篇》。
③ 《孙子兵法·谋攻篇》。

5.2 孙子的管理思想

孙子是兵家最伟大的思想家，其所著《孙子兵法》是我国古代最完整、最伟大、最著名的军事理论奠基之作，也是我国古籍在世界上影响最大、最为广泛的著作之一。《孙子兵法》被翻译成英、俄、德、日等20余种语言文字，全世界有数千种关于《孙子兵法》的刊印本。《孙子兵法》的意义不仅仅是一部军事著作，它更代表着炎黄子孙的智慧、思想、文化，是几千年华夏文明的结晶，是中华文明的智慧根基和源泉。《孙子兵法》内容博大精深，涉及战争规律、哲理、谋略、政治、经济、外交、天文、地理等方面，全而不偏，言简意赅；其思想精髓富赡，气势恢宏，哲理深远，论述精辟；其逻辑缜密严谨，结构紧密，体系完备，堪称古代兵学理论的宝库和集大成者。《孙子兵法》曾被誉为"前孙子者，孙子不遗；后孙子者，不遗孙子"。它所阐述的谋略思想和哲学思想，被广泛地运用于军事、政治、经济、经营管理等各个领域。《孙子兵法》今存本共13篇，分别是计篇、作战篇、谋攻篇、形篇、势篇、虚实篇、军争篇、九变篇、行军篇、地形篇、九地篇、火攻篇、用间篇，全书包含着十分丰富的管理思想。本节主要阐释孙子的战略管理思想、组织管理思想、危机管理思想、领导者素质等内容。

5.2.1 战略管理思想

《孙子兵法》包含着丰富的战略管理思想，包括环境分析、目标制定、战略决策、战略实施等方面。孙子说："是故百战百胜，非善之善者也。不战而屈人之兵，善之善者也。故上兵伐谋，其次伐交，其次伐兵，其下攻城。"[①] 意即百战百胜不算是高明中最高明的，不战而使敌人屈服，才算是高明中最高明的。所以用兵的上策是以谋略胜敌，其次是通过外交手段取胜，再次是使用武力战胜敌人，最下策是攻城。在这里，孙子强调了战略制胜的重要性。

---

① 《孙子兵法·谋攻篇》。

如何制定战略？首先，《孙子兵法·谋攻篇》中提出"知己知彼，百战不殆。不知彼而知己，一胜一负。不知彼不知己，每战必殆"。孙子十分注重战略环境的分析，他认为管理者要在做出战略决定前分析战略环境，对自身状况与战略对手的状况有一个全面的了解才能采取有效措施，赢得战略的胜利。在《计篇》中，孙子还提出战略胜负的核心在于"五事"，即"一曰道，二曰天，三曰地，四曰将，五曰法"[①]。"道"是指国家的现状，"天"是指天气气候，"地"是指地理条件，"将"是指指挥官的素质，"法"是指队伍的纪律组织状况。在这里，孙子要求军队的指挥官必须全方位地考量自己的军队所处的环境，对自身情况与胜败因素进行全方位的分析，将战略决策建立在对战略环境进行系统分析的基础上，提高战略决策的科学性与合理性。同时，孙子还认为队伍的武器装备、士卒的素质对战略的胜败影响巨大。因此，孙子认为，战略环境的分析对于战略胜败具有决定性作用。

其次，孙子作为春秋诸侯争霸的现实经历者，对战争给国家和人民带来的灾难有深切的体会。因此，孙子重视战略目标的确定，在《孙子兵法·计篇》中，孙子提出："兵者，国之大事，死生之地，存亡之道，不可不察也。"他认为战争是国家的大事，关系到人民的生死，亦关系到国家的存亡，必须谨慎对待。在管理中也是如此，对关系到组织团队生死存亡的重大战略，必须谨慎对待，慎做决定。在《谋攻篇》中，他还提出："是故百战百胜，非善之善者也；不战而屈人之兵，善之善者也。"孙子认为，最好的战略结果并非是每场战争都取得胜利，而是不进行战争就能够使对方屈服。在管理实践中，组织应当明确战略目标，确定战略目标的层次，制定相应的战略决策，探索最适合组织自身特点的战略手段。

再次，孙子十分重视战略计划的重要性。《孙子兵法·计篇》提出："夫未战而庙算胜者，得算多也；未战而庙算不胜者，得算少也。多算胜，少算不胜，而况无算乎？"在这里，孙子强调在作战之前，需要对战略进行策划，做出战略决策，制定详细的战略部署。另外，孙子还提出了"七计"，即"主孰有道？将孰有能？天地孰得？法令孰行？兵众孰强？士卒孰练？赏罚孰明？"[②]

---

① 《孙子兵法·计篇》。
② 《孙子兵法·谋攻篇》。

要求将领在作战之前对战争的正义性、将领的才能、环境状况、军纪是否严明、军士的战斗力、奖惩措施合理与否进行全面系统的分析，在综合各方因素的前提下，制订出合理的战略计划。

最后，在战略的实施阶段，孙子对如何实施战略进行了详细论述，提出了许多充满智慧的军事谋略。其中最具代表性的谋略和权变思想包括"兵以诈立""出奇制胜""兵贵神速"和"因地制宜"等。

兵以诈立。孙子在《计篇》中提出"兵者，诡道也"，认为作战是一门应用诡计的艺术。在孙子看来，运用诈术是取得战争胜利的重要手段，指挥官需要熟练巧妙地运用诈术，将自身的真实情况隐藏起来，制造假象，迷惑敌人。在《孙子兵法》中，孙子对于如何迷惑敌人进行了阐述："能而示之不能，用而示之不用，近而示之远，远而示之近。"① 在能够作战时佯装不能作战，本来可以利用的条件佯装不能利用，距离近要佯装成距离远，距离远则佯装成距离近。"形之，敌必从之；予之，敌必取之。以利动之，以卒待之。"② "行兵之极，至于无形。无形则深间不能窥，智者不能谋。"③ 通过利益诱惑对手上当，让对手难以掌握自身的状况，给对手造成假象，使其指挥决策出现失误等，都是孙子对于如何灵活运用诈术的具体阐释。

奇正结合，出奇制胜。在《势篇》中，孙子提出："凡战者，以正合，以奇胜。故善出奇者，无穷如天地，不竭如江河。"一般来说，战争都是双方对阵，采用奇招战胜敌人。因而，能够出奇制胜的将领，战术犹如天地一样千变万化，像江水一样滔滔不绝。孙子将出奇制胜的战术比作声音和味道，他认为奇特的战术就犹如声音和味道一样千变万化，不可胜数。管理者需要制定出人意料的战术，造成对手在应对上的措手不及，采用不同寻常的战术来打击对手，做到"出其不意，攻其无备"。

兵贵神速。孙武是典型的速战速决式战斗的推崇者。对于兵贵神速，《孙子兵法》中多次提到，如"兵贵胜，不贵久"④ "兵之情主速"⑤ "善战者，其

---

① 《孙子兵法·计篇》。
② 《孙子兵法·势篇》。
③ 《孙子兵法·虚实篇》。
④ 《孙子兵法·作战篇》。
⑤ 《孙子兵法·九地篇》。

势险,其节短。势如强弩,节如发机"①等。他认为,作战要速战速决,以快制胜,长期的战争对于国家和军队来说都是不利的。孙子在《作战篇》中提出"兵闻拙速,未睹巧之久也。夫兵久而国利者,未之有也",他反对作战时拖泥带水,行动迟缓,认为缓慢的军事行动是难以取得胜利的。在组织管理中,管理者应当提高管理的效率,削减烦琐的项目,消除影响管理活动的不利因素,在战略决策时把握先机,对形势做出敏锐的反应,尽量集中有限的资源,采用快捷高效的手段实现战略目标。

因变制宜,因敌制胜。孙武反对教条地使用战略战术,主张根据环境的不同与敌人的变化制定相应的战术措施。《孙子兵法·虚实篇》中说:"水因地而制流,兵因敌而制胜。故兵无常势,水无常形,能因敌变化而取胜者,谓之神。"水流因为地势的不同选择流向,作战则需要根据敌情的变化来制定取胜的战术,因此作战没有一成不变的态势,就像水没有固定的形态,能够根据对手的变化而制定取胜战术的,就掌握了用兵作战的精神。战争形势是千变万化、多种多样的,指挥官需要根据形势的变化而随机应变,制定专门的战术来适应形势的变化。在具体的操作层面,孙子在《计篇》中提出:"利而诱之,乱而取之,实而备之,强而避之,怒而挠之,卑而骄之,佚而劳之,亲而离之。"根据敌方所处的状态和特点,采用相应的战术与对方周旋,做到"战胜不复,而应形于无穷"。

在实施战略计划的过程中,常常会出现一些意料之外的事情,这要求将领因形用权,通过一些曲折的办法改变不利因素,从而保证整体计划的实施。兵家十分注重战略计划实施过程中的权变。《孙子兵法·九变篇》指出:"凡用兵之法,将受命于君,合军聚众,圮地无舍,衢地合交,绝地无留,围地则谋,死地则战。涂有所不由,军有所不击,城有所不攻,地有所不争,君命有所不受。"也就是说,将领在带兵打仗的过程中一定要根据具体的地形和局势进行权变。当然,适当的变通并不等于放弃原定的战略计划,而是要通过灵活的方式来实现它。而且权变要考虑战略大局,有时候要放弃小的战略计划来保证整体战略计划的实施。在战略计划实施的过程中我方不一定总处于主动地位,常常会因敌方的攻击而陷入困境。这时将领就需要掌握一些摆脱困境的应变

---

① 《孙子兵法·势篇》。

策略。

此外，孙子还提出了"避实就虚""集中歼敌""迂直制胜"等权变思想。

5.2.2 组织管理思想

孙子很早就认识到了军队组织管理的重要性，在《孙子兵法》中对军队如何进行组织管理做了专门论述。组织的领导者对于组织的生存和发展起到关键作用。在军队中，将领的素质在很大程度上影响着整支军队的战斗力。如何选择军队的将领，孙子认为："将者，智、信、仁、勇、严也。"[①] 他要求军队的将领须具备智慧、信用、仁爱、勇敢、严格的品质。智是一个领导者最重要的品质，在战争中，如果缺乏智慧，光有仁爱和勇气，那么就会成为匹夫之勇。此外，知、谋以及用间等都和"智"密切相关，只有智将才能做到先知，并根据信息使用谋略，从而克敌制胜。所以孙子说："知兵之将，民之司命，国家安危之主也。"[②] 可见，"智"在《孙子兵法》中的重要性。当然"勇"也很重要，如果有智慧，却没有勇气去实施，再好的战略都是空的。除了"智"和"勇"之外，孙子还提出"信""仁""严"三种德行。这三种德行主要关系到组织管理的成败。任何组织、国家、军队乃至任何团体，如果没有信任，都将很难维持。古代国家的组织比较简单，"将"在平时不仅要负责战争的计划和准备，在战时更要负责军队指挥和管理，治军将领如果不能在士兵心中建立信任，就不可能维持军队的战斗力。同时"仁"也是维持军队战斗力和凝聚力的重要力量，孙子提出"视卒如婴儿，故可以与之赴深溪；视卒如爱子，故可与之俱死"[③]，讲的就是仁爱的作用。"严"也是为将之道的重要条件，战争关系重大，将的责任重大，要求为将者一定要严明。因此，对于组织来说，组织的领导者需要具备全面素质，才能实现对组织的有效管理，因而，组织在选择管理者时，应当全面考量候选人的综合素质。只有具备组织领导者所必备素质的人，才有资格担负起组织的领导重任。同时，孙子也提醒人们，管理者不仅要具备优秀的才能，还应具备高尚的品德，德才兼备是选择组织管理者的重要标准。

在如何有效地组织管理军队方面，孙子提出了以下主张：

---

① 《孙子兵法·计篇》。
② 《孙子兵法·作战篇》。
③ 《孙子兵法·地形篇》。

第一，择人任势。在《势篇》中，孙子着重讲述了任势的重要作用。"故善战者，求之于势，不责于人，故能择人而任势。任势者，其战人也，如转木石。木石之性，安则静，危则动，方则止，圆则行。故善战人之势，如转圆石于千仞之山者，势也。"① 能征善战的将领总是能利用态势，而不是苛求下属，因而他们总是能善于利用现有人才去创造和利用有利的态势。同样，作为组织管理者，应当充分发掘组织成员的潜力，调动团队的积极性，激发团队成员的才能，发挥团队的战斗力，创造出有利于组织开展工作的环境，积极有效地开展组织工作。

第二，关心兵士。在《地形篇》中，孙武认为将领应当"视卒如爱子，故可与之俱死"。将领对待兵士像自己孩子一样，关心自己的士卒，那么士卒就会与将领一起共赴患难，同生共死。组织的管理者应当积极关心自己的下属，身先士卒，与下属共患难，这样才能得到下属的信任与支持，下属的积极性才会得以充分调动，从而提升团队士气，提高团队的战斗力。不过孙子认为爱护士卒也应有一定限度，反对过分溺爱士卒，提出"厚而不能使，爱而不能令，乱而不能治，譬若骄子，不可用也"②。过分溺爱士卒，厚待而不加使用，爱护而不加管教，违法乱纪而不予惩治，士卒就像娇惯的孩子一样，就不能用来作战。管理者对下属的关心也要把握好度，做到适可而止，在爱护下属的同时，应当对下属加以管束，帮助下属改正缺点，纠正下属的不正之风，使下属在感受到组织温暖的同时，遵守组织的纪律，专心为组织服务。

第三，赏罚分明。孙子主张在军队中建立严格的赏罚机制，制定适宜的赏罚标准，从而调动士兵们的积极性。孙子认为，赏罚必须有一个合理的限度，要根据现实情况，酌情实施赏罚政策。对此，在《行军篇》中，孙子提出："卒未亲附而罚之，则不服，不服则难用也；卒以亲附而罚不行，则不可用也。"士兵没有亲附就对其错误进行惩罚，士卒会不服，便难以调度；而士卒因为亲附而不惩罚他们犯的错，那么士卒就会不服从命令。组织的管理也是同样的道理，严格的赏罚机制是维护组织运行的重要保障，通过赏罚，可以严格规范组织成员的行为，引导组织成员努力的方向。组织成员是否按照管理者的

---

① 《孙子兵法·势篇》。
② 《孙子兵法·地形篇》。

意愿行动，很大程度上取决于奖惩制度的合理性与执行力。因此，组织的奖惩制度必须公正严明，做到功必赏、过必罚，这样才能真正树立威信，获得下属的认同。

第四，建立严明的组织纪律，使组织"若使一人"。严明的组织纪律是一支军队的灵魂。孙子主张在平时对兵士应当严格训练，加强管理，打造一支训练有素的军队。孙子在为吴王训练军队时就十分强调组织纪律，要求军队令必行，禁必止，做到军纪严明，上下一致。一支军队，不管人数有多少，都应该是统一的整体，由众多个体组成的整个组织，其运作行动犹如一人，这是作为军事领导者组织建设的理想目标。《九地篇》指出："善用兵者，譬如率然；率然者，常山之蛇也。击其首则尾至，击其尾则首至，击其中则首尾俱至。……故善用兵者，携手若使一人，不得已也。"军队的组织机体犹如一条蛇，是个统一体，高度灵活、反应灵敏，首尾协调一致，这是组织建设的目标，也是组织凝练的最高境界。庞大的军队人员虽然有一定的组织编制，不同的战斗部队有不同的分工，不同职位的领导者也有相应的分工与职责，但在战争的过程中，"分"绝对不是目的，而是达到组织高度灵活性的手段。在"分"基础上的协作、合作才是目的，这是组织管理的精髓和要义。

5.2.3 危机管理思想

危机管理的很多思想起源于战争理论，战争是世界和平的最大威胁，也是最大的危机所在。《孙子兵法》中的危机管理思想主要有以下方面：

1. 危机预案思想

孙子在《计篇》开篇指出："兵者，国之大事，死生之地，存亡之道，不可不察也。"他把战争定位为国家的头等大事。战争是引发社会危机的主要类型，应急管理也同样是国家稳定发展的头等大事。社会危机事件关系到群众的安危和社会的安定，是不能不谨慎观察和分析的，因此应急预案的重要性显而易见。只有充分做好应急预案工作，才能沉稳应对社会危机乃至战争。

众所周知，危机与战争一样，有着巨大的破坏性和不确定性，什么时候会发生什么危机，发生在什么地方，破坏性有多大，结果将会怎样，谁也说不清楚。所以，孙子曰："无恃其不来，恃吾有以待也。无恃其不攻，恃吾有所不可攻也。"① 只有做足做好应急事件的准备,才能保存自己,继而破敌取胜。不要寄希望于敌军不来进犯,而要依靠自己的充分准备,严阵以待;不要寄希望于敌人不来进攻,而要依靠自己的准备使敌人无法进攻,时时刻刻都要保持着有备无患的意识。危机准备过程中须加强战略规划,做好应急预案,考虑到突发事件发生时会涉及的方方面面,抓住重点在各方面做好应对措施。

2. 应急指挥思想

孙子非常注重信息情报在应对危机中的重要作用。《孙子兵法·用间篇》说:"不知敌之情者,不仁之至也,非人之将也,非主之佐也,非胜之主也",情报是"三军之所恃而动也"。这就是说军队要依靠情报才能行动。在危机发生的时候要通过信息来源确认、信息收集和信息分析等手段在第一时间了解危机发生的现状及原因。在危机中,舆情控制非常重要。其主要步骤就是监测与收集、分析与挖掘、控制与引导。在监测与收集的过程中,要运用各种手段对事物开展调查,广泛收集舆情信息,及时了解和掌握有关危机舆情的最新进展。

在应对危机时,孙子认识到部门组织结构和指挥系统对应急管理的重要性。"故善用兵者,譬如率然。"② 孙子认为,危机管理的成败往往取决于领导者对其下属人员的组织、指挥和管理,只有善于选择人才去创造和利用对应急工作有利的态势,才能取长避短,打赢危机应急这场硬仗。危机事件不管大小,都需要依靠合理完善的组织管理和科学灵敏的指挥系统来应对。具体的应急指挥工作,应以健全、得力的指挥体系为基础,正确调配各部门人员,虚实结合,这样才能出色地完成应急任务。孙子说:"善用兵者,役不再籍,粮不三载,取用于国,因粮于敌,故军食可足也。"③ 善于用兵,多方筹资,有效利用周围一切可利用的资源来先期救灾与应急,这样才能主动而合理地应对危机。

3. 应急响应思想

《孙子兵法》中的应急响应思想主要有以下方面:

其一,兵贵其和,上下同欲。"兵贵其和""道者,令民与上同意也,故可

---

① 《孙子兵法·九变篇》。
② 《孙子兵法·九地篇》。
③ 《孙子兵法·作战篇》。

与之死，可与之生，而不畏危也"①。就是说老百姓和政府领导者要上下同心，强调民心在解决社会危机中的作用。应急响应需要多方力量参与，共同应对危机。

其二，兵贵神速，久战必败。"故兵贵胜，不贵久。"② 孙子认识到了应急响应时间的重要性——快速是应急救援的灵魂。作战最重要、最有利的是速胜，最不宜的是旷日持久。如《孙子兵法·作战篇》所述："其用战也贵胜，久则顿兵挫锐，攻城则力屈，久暴师则国用不足。"所以在应急响应中要善于充分合理利用自己的力量，做好各方面的准备，坚持速战速决的原则，绝不要自负足智多谋而恋战，长期战争必然导致军队疲惫，国力不足，给敌人可乘之机。由于社会危机瞬息万变，所以在应急响应工作中必须最大限度地集中可用资源，迅速部署并实施。

其三，对症下药，应形于无穷。"人皆知我所以胜之形，而莫知我所以制胜之形。故其战胜不复，而应形于无穷。"③ 任何一次危机事件的发生都是不完全相同的，因而也就不可能完全重复过去的工作经验。由于社会危机事件的不确定性、突发性、非常规性、连锁反应等特点，应急响应应在切合实际的前提下，具体分析危机情况，然后参考过去的工作经验，对症下药，"应行无穷"，灵活变通地运用应急响应体系。

5.2.4 领导者素质思想

由于战争对于国家和人民生死攸关，所以，作战各方都期望打赢战争，而要打赢战争，统帅的作用不仅是至关重要的，而且是不可替代的。正因为如此，《孙子兵法》十三篇都贯穿着对将帅的最高要求，孙子非常慎重地提到"夫将者，国之辅也，辅周则国必强，辅隙则国必弱"④。他认为将帅是国君的助手，辅助得周密，国家就会强盛，辅助有缺陷，国家就要衰弱。因此，孙子对将帅的要求也极为严格。

既然将领在战争中起着至关重要的作用，那么，具备什么样素质的将领才能够带领军队打胜仗呢？孙子在《计篇》中提出的标准是："将者，智、信、

---

① 《孙子兵法·计篇》。
② 《孙子兵法·作战篇》。
③ 《孙子兵法·虚实篇》。
④ 《孙子兵法·谋攻篇》。

仁、勇、严也。"梅尧臣注曰："智能发谋，信能赏罚，仁能附众，勇能果断，严能立威。"① 意思是说，（为将者）有智力能够形成谋略，讲信用能够做到赏罚分明，仁义能够做到众人归附，勇敢能确保遇事果断，纪律严明能确立自己的威信。与儒家所提出的"智、仁、勇"三"德"的标准相比，作为兵家的孙子增加了"信"与"严"的内容，强调信守诺言与纪律严明对于为将之人的重要性。"智、信、仁、勇、严"被后人称为"为将五德"。

5.2.4.1 关于为将之智

智，就是智谋、智慧、智力。孙子从智的角度强调："是故智者之虑，必杂于利害。杂于利而务可信也，杂于害而患可解也。"② 战争对将军的思维模式提出的要求是"杂于利害"，也就是说，要从事物的两面性去思考问题，不局限于片面，不走极端。在不利的情形下，要看到有利的一面，而在有利的情况下，更要看到不利的一面，这样，才既不会因为丧失信心裹足不前，也不会因为麻痹大意而出问题。要成为"智"的将领，首先要具备渊博的知识，谓之为外智。作为职业军人，军事理论是必修课程。但是，如果只研读兵书，而对于政治、经济、地形、气候、人文、科技等因素不了解，在实战中会捉襟见肘。相对而言，内智比外智更重要。将知识恰到好处地运用到实战，谓之为内智。内智的发挥，需要将领通晓辩证思想。兵者诡道，在瞬息万变的战场上，将领墨守成规很容易让对手摸清套路并施以反制。有辩证思想的将领，擅长逆向思维，往往能够突破条条框框，着眼于常人熟视无睹之处而出奇制胜。只有富于智慧的将领，才有可能达到"不战而屈人之兵"的至高境界，以最小的损失实现战略目的，这才是最具智慧的。

5.2.4.2 关于为将之信

信，就是赏罚有信，就是诚实不欺。孙子从信的视角强调："令素行以教其民，则民服；令不素行以教其民，则民不服。令素行者，与众相得也。"③ 意思是说，要用平素发布的军令都坚决执行的事实来教育士卒，这样，士卒们才会信服；如果平素发布的军令不能严格执行，而试图去管教士卒，士卒们是难以信服的。将帅平时的命令能够被认真执行，将帅与士卒们相处融洽，就可

---

① 《十一家注孙子·计篇》。
② 《孙子兵法·九变篇》。
③ 《孙子兵法·行军篇》。

以让士卒与之生死与共。

5.2.4.3 关于为将之仁

孙子从仁的角度主张："视卒如婴儿，故可与之赴深溪；视卒如爱子，故可与之俱死。"① 他认为，为将之人应该像爱护婴儿一样爱护自己的士卒，这样士卒便甘愿与他同甘苦、共患难；要像对待爱子一样对待自己的士卒，这样士卒便甘愿与他同生共死。

5.2.4.4 关于为将之勇

勇，就是勇敢、胆量。孙子从勇的角度倡导将领之勇敢，孙子的"勇"具有更多杀伐的味道。真正的将领应当深谙生死的哲理，明白何谓死得其所，在对待死亡上有明确的价值判断，否则，很难想象在危难之时仍保持抗争的勇气。古人言：狭路相逢勇者胜。在对阵双方势均力敌之时，勇气往往成为影响胜败的决定性因素。

5.2.4.5 关于为将之严

严，就是纪律严明。孙子以自身的实际行动诠释了对严的要求。据《史记·孙子吴起列传》中记载的"吴宫教战"的典故，鲜明地反映出孙子对"严"的追求。春秋末期，齐国人孙子以兵书献于吴王阖闾，阖闾希望孙子当场演示其兵法，并允许他以宫女做试验。孙子将宫女们分为两队，并任命吴王的两位宠姬分别担任队长，令所有宫女手持兵器，在约定好口令、宣布完纪律之后，击鼓发令向右，宫女们嘻嘻哈哈，不听指挥。孙子再次申明军纪，又击鼓发令向左，宫女们仍大笑不止，不执行命令。于是，孙子下令斩杀两位担任队长的宠姬，并指出，如果军令不明，是指挥者的失职；如今军令已明，却没有人去执行，就是士卒的责任。吴王出面求情，孙子指出，将在外，"君命有所不受"②，令人斩杀了两位宠姬。众宫女一时肃然起敬，严格按照孙子的号令操练。吴王领略到了孙子高超的军事指挥才能，委任他担任将军。在战争中，只有打造出一支纪律严明、有战斗力的军队，才能攻无不克，战无不胜。

总的来说，"全此五才，将之体也"，也只有"五德皆备，然后可以为大将"，③ 具备以上五种素质的领导者才称得上是一位优秀的领导者。

---

① 《孙子兵法·地形篇》。
② 《孙子兵法·九变篇》。
③ 杨丙安校理. 十一家注孙子 [M]. 中华书局，2012：166.

5.3 兵家管理思想的现代价值

先秦兵家以《孙子兵法》为代表的管理思想是我国传统管理文化的重要组成部分。先秦兵家思想仍然深深地影响着东方现代企业管理，如松下幸之助等非常推崇以《孙子兵法》为代表的先秦兵家思想，并把这些思想运用到企业管理实践中。直到今天，先秦兵家思想中许多积极的、值得借鉴的管理智慧，无论对国家管理还是企业、社会组织等的管理都具有极强的应用价值，尤其是在商业领域，《孙子兵法》和企业管理活动深入结合已成明显趋势，在商业竞争方面的应用最为广泛。此外，《孙子兵法》的危机观及领导思维为现代危机管理和现代领导思维提供了有益的启示。

5.3.1 兵家战略思想在企业战略管理中的运用

在现代市场经济条件下，企业参与竞争、建立并提升竞争优势的最重要任务之一就是必须高度重视和实施企业经营战略管理，尤其在市场环境多变、竞争十分激烈的情况下，战略管理的重要性更为突出。企业未来长远的发展方向，必须以战略为基础，企业的一切生产经营活动，都要以战略为指引。因此，借鉴《孙子兵法》的战略运筹，研究企业在复杂多变的环境中如何及时地做出战略性抉择和制定应变性措施，加强战略管理，这是企业竞争制胜之本。

5.3.1.1 战略环境分析：知彼知己，未战先算

《孙子兵法·谋攻篇》说："知彼知己，百战不殆；不知彼而知己，一胜一负；不知彼不知己，每战必殆。"《孙子兵法·计篇》说："夫未战而庙算胜者，得算多也；未战而庙算不胜者，得算少也。"其本义是：既了解敌人又了解自己，百战都不会失败；不了解敌人而只了解自己，胜败的可能各半；既不了解敌人，又不了解自己，那就每战必败。凡是开战之前在庙堂中计划、预计可以打胜仗的，是因为策划周密，胜利条件多；未开战之前预计不能胜取的是因为计算不周，得胜的条件不充分。在这里，孙子用简洁、鲜明的语言，说明了战争指挥者了解敌我双方情况的重要性，以及这种了解同战争胜负的关联，从而

揭示了心中有数才能正确决策这一指导战争的普遍规律。将这一规律运用于企业经营实践中，告诫经营管理者在正确的思想和方针指导下，首先必须对企业的经营环境进行分析，深谋远虑，得算多，控制较多的得胜条件，以我之优势对竞争对手之劣势，这是百战都不会失败的先决条件，也是企业经营战略决策的第一道程序。

何谓彼？何谓己？在企业经营管理实践中，在不同范畴、不同条件下，"彼"和"己"的具体对象和具体内容是各不相同的。在制定经营战略时，企业为主体，外部环境为客体，"己"和"彼"以企业的内和外来划分；在与竞争对手较量的过程中，本企业则为"己"，对手则为"彼"；在处理人际关系时，管理者自身为主体，上级、下级、同级均为客体，这时的"己"是管理者，"彼"则是他人。现代企业管理中，所谓"彼"是一个广义的、时空的概念，是指企业经营外部环境的各种因素的总和，如政治因素、经济因素、社会因素、法律因素、人口因素、文化因素、心理因素、科学技术因素、自然因素、市场竞争因素等；所谓"己"是指企业内部员工、资金、物资、设备、产品、技术、目标、任务等因素，表现为企业的经营管理水平、竞争能力、应变能力等方面。"知彼知己""未战先算"，通过对企业外部环境的研究、分析，搞清楚企业的有利条件和威胁，企业能否利用机会避开威胁，则要通过对企业内部条件的分析评价之后，做出判断；弄清企业的现状，明确自己的优势和劣势、长处和短处及内部的潜力，从而为经营战略决策提供前提条件。

在现代企业管理中，"知彼知己""未战先算"，在做好外部环境研究与内部条件分析的同时，特别要注重内外协调的信息化问题。知彼，掌握企业的外部环境信息；知己，是对企业内部信息流的了解和控制。外源信息在企业管理信息系统中由两种不同流向的信息组成：一种是情报信息，即企业外部经营环境的各种因素。这种信息流是外源内向流，它对于企业确定经营战略目标，制定经营战略计划具有长远的意义。另一种是企业的资讯信息，即企业内部向外发出的各种信息在各方面所引起的反应，如服务、品牌及营销活动等的反馈信息。企业内部的信息流是指情报信息流入企业后与内部产生的信息汇集在一起共同流向企业管理工作者的过程，企业内部的信息不仅在管理者与被管理者、上级与下级之间垂直流动，而且在各部门、各环节之间平行流动。因此，控制企业内部的信息流是"知己"的重要内容。在现代企业中，用于经营战略决策和指导行动的各种信息大量聚集并被迅速传送、处理和运用，它们已成为企业一种新型的重要资源，即信息资源。为了充分利用这种资源，必须协调内外信息，建立电子计算机辅助管理信息系统，充分发挥信息资源在企业经营战略决策中的作用，及时准确地获得战略信息，对出现的"机会"不放过，对即将出现的"威胁"能及时预防，做到心中有数，这样方能制定出正确的经营战略决策。

5.3.1.2 战略目标的确定：经五事，校七计，而索其情

《孙子兵法·计篇》说："经之以五事，校之以计，而索其情"，"计利以听，及为之势，以佐其外。势者，因利而制权也"。其本义是：要从五个方面分析研究，从七个方面比较计算敌我双方的优劣条件，以探索战争胜败的情势，设法制造有利的态势，根据情况采取相应的行动。这是孙子常用的定计之法。知彼知己掌握了敌我双方的情况后，要尽可能地把情况转化为若干可计量的数，即使是彼己的一些特殊理念和心理性要素，也要有特定术语和相应的衡量标准，再对各种数进行"算计"，全面衡量，然后采取相应的行动，即确定战略目标，选择战略。这就是企业经营战略管理过程的第二道程序。

在现代企业管理实践中，经营管理者在制定经营战略时，真正的困难不是确定需要哪些目标，而是决定如何设立这些目标。因此，孙子的经五事、校七计，而索其情、知胜负的"算计"方法，对企业设立经营战略目标有着积极的指导意义。它强调无论设立目标还是拟定计划，都不能以管理者的主观意愿为前提，而是在知彼知己的前提下，对彼己的情况进行认真的分析研究，用"算计"的方法，即现代管理中所谓定性和定量分析相结合的方法设立目标才是合乎逻辑、符合主客观情况的，这种目标才是切实可行和能够实现的。

5.3.1.3 战略计划的制订：以变应变，因敌制胜

《孙子兵法·虚实篇》说："水因地而制流，兵因敌而制胜。故兵无常势，水无常形；能因敌变化而取胜者，谓之神。"其本义是：水因地形的高低而制约它的流向，用兵要根据敌情而决定取胜方针。所以，用兵作战没有固定不变的方式方法，就像水流没有固定的形状一样，能根据敌情变化而取胜的，就叫作用兵如神。同样，在企业经营管理实践中，按照前面所述确定了经营战略目标后，还必须依据变化了的市场情况、竞争对手的情况进行应变，制订制胜的经营战略计划，以指导本企业未来的发展方向。这是企业经营战略管理过程的

第三道程序。

"以变应变,因敌制胜"这一制订经营战略计划的法则是现代企业在多变的环境中求生存、争发展的有效法则。其原则是:既要把握市场现实的需要,又要研究用户未来的潜在需要;既要考虑产品的有形实体的性能、可靠度,又要研究对用户服务所产生的无形影响;既要做出在产品开发设计、生产设计和产品销售等方面满足市场需求的安排,又要在企业的组织机构、财务预算、人员合作、规章制度、激励措施等方面以适应和满足市场需求为出发点和归宿点。

应用"以变应变,因敌制胜"法则制订经营战略计划的程序主要如下:(1)根据市场需求决定经营目标,确定产品结构。要具体到生产什么产品、生产多少、质量标准如何。(2)由经营目标和产品结构决定组织和资源配置。包括机构设置、技术准备、设备更新、原材料供应与平衡等。(3)由组织机构决定企业的定岗、定员以及用人标准。(4)由经营目标、组织机构、资源平衡配置决定财务预算、收支计划及盈亏计划。(5)根据组织机构的运转、生产监控的要求建立规章制度和激励措施等。

应用"以变应变,因敌制胜"法则来制定企业经营战略,必须遵循以"需求为中心、以用户为本位"的需求导向型管理原则,一切围绕满足用户需要而运转,这是区别于传统经营管理以"生产为中心、以企业为本位"的生产导向型管理原则之根本所在。

5.3.1.4　战略实施:并兵向敌,巧能成事

未战先算,知彼知己,经五事,校七计,因敌制胜,到此是否可以说筹算、定计、用计过程就结束了呢?还没有。《孙子兵法·九地篇》说:"为兵之事,在于顺详敌之意,并敌一向,千里杀将,此谓巧能成事者也。"其本义是:用兵打仗,要集中兵力,攻敌一个方面,长驱千里,擒杀敌将,这就是所谓巧妙能成大事。这里孙武定计、用计,特别强调"并兵向敌",乘势而行,进而夺取战争的最后胜利。在企业经营战略管理中,如何理解和应用"并兵向敌"法则呢?管理者的责任不仅要为企业制定经营目标和经营计划,而且还必须就企业经营战略的实施做出一系列决定,这就是企业经营战略管理的第四道程序,即制订实施经营战略计划的行动方案。具体应包括如下内容:实施战略计划的程序,资源的配置,为保证实现战略计划,企业上下各层次必须遵守的法

规,为各下属单位制定的战术目标,为实现目标拟采取的技术组织措施等。而要保证行动方案的有效性,必须明确企业力量的投向,并兵向敌,巧能成事。那么,如何"并兵向敌"呢?我们认为可把握以下方面:

其一,抓住目标,并力而行。《十一家注孙子·杜牧》说:"若已见其隙有可攻之势,则须并兵专力,明向敌人。虽千里之远,亦可擒其将也。"其意是,选准了对方间隙薄弱处的目标,就要果断用兵,集中优势兵力,打歼灭战。在企业经营战略决策中,看准了市场、产品,就要全力去干。

其二,选定突破口,并兵于主攻方向。企业的资源是有限的,要以有限的资源去满足市场需求,实现经营战略目标,管理者就不能不选定突破口,集中力量于主攻方向。企业的主攻方向在哪里?由于各企业所处环境和内部条件不同,影响和决定企业经营战略成败的原因也各不相同,因而,各企业行动计划的主攻方向不可能完全一致。如有的企业行动计划的主攻方向是提高产品质量,保持传统名牌;有的则是开发新产品和高技术含量的产品;有的则是降低消耗,继续保持成本优势;有的则是提高服务质量和水平;等等。

其三,创造需求,巧能成事。并兵向敌法则按我国兵书注释,还含有另一层积极意义。《十一家注孙子·贾林》说:"能以利诱敌人,使一向趋之,则我虽远千里,亦可擒杀敌将。"在现代企业经营战略中称之为"诱'敌'使趋法",即所谓创造新产品、创造市场、创造需求。现实中,大凡在创造新产品、创造需求上成功的企业,都是经过知彼知己的认真调研,在技术上、经济上经过可行性论证后,集中人力、物力、资金并力而行,巧能成事的。

5.3.1.5 战略控制:择人任势,败道有六,将有五危

在战略实施过程中,还需要进行战略控制,这是战略管理的最后一道程序。孙子将战略控制的重点放在人,然后通过人来控制竞争态势的发展。他强调要善于"择人任势",并多次提出为将的重要性,为将的素质要求。孙子十分强调将要有五德(智、信、仁、勇、严),将也有五危(必死、必生、忿违、廉洁、爱民),并指出六种失败的原因("败道有六":"走""驰""陷""崩""乱""北")。这六种失败的原因都是主将之过。在企业经营和市场竞争中也是如此,任何优秀的企业都必然有优秀的领导者,而失败的企业绝大多数都是领导者战略决策失误所造成的,所以要进行战略控制,首先就要选择合适的企业领导者(择人)。

其一，择人任势。在《孙子兵法·势篇》中有言："故善战者，求之于势，不责于人，故能择人而任势。"意思是善于指挥打仗的将帅，他的注意力放在"任势"上，而不苛求部属，因而他能够选到适当的人才，利用有利形势。在战略目标的实施过程中，需要有能够领会最高统帅意图、按预定方案行事，但又能随机应变的出色将领。在商业竞争中，同样会遇到选择合适人选去完成企业战略目标的问题。一般来说，可按照高层、中层、基层的结构和特点，选择具有特色的、能完成自身任务的合适人选。领导能力更多的是建立在个人影响力和专长以及模范作用基础上的。而每个人形成这一优势的基础是不同的，凭借各不相同的特长和能力结构，个人在组织中被推举到某一领导位置。一个人不可能在所有的地方都强于别人，只可能在某些方面或多或少地高于别人。因此，对待高层领导者，我们不能求全责备，而要根据他们的特长和能力结构，组成最优的人才组合。在这个组合中，既要能发挥他们每个人的特长，又能互相补充各自的缺陷，并且形成系统和群体优势，以保证对战略目标的控制。

其二，崩乱之败。《孙子兵法·地形篇》说："故兵有走者，有弛者，有陷者，有崩者，有乱者，有北者。凡此六者，非天之灾，将之过也。……大吏怒而不服，遇敌怼而自战，将不知其能，曰崩。将弱不严，教道不明，吏卒无常，陈兵纵横，曰乱。"孙子认为，部将怨怒而不服从指挥，遇到敌人擅自出战，主将又不了解他的能力而加以控制，就会导致失败。主将软弱而又缺乏威严，训练教育不明，吏卒无所遵循，布阵杂乱无章，也会导致失败。崩乱之败，和"走""弛""陷""北"一起，都不是因为天灾而是由于将帅的过失所致。孙子在这里提出了将帅必须注意的两个问题：一是对中层管理人员的控制；二是对士卒的控制。二者都取决于平时的认真训练和树立威严。

在现代企业管理实践中，企业高层主管控制的重点应该在中层。这不仅符合单一指挥的组织原则，而且能够高效率地完成战略控制任务。单一指挥是组织工作中一条重要原则。企业高层主管不越过中层对低层进行直接管理，要防止政出多门，遇事扯皮、推诿的现象发生，这样才能保证有效地协调各方面的力量、各单位的活动。同时，作为高层主管，其时间和精力有限，必须委托一定数量的人（中层管理者）分担其管理工作。通过各中层管理人员反馈的专门性的信息总汇把握企业的状况；通过对每位下属进行充分、有效的指导和监督，将企业的运作控制在符合战略实现的轨迹中，并通过命令的传递影响企发展的速度和方向。这样，高层主管可以从烦琐的日常事务中解脱出来，更多地集中于战略性问题的思考和控制，从而高效率地完成战略控制任务。

普通的控制是对发生后和发生中的事件的纠偏过程，即事后和事中控制。一个好的控制应该表现在事情发生之前，即事前控制，又称前馈控制，是指主管人员对即将出现的偏差有所认识，及时采取措施预先防止问题。在管理中，对"前馈控制"这种面向未来的控制方法十分重视。

一个好的主管平时就应该严加训练，提高职工的素质和水平，并树立管理者的威严。任何一个追求效益的企业都必须有严明的纪律，生产、经营、人事、财务等各个部门都应有员工必须遵循的行为准则和工作要求。每个员工都应在企业中有明确的位置和相应的权利、义务，这就像军队的布阵一样。这样，在紧迫的工作任务面前企业就有足够的力量保证完成，而不会因管理松散导致措手不及，企业也能以足够的信心和实力迎接竞争者的挑战。

其三，将有五危。《孙子兵法·九变篇》中指出："故将有五危：必死，可杀也；必生，可虏也；忿速，可侮也；廉洁，可辱也；爱民，可烦也。凡此五者，将之过也，用兵之灾也。覆军杀将，必以五危，不可不察也。"孙子认为，将帅有五种致命弱点，即必死、必生、忿速、廉洁、爱民，这是军队覆灭、战争失败的根源。所谓必死，是指将帅勇而无谋，一味地拼死，往往被敌军诱杀。所谓必生，是指将帅贪生怕死不敢冒险，临阵畏怯，缺乏与敌人力斗的勇气，容易被敌人俘虏。忿速是指将帅性格忿激而急于求成，容易被敌人的侮辱所激怒，因而急躁冒进，招致失败。廉洁，这里是指廉洁好名，过于自尊。廉洁本来是一种好品德，但是过于追求廉洁的好名声，就可能因敌人所散布的流言蜚语而感到羞辱以致不顾利害得失，但求一战而雪耻，舍身以炫名，这也是很危险的。爱民本是将帅的一种好品德，是为将五德中仁的具体表现，但将帅的仁，应该是一种"大仁"，即是从大局出发，以取得战争的胜利为最大的仁，最大的爱民。为此不惜付出必要的牺牲和代价，而不应挂念于小的"爱民"和不忍。那样会被敌人的一些暴行所烦扰，以致顾此失彼，忙于应付，甚至被敌所诱，还可能由于不忍牺牲局部而危及整个全局。

"将有五危"启示我们，一个人的行动除了受理性支配外，还常常被一些非理性的东西所支配，如性格缺陷就是一例。战略控制的过程实质上就是对部下行为的纠偏过程。什么是影响战略实施的个人的性格缺陷？如何预防这种性格缺陷带来的不良影响？如果这种性格缺陷已经使战略发生了偏差，又该如何纠正偏差？这些都是战略控制应该考虑的问题。一般来讲，个人的性格缺陷包括优柔寡断、刚愎自用、急躁冒进等。但更重要的是我们应该认识到事物都有两面性，同一种性格在不同的环境、不同的条件下可能会产生不同的结果。现代人才理论认为管理者的才能包含智力因素与非智力因素两个部分。所谓智力因素是指人的注意力、观察力、记忆力、想象力与思维能力；非智力因素是指一个人所具有的个性特征，包括自觉性、独立性、探索性、冲动性、自控性、灵活性、坚持性等。而人的行为就是智力与个性结合的结果。行为对战略实施的影响就受到个性因素的制约，几乎每种个性在一定条件下都可能成为性格缺陷。例如一个人冲动性太强，就可能表现为急躁冒进；若坚持性太强，就可能表现为顽固保守。因此，预防性格缺陷造成失误的最好办法是择人任势。金无足赤，人无完人，用人如用器，应用其长而避其短。就战略控制而言，为了保证战略的正确实施，应设置力量制约引起偏差的行为。如在日本的很多企业里，决策是由中高层管理人员共同做出的，各个管理人员都清楚地了解战略目标及实施方案，因而可以自觉控制自己的行为。另外，某一个管理者的行为还应受到高层管理者或其他人的监督，防止失误的发生。尽管孙子的"五危"有不全面、不科学的地方，但为我们提供了一条重要思路，那就是将帅的性格缺陷会对战略实施产生影响，因而必须慎重考虑，严加管制。

总之，《孙子兵法》的战略管理思想内涵十分丰富，对企业搞高战略管理能力，提升竞争力，赢得竞争战略优势及可持续发展，实现基业长青，具有非常重要的现实意义。

5.3.2 《孙子兵法》危机观对现代危机管理的启示

在当今突发事件频发的背景下，孙子思想已不仅仅适用于军事，而是可以更多地被应用于公共管理和企业危机管理当中来，其思想对危机管理的事前、事中与事后三阶段都提供了有益的启示。

5.3.2.1 重视危机预警，做好应急规划与演练

孙子提出"上兵伐谋""多算胜，少算不胜""有备无患""以谋克敌，以智取胜"等应急预案思想，他认为，做好应急预案工作能够为预防和应对突发事件提供有序而充分的准备，是处置危机的首要因素。由于危机是非静态的，因此我们更应该强调的是应急规划，而非应急预案。

孙子强调:"作之而知动静之理。"① 只有对敌人进行多方面的接触,才能知道敌人行动的规律,以便更好地打击和瓦解敌人。在现代危机管理过程中,对应急预案的最佳检验就是危机管理实践。由于危机并非经常性发生,实战成本过高且其具有不可逆性,因而,更多的是通过演练来对应急预案进行检验。此外,演练是通过演习练习而达到熟悉的一个过程,可以将应急预案中对利益相关者的要求内化为下意识的动作,以便提高响应的效率。

5.3.2.2 加强危机沟通,构建保障体系

所谓危机沟通,是指在危机过程中,危机管理者与社会、公众之间建立良好的信息沟通。良好的危机沟通,有助于公共危机管理者做出应对风险的有效决策,能够防止危机的进一步演化,增强危机管理者的公信力,并使其树立起良好的公关形象。孙子曰:"上下同欲者胜。"当危机发生后,政府或相关组织负责人应对公众坦诚公布,第一时间披露事实真相,并告知采取的相关措施,构建危机管理保障体系。

从危机相关法制建设上来说,在塑造法治国家的同时,我们也需要构建完备的应急法律体系,使应急行为做到"有法可依、违法必究"。孙子曰:"善用兵者,修道而保法,故能为胜败之政。"② 一支军队必须修明政治,并且有严明的法制,才能保持持久的战斗力,在战争中取得胜利。从危机其他方面来说,孙子曰:"军无辎重则亡,无粮食则亡,无委积则亡。"③ 这强调了在处理危机事件时的资金、物资等保障措施。资金、物资是危机保障系统的基础,是政府应急管理的重要保障,因此,做好平时积累,就能够以虞待不虞,达到自保而全胜。

5.3.2.3 事后评估,做好危机总结

一般情况下,在危机事态已经得到有效控制之后,公共危机管理就会从响应阶段过渡为恢复阶段,也就是使社会生活和经济生活恢复到正常的阶段。在恢复过程中要注意整体规划、科学发展,全面消除灾难的各类影响,并以此作为考验及增强社会防灾、减灾、抗灾能力的契机,整体提升全社会抵御风险的能力和水平。同时,对危机的预防与处置机制进行调研考察,获取必要的信息

---

① 《孙子兵法·虚实篇》。
② 《孙子兵法·形篇》。
③ 《孙子兵法·军争篇》。

与数据，并在此基础上开展判断与评价活动。

危机事件调查评估的意义主要包括两方面：一方面，及时总结教训，弥补缺陷和不足。"能因敌变化而取胜者，谓之神。"① 孙子指出，要随着敌情的变化而不断变换自己的策略，去夺取胜利；另一方面，及时总结经验，完善机制、体制、法制和预案。"故善战者，致人而不致于人。"② 这样，在应对危机过程中相应的管理部门就可以提高管理水平，把握危机管理原则，抓住危机特征，制订出更加适合的方案预案，抓住治理危机的主动权，提高今后应对危机的能力与水平。

5.3.3 《孙子兵法》与现代领导思维③

"思维是地球上最美丽的花朵。"人类有了思维，才创造出灿烂的文化和辉煌的文明。孙武凭借其杰出的思维创作出世界"兵学圣典"——《孙子兵法》。《孙子兵法》能够超越时代、跨越国界、长盛不衰地激励、启迪和指引着古今中外各级各类的领导者们，其真正的奥秘就在于它具有充满着生机活力、深邃睿智、博大精深的唯物辩证的思维。

5.3.3.1 全局思维

全局：思维运行与调控的准则。无论是国君还是将帅，他们具体面对着的往往是一时一地、一军一卒等局部问题，然而当他们做各种谋划和选择的时候，切不可就事论事，就局部论局部，必须正确处理局部与全局的关系，立足局部，顾全全局，把维护全局利益作为思维运行与调控的准则。孙子一方面强调，将帅要在思想和政治上同代表国家全局利益的开明君主保持亲密无间的关系，而将帅作为一个具体现实的个人，无疑有着各自的志趣爱好和思想倾向，但这种个性的东西切不可片面突出，导致同国君的分歧、隔阂甚至分庭抗礼。相反，这种个性的东西必须纳入有利于国家强盛、避免国家衰败的正确轨道，做到同开明君主保持一致。"夫将者，国之辅也，辅周国必强，辅隙国必弱。"④

孙子在另一方面强调，将帅在实际利益的处置上，一定要使个人利益服从

---

① 《孙子兵法·虚实篇》。
② 《孙子兵法·虚实篇》。
③ 本节内容原载于苏州市孙武子研究会编：《孙武苑——'98苏州中日"孙子学术研讨会"纪实》，作者：钱锋、魏文斌，1998年，第106—110页。
④ 《孙子兵法·谋攻篇》。

整个阶级和国家的利益。"进不求名,退不避罪,唯人是保,而利合于主,国之宝也"①,"合于利而动,不合于利而止"②,"此安国全军之道也"③。将帅的一言一行,进退动止,不能从个人名罪得失考虑,只能从国家和民族的利益出发,这样国家和军队就会安定兴旺,这样做才是利国利民的法宝。

现代领导者肩负着改革开放和现代化建设的重任,面对众多的局部和异常复杂激烈的竞争以及种种诱惑,至关重要的是必须处理好局部和全局的关系,时时处处顾全大局,局部要无条件地服从全局。首先,在思想上、政治上同党中央保持一致。其次,在实际利益的思考上,必须一切从党、国家和人民利益出发,坚持实践标准、生产力标准和人民利益标准。思考任何事情,要想一想是否有利于发展社会主义社会的生产力,是否有利于增强社会主义国家的综合国力,是否有利于提高人民生活水平;还要想一想人民拥护不拥护,人民同意不同意。否则,就会导致"一着不慎,满盘皆输",或者"一失足成千古恨"。

5.3.3.2 唯实思维

唯实:求得正态思维的根本。"知彼知己,百战不殆"④;"知天知地,胜乃可全"⑤。"百战不殆""胜乃可全"的正确思想从何而来?孙子那个年代,是迷信盛行的年代,神灵、旧经和君主都有至高无上的权威,求得正确思想是求助于神灵、旧经的启示,依靠君主的指示,还是尊重客观事实?孙子认为正确思想认识"不可取于鬼神""不可象于事""不可验于度",就是反对迷信鬼神,反对用旧经作类比推理,也反对以仰视星辰的方法求得正态思维。至于国君的指示也不是"金科玉律",符合实际情况的就接受,不符合实际情况的则不接受,所谓将在外,"君命有所不受"⑥。孙子认为,正确思想只能来自对彼、对己、对天、对地全方位的侦察、调查而获得的感知,来自对感知到的丰富材料的"静而幽,正以治"的思考。孙子在这里的确表现出一种破除迷信,不唯神、不唯书、不唯上而要唯实的唯物主义的大无畏精神,真是难能可贵。

今天,我们要完成新的历史任务,建设中国特色社会主义没有现成经验可

---

① 《孙子兵法·地形篇》。
② 《孙子兵法·九地篇》。
③ 《孙子兵法·火攻篇》。
④ 《孙子兵法·谋攻篇》。
⑤ 《孙子兵法·地形篇》。
⑥ 《孙子兵法·九变篇》。

借鉴，也没有现成的结论可征引，不仅要冲破种种教条的束缚，而且要独立探索，敢闯敢创，各级领导应该继承发扬孙子那种破除迷信、解放思想的优良传统，"不唯书，不唯上，要唯实"，"解放思想，实事求是"。正如邓小平指出的："解放思想，开动脑筋，实事求是，团结一致向前看，首先是解放思想"，"一个党，一个国家，一个民族，如果一切从本本出发，思想僵化，迷信盛行，那它就不能前进，它的生机就停止了，就要亡党亡国"。

5.3.3.3 超前思维

超前：思维主动、创新的前提。"凡战者，以正合，以奇胜。"[①] 要求将帅出奇制胜。这变化无穷的奇首先是一种匠心独具的创新思维。这种创新是以超人之前、超事之前和超时之前的超前思维为前提的。"未战而庙算胜者，得算多也"，"多算胜，少算不胜，而况无算乎！"[②] 在作战行动之前，要深思熟虑，计算谋划，"算无遗策"。"上兵伐谋""不战而屈人之兵"[③]，更是超前察明敌之政治、军事动向，以巧妙的计谋使之不能得逞。

在当今知识经济时代，知识更新周期缩短，科学技术日新月异，突飞猛进，尤其是以信息革命和互联网为核心的科技革命，使"传统的经济结构发生了根本变化"，推动着市场革命和管理革命，推动着整个社会以至整个世界的巨大变革，呼唤着现代领导必须重视并掌握超前思维能力，高瞻远瞩，深谋远虑，不懈创新。

国际商用机器公司（IBM）前高级副总裁麦高地说过："不考虑适合当前市场需要的开发，好比一个人不呼吸；不做未来市场需要的研究，好比一个人不吃饭。不呼吸，几分钟就会死去；不吃饭，两三个星期也会丧命。"这个比喻说明了研究开发中近期和远期的关系。我们的领导者应重视近期规划，更要重视中长期规划，立足今天，要想到明天和后天，"凡事预则立，不预则废"，"人无远虑，必有近忧"。

5.3.3.4 形式互用思维

形式互用是思维纵横驰骋的增效素。孙子兵法交互运用多种思维形式。

---

① 《孙子兵法·势篇》。
② 《孙子兵法·计篇》。
③ 《孙子兵法·谋攻篇》。

"五事""七计"和"兵贵胜,不贵久"①,这是运用抽象的逻辑思维对战争宏观战略和战争规律的揭示,言简意赅,精当有致。"善守者,藏于九地之下,善攻者,动于九天之上"②,"若决积水于千仞之溪者,形也"③,"如转圆石于千仞之山者,势也"④,"其疾如风,其徐如林,侵略如火,不动如山,难知如阴,动如雷霆"⑤,这是调动直觉的形象思维描述用兵布阵的奇策,真是生动形象,振聋发聩。"践墨随敌,以决战事""始如处女""后如脱兔,敌不及拒"等等,这是要求将帅充分运用顿悟的灵感思维,动机灵活,随机应变,出奇制胜。

现代领导者要实现卓越的领导,应当学会并熟练运用多种思维形式:要长于抽象的逻辑思维,善于透过现象抓住本质,揭示并驾驭事物发展的客观规律;要工于形象的直觉思维,善于想象和构想,特别是要善于设计各种形象和事业发展的蓝图;在紧张情势中,又能善于激发自己的灵感思维,或者解困解危,或者破解难题,或者发明创造。

---

① 《孙子兵法·作战篇》。
② 《孙子兵法·形篇》。
③ 《孙子兵法·形篇》。
④ 《孙子兵法·形篇》。
⑤ 《孙子兵法·军争篇》。

墨家管理思想

CHAPTER 6

墨家管理思想是中国管理思想的重要流派之一。墨子创立的墨家学说，在先秦时期影响很大，与儒学并称"显学"。墨子的思想主张主要有：人与人之间平等相爱（兼爱），反对侵略战争（非攻），推崇节约、反对铺张浪费（节用），倡导义政、强调道义（贵义），掌握自然规律（天志），尚贤，尚同，等等。本章主要概述墨子的管理思想，并探究墨家管理思想的现代价值。

6.1 墨家管理思想概述

6.1.1 墨家管理思想的起源

春秋战国时期，社会剧烈变动，政治上的动荡纷争进而导致思想上的百家争鸣，代表不同利益阶层的诸子百家蜂起立说，形成中国思想史上蔚为壮观的文化景观。诸子著书立说，希望凭借自己的思想理论而建构一个自认为理想的社会，儒、道、墨、法等诸家无不如此。从这样的层面看，诸子学说是一种管理学说，有着强烈的政治、社会管理的色彩。墨家是先秦最重要的学派之一，《韩非子·显学》说："世之显学，儒墨也。"在先秦时代，墨家学说足以与儒家思想相颉颃。

从思想渊源上看，墨家是从儒家分流出来的。据《淮南子·要略》之说，墨子原为儒门弟子，后因不满儒家学说而另创了对立学派："墨子学儒者之业，受孔子之术，以为其礼烦扰而不说，厚葬靡财而贫民，服伤生而害事，故背周道而用夏政。"① 由此看来，墨家学说乃是墨子对儒家学说进行反思和批判的产物。从我们今天所能见到的《墨子》一书中确实不难看出，墨家学派对儒家从周代贵族社会继承下来的礼乐等文化形式进行了大量攻击，如《墨子》一书中的《节葬》《节用》《非乐》《非儒》等，都可以说是直接针对儒家学说而发。因此，《淮南子》的论断并非无稽之谈。当然，应当指出的是，《淮南子》的作者把墨家学说的兴起归之为夏政的复活，则失之于简单。事实上，在《墨子》

---

① 何宁. 淮南子集释［M］. 中华书局，1998：1459.

一书中，夏禹、商汤、文王都是被列为古代圣王的人物，并不是相互对立的。可以肯定的是，墨子想改变周的制度，对儒家维护强权、高贵、尊亲，压抑人性的统治思想不满，遂脱离而创立墨家。

儒家以宗法等级制为基础，墨家则以原始人道主义为指归。墨子自称"今翟上无君上之事，下无耕农之难"，可能属于当时"士"的阶层。《汉书·艺文志》将"墨家"列为"九流十家"之一，但其所云"盖出于清庙之守"，乃是根据不足的臆测。墨家学派有严密的组织，严格的纪律，其首领称为"巨子"，下代巨子由上代巨子选拔贤者担任，代代相传。墨门子弟必须听命于巨子，为实施墨家的主张，舍身行道。被派往各国做官的门徒必须推行墨家的政治主张，行不通时宁可辞职。做官的墨者要向团体捐献俸禄，做到"有财相分"。首领要以身作则，实行"墨者之法"。墨家聚徒讲学，身体力行，成为儒家的主要反对派。战国初期墨家的主要代表人物有墨翟、禽滑厘、田鸠、孟胜、田襄子等，反映了平民阶层上层分子的要求。

墨家思想的形成更离不开生产劳动实践。墨子尊重劳动，认为"赖其力者生，不赖其力者不生"[①]。这个"力"指的就是劳动。墨家思想一方面是从生产劳动中得来的智慧，另一方面墨家也用实际行动践行着自己的思想，以期感召社会。

6.1.2　墨家管理思想的代表人物

墨子（约前 476—前 390）[②]，姓墨名翟，相传原为宋国人，后长期住在鲁国；一说即鲁国人，宋昭公时曾为宋国大夫。他承认自己是"贱人"，可能乃接近"农与工肆之人"的"士"。墨子与子思同时。《淮南子·要略》云："墨子学儒者之业，受孔子之术，以为其礼烦扰而不说，厚葬靡财而贫民，服伤生而害事，故背周道而用夏政。"孔子的理想是西周初的王权宗法制社会，而墨子更将列于"三代"的"夏政"作为其理想，极可能是受了《礼运》"大同"说的启迪。而礼仪从俭则是孔子已有的思想，宰我更怀疑孔子主张的"三年之丧"，墨子提出"死者既葬，生者毋久丧用哀"以及"节葬""节用"等主张，只是进一步加以发展而已。而墨子的"兼爱""尚同""尚贤""明鬼"等思想，

---

①《墨子·非乐上》。

② 据徐希燕考证，墨子生于前 480 年（前后误差不超过 3 年），卒于前 389 年（前后误差不超过 5 年）。参见：徐希燕. 墨子姓名里籍年代考［J］. 复旦大学学报（社会科学版），1999（1）：67—73.

则均可在《礼运》中找到影子。墨子晚于孔子，他"学儒者之业"，可能是鲁国曾子的学生。墨子与子思同学，故两人思想多有相通之处。子思仍重于讲"礼"，保持儒家的传统；墨子热衷于"兼爱""尚贤""尚同"，则充满了对理想的追求。今《墨子》书中《亲士》《修身》《法仪》《七患》《辞过》五篇，文风古朴，而前两篇，清汪中的《墨子序》云"其言淳实，与《曾子立事》相表里"，很可能就是墨翟早期学儒时的作品。《亲士》似有两处明显的错简窜入，即"今有五锥"至"故曰太盛难守也"一处和"是故天地不昭昭"至"千人之长也"一处。其插入割断文意，所云与"亲士"无关。而有些学者所强调的墨子不应亲自见到的"吴起之裂"等句，即在错简之中。《法仪》《七患》《辞过》篇首的"子墨子曰"，似乃后人所加。墨子利用儒学理论中理想与主张的矛盾，拾取"大同"理想加以发挥，"以子之矛，攻子之盾"，向儒家发起了攻击。

《墨子》一书是墨家学派的著作总集。《汉书·艺文志》著录原有71篇，今本为15卷53篇，佚失18篇。此书反映了战国前期和中后期各具特点的墨家思想，乃墨家后学在不同时期记述编纂而成。其中《亲士》《修身》《法仪》《七患》《辞过》可能是墨子早期的作品。《所染》《三辩》则是墨家后学的作品。《尚贤》至《非命》等24篇，每个篇题都各有上、中、下三篇而内容基本相同。《墨子》分为两大部分：一部分是记载墨子言行、阐述墨子思想，主要反映了前期墨家的思想；另一部分《经上》《经下》《经说上》《经说下》《大取》《小取》6篇，一般称作墨辩或墨经，着重阐述墨家的认识论和逻辑思想，还包含许多自然科学的内容，反映了后期墨家的思想。这部分在逻辑史上被称为后期墨家逻辑或墨辩逻辑（古代世界三大逻辑体系之一，另两个为古希腊的逻辑体系和佛教中的因明学），其中还包含许多自然科学的内容，特别是天文学、几何光学和静力学。

《墨子》内容广博，包括了政治、军事、哲学、伦理、逻辑、科技等方面，是研究墨子及其后学的重要史料。西晋鲁胜、乐壹都为《墨子》一书做过注释，可惜已经散失。如今的通行本有孙诒让的《墨子闲诂》，以及《诸子集成》所收录的版本。

6.1.3 墨家管理思想的特点

墨家思想在战国时代十分盛行，其门人弟子遍布天下，影响层面很大。墨家以其务实的济世理想、高越的人格情操等，形成了一个极其严密而充满宗教精神的团体，深深吸引了无数底层百姓与知识分子，对后世也产生了重要影响。墨子基于对春秋战国时期社会经济状况与政治形势的考察，以及对建立国家行政机构以促进人类社会发展的认识，形成了以兼爱、尚同、尚贤为主要构架的管理思想体系。与先秦其他诸子相比，墨家管理思想的特点主要有以下方面。

6.1.3.1 人性观

关于人性的善恶问题在墨子生活的先秦时期已有诸多不同的观点，如孔孟倡导的人性本善，荀子倡导的人性本恶。和这些学派相比，墨家有着自己独到的见解。墨子的人性论是其学说的出发点和逻辑起点，在人性论问题上，墨子坚持人性后天塑成说。在墨子看来，人性无所谓善或者恶，因为人性并不能被看作是人天生的自然"倾向"或者原初禀赋。根据《墨子·所染》篇，墨子将人性的养成与染丝相比较，明确地表明，人性为素丝，本无善恶，其善恶全在所染，取决于后天之所与。墨子说："染于苍则苍，染于黄则黄，所入者变，其色亦变，五入必，而已则为五色矣！故染不可不慎。"这就是说，人的本性是人自身与所处环境相互作用的结果，受善的环境诸因素影响则养成善的本性，受恶的环境诸因素影响则养成恶的本性。墨子跳出了人性是善还是恶的泥沼，重在强调环境对人性习染的决定性作用。

墨子的人性论包括兼爱、非攻、尚贤。所谓的兼爱，包含平等与博爱，这与儒家的博爱是不同的。墨子认为我们应该"兼相爱，交相利"，即君臣、父子、兄弟都要在平等的基础上相互友爱，并提出了"天下之人皆相爱，强不执弱，众不劫寡，富不侮贫，贵不傲贱，诈不欺愚"[①]。他认为社会上之所以出现"强执弱、富侮贫、贵傲贱"等现象，是因为天下人"不相爱"所致，应该主张"无差等"的爱。

墨家认为如果想将"兼爱"进行下去，应该从以下两个方面做起：一是求助于"天志"的神秘力量和君主的政治权威；二是要有"投我以桃，报之以李"的对等互报原则。从这些内容可以看出，"兼爱"并不否定利己之心，而是以满足利己之心或个人利益为出发点的，是一种利己的行为动机和利他准则的结合，实质上是一种调和个人利益和他人利益矛盾与冲突的观点。如果能将

---

① 《墨子·兼爱中》。

兼爱进行下去，可以"合其君臣之亲，弥其上下之怨"，达到社会安定、天下富有的境界。

墨子的"兼爱"思想还具有人民性的品格。他的理论还反映了底层劳动人民反对压迫、剥削，要求保障生活的心声，谴责"强之劫弱，众之暴寡，诈之谋愚，贵之傲贱"①，要求统治者要成为兼君，满足人们的基本生存需要。他还提倡"有力者疾以助人，有财者勉以分人，有道者劝以教人"②，体现了劳动人民的美德。墨家认为人性本身是无所谓善与恶的，人性是随着外面环境变化以及自身修养程度的改变，而随之发生变化的。因而每个人都要努力消除自身存在的缺点与不足，统治者也要学习先贤圣王，不断提高自我，保护其民众，实现"无差等"的爱。

6.1.3.2 义利观

墨家的管理思想具有一定的功利主义特点。墨家既"尚利"又"贵义"，认为"义"以"利"为内容、目的和标准，把"利"理解为"利人""利天下"。墨子主张义以利为准，利于人方为义，不利于人的行为就是不义。"凡言凡动，利于天、鬼、百姓者为之；凡言凡动，害于天、鬼、百姓者舍之。"③在此，墨子重新审视"义""利"关系，甚至将"义"等同于"利"，"义，利也"，使"义""利"两者实现了和谐统一。墨子认为义与利都是相辅相成的，这样，墨子就把义和利统一起来，形成了一种具有功利主义色彩的义利观。

在义利观上，墨家后期继承了墨子既尚利又贵义的义利统一观，对利人利天下的道德价值标准做了进一步的理论概括。他们给义下了个定义——"义，利也"，认为"义"就是以天下事为自己的分内事，使天下人都能得到利益，但自己不要得到利益。后期墨家对孝、忠也有自己的定义。"孝"就是以爱亲为己任，但又能兼利双亲，并且不必得到双亲的赞赏。"忠"，尽力为人谋利又不夸奖自己的功劳。在后期墨家看来，行为的道德价值就是使亲人、使别人、使天下得益，同时又强调自己不必得利。

墨家言"利"，有如下特点：第一，墨家言利的最大特点就是讲"兼"，而不只讲"私"与"己"，"兼爱利之"。寻求兴天下之利的办法，以兼相爱作为

---

① 《墨子·兼爱下》。
② 《墨子·尚贤下》。
③ 《墨子·贵义》。

治理政事的根本原则。第二，墨家在讲"利"时，往往与爱相联系，爱利不分，"天必欲人之相爱相利，而不欲人之相恶相贼也。奚以知天之欲人之相爱相利，而不欲人之相恶相贼也？以其兼而爱之、兼而利之也。奚以知天兼而爱之、兼而利之也？以其兼而有之、兼而食之也"①。上天必然希望人们相爱相利，而不希望人们相互厌恶、相互残害。因何知道上天希望人们相爱相利，而不希望人们相互厌恶、相互残害呢？这是因为上天对人是兼爱兼利的缘故。因何缘故知道上天对人兼爱兼利呢？这是因为只有上天才能够满足人们的食物与财物。所以说墨家的"利"绝不是私利、己利，而是尊天事鬼、爱利万民。第三，墨家言"利"，常常利害对举，如说"兴天下之利，除天下之害"。利害相比较而存在，相映衬而凸显，这种辩证的论证，既生动又形象，具有极强的说服力。在利害的区分中，墨家总是以兼爱作为根本来谈利害，不兼爱就无从说利，不利就是害，害起源于"别爱"。从中我们看到墨家"兼"的深层含义，即兼爱利人，谓之利；别爱利己，谓之害。"圣人以治天下为事者也，不可不察乱之所自起，当察乱何自起？起不相爱。"② 圣人以治理天下为己任，不可不考察混乱产生的根源。混乱为什么会产生呢？起源于人们互不相爱。"然则崇此害亦何用生哉？以不相爱生邪？子墨子言：以不相爱生……"③ 既然如此，那么一切祸害又是如何产生的呢？是因为人们不相爱而产生的吗？墨子言道"是因为人们之间的互相不爱产生的"。由此，墨家提出了"兼爱交利"的主张。由兼而利、义利并举是墨家利他、"兴天下之利，除天下之害"、变革社会的重要手段。

义利并举，就管理者而言，有两层含义：其一，管理者要想兴天下之利、除天下之害，就必须按公义行事，实行兼爱；其二，管理者的"义"就体现在为被管理者谋福利上。在被管理者那里，兼相爱、交相利则成为一种交往方式，交相利是出于兼相爱，兼相爱体现为交相利。在被管理者看来，言利并不可耻，因为福利、生计常常是事关其生存的大事。墨子正是因为站在被管理者的立场，消除了由位份差异所带来的优越感，因而能够更客观地看待义利关系，从而做出全新的阐释。可见，儒墨两家义利观的差异是由于所站立场不同

---

① 《墨子·法仪》。
② 《墨子·兼爱上》。
③ 《墨子·兼爱中》。

造成的。儒家倡导管理者将注意力放在自身的修养上,将利民看成一种驭民之术。墨家则倡导管理者既要将注意力放在被管理者的生计和福利上,又要为天下的大利而实行兼爱。也就是说墨子既不耻于言利,又贵义,体现为兴天下之利、除天下之害。管理者应把兴利除害作为管理工作的目的,可见墨子的管理思想有着非常强烈的责任意识和服务精神。

6.1.3.3 组织观

墨子在组织管理方面提出了"尚同"与"尚贤"的组织原则。"尚同"就是指统一人们的意志,用现代管理的组织文化学来说,就是形成组织的共同价值观。为了达到这一目的,其前提在于上级与下级之间要充分沟通,领导者要运用尚贤使能的人事管理原则。墨子认为,尊重贤才不仅是治理国家的关键,而且是国家政治的根本。他认为:"入国而不存其士,则亡国矣。见贤而不急,则缓其君矣。非贤无急,非士无与虑国。缓贤忘士,而能以其国存者,未曾有也。"[1] 意思是说,治国而不优待贤士,国家就会灭亡。见到贤士而不急于任用,他们就会怠慢君主。没有比用贤更急迫的了,若没有贤士,就没有人和自己谋划国事。怠慢遗弃贤士而能使国家长治久安的,还不曾有过。"是故国有贤良之士众,则国家之治厚;贤良之士寡,则国家之治薄。故大人之务,将在于众贤而已。"[2] 正是由于贤能对于一个国家如此重要,所以墨子竭力主张在国家的治理上选贤任能。

6.2 墨子的管理思想

墨子的管理思想主要体现在治理国家的"十论"方面。《墨子·鲁问》记载:

> 子墨子游,魏越曰:"既得见四方之君,子则将先语?"子墨子

---

[1] 《墨子·亲士》。
[2] 《墨子·尚贤上》。

曰:"凡入国,必择务而从事焉。国家昏乱,则语之尚贤、尚同;国家贫,则语之节用、节葬;国家熹音湛湎,则语之非乐、非命;国家淫僻无礼,则语之尊天、事鬼;国家务夺侵凌,即语之兼爱、非攻。故曰择务而从事焉。"

这是墨子弟子魏越问墨子,如果见到各国君主,首先向他讲什么,问的是关于治国主张的问题。墨子在区分国家不同的情况下,提出了应做各种最紧要的事情。在墨学"十论"中,虽然没有"贵义"一说,但是,在整个墨家思想体系中,贵义与兼爱密不可分,成为墨子管理思想的一部分。墨子的"十论"思想中包含管理目标、管理的价值原则、组织管理思想、人才管理思想、经济管理思想等。

6.2.1 管理目标:贵义

儒墨两家都高"义",在儒家那里,"义"是与"利"相对应的,"君子喻于义,小人喻于利",两者是对立关系。在儒家看来,"义,事之宜也",做应该做的事就是"义",至于结果是不在考虑范围之内的,相反就是不义。因此,儒家反对见利忘义。由此可见,儒家所谈的"义"是就动机来说的。墨子对"义"有自己的界定,《经上》说:"义,利也。"《大取》也说:"义,利;不义,害。志功为辩。""义"与"利"不仅不矛盾,而且是一而二、二而一的关系。墨家所谈的"利"不是一己私利,而是社会公利。在墨子看来,"志功为辩","义"与"利"、动机与结果可以得到有效的统一。必须指出,墨子虽然是功利主义者,但不是那种只重结果而不论动机的人,"合其志功而观"是墨子义利统一观的思想基础,《鲁问》以鲁阳文君与墨子对话的方式表达了这一观点。鲁君谓子墨子曰:"我有二子,一人者好学,一人者好分人财,孰以为太子而可?"子墨子曰:"未可知也。或所为赏与为是也。钓者之恭,非为鱼赐也。饵鼠以虫,非爱之也。吾愿主君之合其志功而观焉。"墨子回答的意思是:"这还不能知道。二子也许是为着赏赐和名誉而这样做的。钓鱼人弓着身子,并不是对鱼表示恭敬;用虫子作为捕鼠的诱饵,并不是喜爱老鼠。我希望君主把他们的动机和效果结合起来进行观察。"

墨子之所以提出从动机和效果结合角度观察义利问题,是因为管理目标不同于组织目标,组织目标是由组织的性质决定的;管理目标则是就管理所达到的秩序(效果)而言的,一般追求和谐、稳定、公正等。"贵义"作为管理目标，其实质是在管理中实行义政或义治，构建一种正义的群体秩序，反对力政。"顺天意者，义政也。反天意者，力政也。"① 按照公义的原则管理，让公义在管理中得到充分彰显，就是义政；力政则是一种人为的、粗暴的干涉，尤其是将个人的私利融入管理中，实际上是对管理秩序的干扰和破坏。义政能够带来三利：利天、利鬼、利人，是"天德"；力政则是"天贼"。"三利无所不利，是谓天德"，"三不利无所利，是谓天贼"。② 墨子在《七患》中指出了力政所造成的管理上的隐患和危险："子墨子曰：国有七患。七患者何？城郭沟池小可守，而治宫室，一患也；边国至境，四邻莫救，二患也；先尽民力无用之功，赏赐无能之人，民力尽于无用，财宝虚于待客，三患也；仕者持禄，游者忧交，君修法讨臣，臣慑而不敢拂，四患也；君自以为圣智而不问事，自以为安强而无守备，四邻谋之不知戒，五患也；所信者不忠，所忠者不信，六患也；畜种菽粟不足以食之，大臣不足以事之，赏赐不能喜，诛罚不能威，七患也。"之所以会带来隐患，是因为这些做法不符合公义，由私欲干涉而导致了偏离。因此，墨子提出"万事莫贵于义"③，大力提倡义政，把贵义作为管理的最高目标。

墨子主张在管理中实行义政，将贵义作为管理目标，构建正义的社会秩序，在某种意义上是天经地义的，因为这是天志的要求和体现。在《天志下》中墨子说："天之志者，义之经也。"天志是行义的依据和标准，行义是顺承天志，按照天志的要求去做，不能妄为。如果妄为，不但违背人情事理，也会遭受天的惩罚。义作为天志的要求和体现，具体而言包含两层意思：

其一，只要符合公义，就可以放胆而行，天志是其终极担保和至高标准。《公孟》篇记载了这样一个事例：有一次墨子和程子辩论，墨子称引孔子的话语，程子便不解地问他："非儒何故称于孔子也？"墨子则回答说："是亦当而不可易者也。"孔子的话如果适宜妥当，符合公义和正道，就是天经地义、不可更改的，称引自然无妨。可见，只要符合公义，就可以放胆去讲，因为那是顺应天志的。由此也可以看出，墨子是以真理和公义为标准的，因为按照公义办事才是最妥帖最妥善的方式。

---

① 《墨子·天志上》。
② 《墨子·天志中》。
③ 《墨子·贵义》。

其二，行义乃天经地义，不需要理由，这是天志的要求。《公孟》篇还记载了一个故事：有一个门人，禀赋不错，墨子想让他跟随自己学习，就勉励他说姑且跟自己学习，然后举荐他做官。学了一年他就要求墨子举荐他做官。墨子则拒绝了他的要求，并指明：学义行义乃理所当然，天经地义，不需要以出仕做官作为前提和理由。善言相劝只是一种勉励的手段而已，并不构成学义行义的理由。"今子为义，我亦为义，岂独我义也哉？子不学，则人将笑子，故劝子于学。"① 也就是说，行义本来就是每个人应尽的本分，是天经地义的，不需要任何理由，因此任何人都不可推辞。在《贵义》篇的最后，墨子自信地说他的贵义理论就像石头，任何偏离义的言论就像卵，以卵击石必败无疑。"吾言足用矣。舍言革思者，是犹舍获而攈粟也，以其言非吾言者，是犹以卵投石也，尽天下之卵，其石犹是也，不可毁也。"可见，真理在任何情况下都是岿然不动的。总之，"义"是天志的体现，将"贵义"作为管理目标，在管理中实行义政是义不容辞的事情。

"义政"在墨子那里还被赋予了一些独特的含义，其中之一是在《天志》篇中将义训为正，"义者，正也"。作为匡正之义，有其独特的运行方式，即以自上而下的方式治乱、纠偏，从而确保管理的正义性和有效性。"然而正者，无自下正上者，必自上正下。是故庶人不得次己而为正，有士正之；士不得次己而为正，有大夫正之；大夫不得次己而为正，有诸侯正之；诸侯不得次己而为正，有三公正之；三公不得次己而为正，有天子正之；天子不得次己而为政，有天正之。今天下之士君子，皆明于天子之正天下也，而不明于天之正天下也。"② 这段话一方面表明了管理的功能，指明了管理具有规范、匡正的效力。在一个组织中，被管理者不能擅自任意行动，必须接受来自管理者的规范和指示。管理从其性质上讲，本身就是要确立一种规范和秩序，因此它具有匡正的效力。另一方面，又表明了管理的顺序，即下级服从上级的层级管理。但要注意的是，一个组织中最高层级的管理人员并不是至高的终极管理者，因为在他们之上还有从天而来的义。如果缺乏从天而来的义，那么这种管理就是封闭式的人治，没有正义性可言了，也必然缺乏效力和说服力。因为人欲、人治

---

① 《墨子·公孟》。
② 《墨子·天志下》。

常常是偏离的，只能带来混乱，由此就退变为墨子所批判和否定的力政。而义政就是要用义来匡正管理上这种由人欲、人治造成的混乱。对于义政，层级管理应该是开放性的义治。然而人们常常意识不到或不明白这一点，因而墨子发出了"今天下之士君子，皆明于天子之正天下也，而不明于天之正天子也"的感慨，以此来警醒现实中的管理者。虽然天下需要天子来匡正，但是天子又需要天来匡正，由天来匡正的管理才是真正的义政。

6.2.2 管理的价值原则：兼爱

墨子认为，儒家"仁爱"由近到远，推己及人，是一种有差别的爱。以此作为管理的宗旨，并没有抓住治国的关键。墨子指出，社会不安定的根本原因，在于人们自爱自利，不能兼爱。他反对儒家"爱有等差"的观点，提倡"兼以易别"，主张爱无差别等级，不分厚薄亲疏，把兼爱与实现人们物质利益方面的平等互利相联系，希望通过提倡兼爱解决社会矛盾。

6.2.2.1 兼爱的含义

在《墨子·兼爱上》里，墨子从以下几个方面，逐层对兼爱思想进行了论述：

首先提出，治理天下，必知天下乱之何起。墨子认为作为一个治理天下的圣人，知道天下何以会乱的原因后才能够治理它；不知道天下何以会乱的原因就治理不好它。所以"圣人以治天下为事者也，不可不察乱之所自起"。

然后表明了观点：天下之乱起于人与人之间不相爱。"子自爱，不爱父，故亏父而自利；弟自爱，不爱兄，故亏兄而自利；臣自爱，不爱君，故亏君而自利，此所谓乱也。虽父之不慈子，兄之不慈弟，君之不慈臣，此亦天下之所谓乱也。"这乱是因为什么呢？"皆起不相爱"。墨子从两个方面摆出自己的论据，分析为何天下之乱起于人与人不相爱。墨子是以举例来论证自己的观点：第一，天下为什么会有盗贼呢？因为"盗爱其室，不爱其异室，故窃异室以利其室。贼爱其身，不爱人，故贼人以利其身"。第二，诸侯大夫之所以竞相争夺土地、侵夺封邑，因为"大夫各爱其家，不爱异家，故乱异家以利其家。诸侯各爱其国，不爱异国，故攻异国以利其国"。

再则，怎样做才是天下兼相爱呢？做到天下兼相爱的总的方法就是："爱人若爱其身""视父兄与君若其身""视弟子与臣若其身""视人之室若其室""视人身若其身""视人家若其家""视人国若其国"。这也就是墨子认为的兼爱的内涵。

最后,墨子构想了天下兼相爱实现以后的美好蓝图:"若使天下兼相爱,国与国不相攻,家与家不相乱,盗贼无有,君臣父子皆能孝慈,若此,则天下治。"

《墨子》一书中并没有给"兼爱"下过定义,但是墨子对兼爱做了非常多的描述,或许可以从下面这三句话中领会其实质:"若使天下兼相爱,爱人若爱其身"①;"视人之国若其国,视人之家若其家,视人之身若其身"②;"必为其友之身,若为其身;为其友之亲,若为其亲"③。从这几句话可以发现,"兼爱"就是人与人要相爱、家与家要相爱、国与国要相爱,并且要爱别人如同爱自己、爱人之亲如同爱己之亲、爱人之国如同爱己之国。这里爱是无差等的,人与人、家与家、国与国都是平等的、同一的。

墨子通过对比"兼"与"别"的本意和产生的效果来表明自己的观点:倡导"兼爱",反对"别爱"。"兼"可惠利你我,"别"有害家国天下,"兼相爱交相利,此圣王之法,天下之治道也"④,"天下兼相爱则治,交相恶则乱"⑤。意在表明兼君、兼士推行"兼爱"之法可使国家安定,别君、别士奉行"别爱"会导致国家混乱。

6.2.2.2 兼爱与仁爱的区别

"兼爱"与儒家的"仁爱"相比较,主要区别有以下方面:

其一,儒家所说的"仁",以"亲亲"为基础,是以血缘关系为基础的自然亲情的推演。而墨子主张的兼爱则是一种无差等的普遍的爱,超越了血缘、地域的差别。

其二,儒家所说的"仁者爱人",侧重于仁者的"克己",强调自我的道德修养,并不关注别人的回报,重在伦理学上的义务。墨子所说的"兼爱",则落实到"交相利"之上,如果做到了"兼相爱",则人人都能够从中得到回报,获取利益,这体现着鲜明的功利观。

其三,儒家所说的仁爱,是人的真性情的流露,完全是出自人的内在本

---

① 《墨子·兼爱上》。
② 《墨子·兼爱中》。
③ 《墨子·兼爱下》。
④ 《墨子·兼爱中》。
⑤ 《墨子·兼爱上》。

性。而墨子认为，他所说的兼爱是出于天的意志，即"天志"。在墨子看来，公正、公平是天的本质，天的运行，广大而没有私心，上天会根据人们是否做到了"兼爱"而进行赏罚，这就使人们的"兼爱"行为具有了某种外在的约束与规范。

6.2.2.3　兼爱的可行性

兼爱的可行性，也就是兼爱可以实现的途径。墨子认为兼是善的，善的便是一定可以在现实中运用的。墨子认为兼相爱、交相利是能够给人带来好处的事情，它并不是叫人去战场牺牲生命，也不是叫人每天只吃一餐，更不是什么赴汤蹈火的很难办到的事情，它本身是有可行性的。"爱人者，人必从而爱之；利人者，人必从而利之；恶人者，人必从而恶之；害人者，人必从而害之。此何难之有？特上弗以为政，士不以为行故也。"

从对墨子实行兼爱的可行性分析中可以看出，墨子兼爱思想的根本目的在于应用。墨子认为，天志便是兼爱"以其兼而爱之，兼而利之也。奚以知天之兼而爱之，兼而利之也？以其兼而有之，兼而食之也"①。天的意志叫人要兼爱，兼爱是件实际上的要务。并且兼爱是有利于天鬼、国家、百姓的，攻国是有害于天鬼、国家、百姓的。可见墨子说的利不是自私自利的利，而是最大多数人的幸福。这是兼爱的真意，也便是非攻的本意。

兼爱之所以可行，还因为它符合先王圣王之法。兼爱是善的，有人说实行兼爱是天下最难办到也是远离实际的事情，就像是举着泰山过黄河一样。墨子反驳说举着泰山过黄河是人类从来没有过的事情，但实行兼爱是发生过的、有先例的。"今若夫兼相爱、交相利，此自先圣六王者亲行之。"② 文本中分别列举了禹汤文王武王的事迹，他们是兼爱的躬亲践行者，不遗余力地为民谋福利，墨子说他提出兼爱不过是取法于诸先王圣王。通过管理者的践行，就以实践的方式证明了兼爱作为价值观是可行的。这是通过先例来为兼爱的可行性寻找依据。同时，这也是兼爱型价值观可行的合法性依据，因为在中国传统中先王圣王之法就意味着天经地义。墨子的"三表法"也表达了这样一种观念，"上本之于古者圣王之事"③。可见，对于管理者来说，古者圣王之事本身就是

---

① 《法仪篇》。
② 《墨子·兼爱下》。
③ 《墨子·非命上》。

个典范,如果这一思想来源于先王圣王,那么自然而然就拥有了合法性。墨子在此也指出实行兼爱是先王圣王的做法,自己提出兼爱只不过是取法于古者圣王之事。古者圣王之事在这里既作为实行兼爱的先例,又成为实行兼爱的合法性依据。由此,墨子以兼爱为人性根基和管理的价值原则具有了正当性和可行性。

6.2.3 组织管理思想

墨子在组织管理上提出"尚同"。尚,指尊崇,注重;同,指同一,统一。"尚同"主要有两方面的含义:一是思想的统一,要求人们在思想上采纳一个标准,不能一人一义;二是政治的集中,要求人们在行动上和上级保持完全一致,不能自行其是。他认为"尚同,为政之本而治要也"①,只有"尚同",才能使人们的思想和行动达到高度的统一,以实现其政治管理的目标。

墨子提出"尚同"的主张绝不是凭空想象,而是洞察时弊之后的理性思考。他认为天下之所以混乱,主要有两方面的原因:一是在意识和精神领域,人们没有统一的言论和思想,而是一人一义,各人各义,都认为自己的言论和思想是正确的,谁也不服谁,因而相互攻击、非议,这样势必导致混乱;二是在国家治理方面,没有从上到下、覆盖整个国家的管理网络和统一的行政长官,天子指挥不动诸侯,诸侯指挥不动所属贤良之士,在国家治理方面呈现出一盘散沙的局面,这样势必导致混乱。墨子所主张的"尚同",从根本上说就是要消除天下之乱,也就是说只有"尚同"才能止乱。

如何才能实现"尚同"?墨子从政治和思想领域进行论述。在政治领域,墨子重在重建管理秩序,提倡层级制管理,企图搭建一个从上到下、一以贯通的上同组织结构。"夫明乎天下之所以乱者,生于无政长,是故选天下之贤可者,立以为天子。天子立,以其力为未足,又选择天下之贤可者,置立之以为三公。天子、三公既以立,以天下为博大,远国异土之民、是非利害之辩,不可一二而明知,故画分万国,立诸侯国君。诸侯国君既已立,以其力为未足,又选择其国之贤可者,置立之以为正长。"②他认为天下之所以混乱,因为没有领袖,因此,要选择贤能的人作为天子,而后立三公辅佐天子掌握军政大

---

① 《墨子·尚同下》。
② 《墨子·尚同上》。

权，立诸侯国君对远方异域的人民进行管理，立各级政长帮助诸侯国君管理国家。在墨子搭建的这个政治管理结构里，天子是管理结构的枢纽和核心，处在最高一级，接下来依次是三公、诸侯、贤士，这是一个金字塔式的管理结构。这个组织结构的每一级是固定的，级别之间不可逾越，上级对下级发号施令，下级对上级只能绝对服从。这是现实的管理结构。

墨子搭建这个现实的管理结构的目的就是为了"一同天下之义"。为了使这样的国家得以维持，他将这个现实的管理结构置于"天"的掌控之下，"天下之百姓，皆上同于天子，而不上同于天，则菑犹未去也。今若天飘风苦雨，溱溱而至者，此天之所以罚百姓之不上同于天者也"①。墨子认为有"天"的威慑和保障，这个管理结构里的人事就能更好地趋向于"同"。在现实世界中，这个管理结构里的三公、诸侯、贤士都有来自上一级的威慑，只有天子没有。墨子将这个现实的管理结构与"天"打通，实际上也是给天子找一个威慑力，用于规范天子的言行，使天子施义政，百姓从而享利。因为"天"能明察一切，能赏善罚恶，做上天希望做的事情，上天就会降福，做上天不希望做的事情，上天就要降罪。"天子"必须与"天"的意志保持一致。除了天子与"天"保持一致外，三公、诸侯也必须和"天"保持一致。

在思想领域，墨子重在统一言论、统一思想。他认为一个国家、一个社会如果言论不统一、思想不统一，其后果是极其可怕的，国家会因此而陷入混乱局面。"子墨子言曰：古者民始生，未有刑政之时，盖其语，人异义。是以一人则一义，二人则二义，十人则十义。其人兹众，其所谓义者亦兹众。是以人是其义，以非人之义，故交相非也。是以内者父子、兄弟作怨恶，离散不能相和合。天下之百姓，皆以水火、毒药相亏害。至有余力，不能以相劳。腐朽余财，不以相分。隐匿良道，不以相教。天下之乱，若禽兽然。"② 统一言论、统一思想是在他所搭建的国家管理结构中得以实现的，是以这个管理结构为依托的。这个管理结构的运行秩序，就是统一言论、统一思想得以实现的途径。

墨子所谓的"尚同一义"，用现代管理理论来说，就是形成组织的共有价值观。一个组织的共有价值观，具有十分重要的功能。首先，共有价值观表明

---

① 《墨子·尚同上》。
② 《墨子·尚同上》。

组织成员在思想上达到了某种共识，这就产生了组织整合的效应，会形成组织成员对于组织的认同感，有助于增强组织系统的凝聚力和稳定性。其次，只有建立共有价值观，管理者才能够做出正确的决策，组织成员也才能够据此判断事物的善恶、决定自己的态度和行为，从而对组织成员发挥着激励和行为塑造的作用。最后，共有价值观可以对组织成员的力量起到汇聚和整合效应，有助于发挥组织的潜在能量。这种团队的协调和统一，对于维系组织的持续存在和自我复制是必不可少的。

概括而言，墨子的"尚同"思想与其他诸子相比具有鲜明特点：

一是从领导层面而言，是上级对下级的绝对领导，下级对上级的绝对服从，"上之所是，必皆是之；所非必皆非之"[①]。在这一点上，下级处在被动位置。

二是在信息沟通上，墨子认同的是以信息的顺畅来保障"尚同"的实现。上级对下级的信息沟通要及时、准确，信息沟通对国家政治管理至关重要。《尚同下》篇将上下通情的重要性提到了前所未有的高度，认为上下通情与否是事关治乱的关键。《尚同下》开篇就指出："然计国家百姓之所以治者，何也？上之为政，得下之情则治，不得下之情则乱。"政长为政、管理者从事管理，必须要得下之情，否则管理就不得要领，无的放矢，赏罚也不能起到应有的规范和导向作用。墨子又进一步分析上下通情而得治的内在机理："何以知其然也。上之为政，得下之情，则是明于民之善非也。若苟明于民之善非也，则得善人而赏之，得暴人而罚之也。善人赏而暴人罚，则国必治。上之为政也，不得下之情，则是不明于民之善非也，若苟不明于民之善非，则是不得善人而赏之，不得暴人而罚之。善人不赏，而暴人不罚，为政若此，国众必乱。"[②] 上下通情一方面是信息来源的重要渠道，另一方面，只有上下通情才能保证信息的真实性。实情掌握在民众手里，要获取正确的信息，就必须得下之情，从而使赏罚各得其所，令民众心服口服。民众心服口服，才会对管理层产生信任，从而愿意上同，如此则天下得治。

三是在上下级的关系上，墨子认为下级也应该发挥其能动性，做到主动搜

[①] 《墨子·尚同上》。

[②] 《墨子·尚同下》。

集、整理信息,向上级及时汇报,即"凡闻见善者,必以告其上。闻见不善者,亦必以告其上"①。同时还要做到劝谏上级的错误和过失,即"上有过,规谏之"②。这也正是墨子在尚同方面所构建的管理模式的互动性表现。

由此可见,墨子十分强调思想统一的前提在于充分尊重民众的意愿。假如不了解民情,不把握民意,上下思想就不可能真正得到统一,上级的意图也就不能真正得到下级的理解、认同和贯彻。由此看来,墨子所主张的"尚同",并不是领导者的独断专行,而在于充分吸取民众意见之后所形成的真正意义上的"共识"。所以,高明的领导者治理天下,他挑选出来充当自己助手的都是优秀的人才,帮助他观察、听取意见的人很多,集思广益,兼听则明。

6.2.4 人才管理思想

墨子人才管理思想的核心是"尚贤"。"尚贤"即尊崇重用有才德能力的人,使其居于高位、上位,以管理民众,为民表率。墨子对于贤能人才的价值有着极其深刻的认识。《亲士》篇云:"入国而不存其士,则亡国矣。见贤而不急,则缓其君矣。非贤无急,非士无与虑国。缓贤忘士,而能以其国存者,未曾有也。"意思是说,到一个国家主政却不能蓄纳贤士,那就要亡国了。发现贤人却不急于举用,贤人就会怠慢其国君。没有贤才就不能处理危难,没有贤才就不能与之谋虑国事。《尚贤上》篇云:"是故国有贤良之士众,则国家之治厚;贤良之士寡,则国家之治薄。故大人之务,将在于众贤而已。"意思是说,若国家拥有众多贤良人士,那么国家的治理就厚实、稳固;若国家拥有的贤良人士少,那么国家的治理就薄弱、动荡。因此治国的首要任务,是使贤良人士增多。墨子在此有一个重要的前提假设,即国家必须由贤良人士来治理。

那么,什么样的人可算作贤士?贤士的标准为何?所谓的"贤良之士"应具有怎样的条件?他又必须达成怎样的目标?《尚贤上》篇说:贤良之士应"厚乎德行,辩乎言谈,博乎道术"。也就是贤士首先要有敦厚的道德操守,其次要有辩才无碍的表达、沟通能力,再者必须具备广博的知识与执行方法。在专业技术人才方面,墨子通过例举"善射御之士"说明国家获得贤良人士的方法:"譬若欲众其国之善射御之士者,必将富之,贵之,敬之,誉之,然后国

---

① 《墨子·尚同上》。
② 《墨子·尚同上》。

之善射御之士，将可得而众也。况又有贤良之士，厚乎德行，辩乎言谈，博乎道术者乎！此固国家之珍，而社稷之佐也，亦必且富之，贵之，敬之，誉之。然后国之良士，亦将可得而众也。"就是说，欲使其国家善于射箭、驾车的人士增多，就要使其富裕、高贵、受尊敬、受赞誉，这样国内善于射箭、驾车的人士才可获得并且增多。况且贤良人士，德行厚重，言谈思辨，道术广博，这本来就是国家的珍宝、社稷的辅佐，也必使其变得富裕、高贵，受到尊敬，获得赞誉，然后国内的贤良之士将可获得并且会增多。

可见，墨子重视人力资源的数量和质量，其实这决定着一个组织的命运。《尚贤上》说："故古者圣王之为政，列德而尚贤，虽在农与工肆之人，有能则举之。高予之爵，重予之禄，任之以事，断予之令。曰：'爵位不高，则民弗敬，蓄禄不厚，则民不信，政令不断，则民不畏。'举三者授之贤者，非为贤赐也，欲其事之成。故当是时，以德就列，以官服事，以劳殿赏，量功而分禄。故官无常贵，而民无终贱，有能则举之，无能则下之，举公义，辟私怨，此若言之谓也。"其意思是，所以古代圣贤帝王施政，安排位置给品德高尚的人、崇尚贤能的人，即使是农民、工匠或商人，有能力的也可举荐，给予其高爵位，重赐其俸禄，任用其以政事，给其政令。并且说，爵位不高，则百姓不敬重，俸禄不丰厚，则百姓不信任，政令不专断，则百姓不畏惧。将此三者授予贤能人士，不是为了赏赐贤能，而是要其事业成功。所以在这时，应按德行列位次，以官职为国家服务，按劳动绩效确定奖赏，按照功勋分给俸禄。因此做官的不会一直富贵，而百姓也不会终身贫贱，有才能的就举荐之，没有能力的就撤换之，举荐要讲公义，回避私人恩怨。其实，墨子所说的"爵""令""禄"，用当今之通俗语言讲就是职、权、利三者，若要重用贤人，而又不赐此三者，即使是再贤之人也是难以发挥作用的。

墨子还说："得意，贤士不可不举；不得意，贤士不可不举；……人尚贤者，政之本也。"[①] 意即为官者得意时，对贤士不可不举用；不得意时，对贤士也不可不举用；崇尚贤人，是施政治理的根本所在。可见，墨子所崇尚的是精英开明治理。虽然儒家也主张选贤举能，但他们的贤能范围只限于在位或不在位的君子，不包括"小人"或"野人"，而墨子则把贤能的范围扩大到"贱

---

① 《墨子·尚贤上》。

人"阶级。可见,墨子的选贤是没有范围限制的。墨子在论及选贤时还强调要做到三个注意点,即"不党父兄、不偏贵富、不嬖颜色"①。但是,如果管理者不肖,就应当"抑而废之,贫而贱之,以为徒役"②。这些思想对于现代人事管理也是很有借鉴意义的,用人时重裙带关系,职务只能升而不能降,这些都是不正常的现象,只有打破这些陈旧的思想,大胆地选拔任用贤能之人,才能促进经济的健康发展,才能促进社会的文明与进步。

墨子对起用贤人还提出了任前试用、任上监督、任后评论制度。其一,墨子强调"听其言,迹其行,察其所能"。这些都是"慎予官"的体现,其实就是任前的考察与试用。其二,《亲士》篇云:"君必有弗弗之臣,上必有詻詻之下。"意思是说,君主必须要有敢于谏言的大臣,上司必须要有敢于提出反论的部下。《尚同上》云:"闻善而不善,皆以告其上。……上有过则规谏之,下有善则傍荐之。"意即,听到好的与不好的,都要报告上司。上司有过错就要规劝他,下面有好的就要接近上司推荐之。如果任上不得力,或管理出现严重失误,就应当"抑而废之"。其实,这是一种严格的任上监督制度。其三,《尚贤中》云:"若昔者三代圣王尧、舜、禹、汤、文、武者是也。……万民从而誉之曰'圣王',至今不已。……若昔者三代暴王桀纣、幽、厉者是也。……万民从而非之曰'暴王',至今不已。"这其实就是任后评论制,可见墨子的"尚贤"思想中也包含着追踪、考核、调职、升迁等相关的考量。

墨子还强调因人之才、合理分工。《节用中》云:"凡天下群百工,轮、车、鞼鞄、陶、冶、梓匠,使各从事其所能。"《耕柱》篇云:"譬若筑墙然,能筑者筑,能实壤者实壤,能欣者欣,然后墙成也。为义犹是也,能谈辩者谈辩,能说书者说书,能从事者从事,然后义事成也。"合理分工,各尽所能,将每个人都置于最适合的岗位工作,这样才能使整体利益最优化。此外,《杂守》篇还说:"有谗人,有利人,有恶人,有善人,有长人,有谋士,有勇士,有巧士,有使士……守必察其所以然者,应名乃内之。""内之"即"纳之"。就是说,为了守城,应该容纳所有这些人。这完全符合现代用人原则,即"用最合适的人",而不是用最完美的人。

---

① 《墨子·尚贤中》。
② 《墨子·尚贤中》。

墨子如何用贤的思想主要包括以下几点：一是"慎予官"。他认为尽管贤士很重要，但对他们的任用必须谨慎小心，任用之前要对贤士进行充分的了解和考察，具体为"听其言，迹其行，察其所能"①。二是用人要用其所长，尽其所能，把合适的人放在合适的岗位上，使之做出应有的业绩。对人才的任用既不要大材小用，也不要小材大用，否则，会危害国家。《尚贤中》云："夫不能治千人者，使处乎万人之官，则此官什倍也。夫治之法将日至者也，日以治之，日不什修，知以治之，知不什益。而予官什倍，则此治一而弃其九矣。"对贤士的任用要不拘一格，贵在用其所长。贤士往往恃才傲物、桀骜不驯，不拘于世俗，任用者要有一颗容忍的心，给予必要的尊重和自由。三是实施考核奖惩。任用贤士之后还要对其给予必要的考核奖惩，加强对贤士的约束。他认为要"以劳殿赏，量功而分禄"②。所谓"赏"就是"举而上之，富而贵之，以为官长"；所谓"罚"就是"抑而废之，贫而贱之，以为徒役"。通过"赏罚"就能使人"相率而为贤者"，而不敢为不贤。同时，真正的"尚贤"是"法其言，用其谋，行其道"③，使贤能者真正发挥作用。

总之，"尚贤"是墨子治国的重要方法之一，国家的运作在于管理，而管理的成功与否取决于管理者的智慧与能力。贤良之士必须具备一定的条件：道德操守、表达能力、丰富的知识。管理人才必须充足，因此须设法使贤者众多，赋予贤者责任与权力使其完成管理工作，透过监督考核使贤者各尽其责、各适其位，完成使命。

6.2.5 经济管理思想

墨子的经济管理思想主要体现在《节用》《节葬》《非攻》《非乐》等篇中，其目的是增加国民财富。"生财""固本""节用""节葬""非乐""非攻"是其经济管理方法。

墨子出身平民家庭，对百姓疾苦感同身受。之所以要提倡节用，是因为他看到上层管理者的穷奢极欲导致民众劳苦过度。墨子指出："民有三患：饥者不得食，寒者不得衣，劳者不得息。三者，民之巨患也。"④百姓缺吃少穿的

---

① 《墨子·尚贤中》。
② 《墨子·尚贤上》。
③ 《墨子·尚贤下》。
④ 《墨子·非乐上》。

贫苦生活深深地刺痛了墨子，使他深刻地认识到生活资料的重要性。他认为生活资料的充足与否，除了关乎百姓的饥饿冷暖之外，还关乎着一个国家的安危存亡。他说"食者国之宝也"，"凡五谷者，民之所仰也，君之所以为养也。故民无仰，则君无养；民无食，则不可事，故食不可不务也，地不可不力也"，"故时年岁善，则民仁且良；时年岁凶，则民吝且恶"①。粮食要能满足百姓的食用，布麻要能满足百姓的穿戴，一个国家要能够安定祥和，就必须大力发展生产，于是在《七患》篇中墨子提出"其生财密，其用之节"这样一个解决经济问题的基本原则，认为"生财"和"用财"这两个方面及其关系，决定着一个国家的贫富，即所谓"固本而用财，则财足"。"生财密"即指多增加生产。对于如何才能"生财密"，墨子提出了一系列主张。

要增加生产，离不开人口，人口越多，从事生产活动的人也就越多。因此，墨子提倡早婚以延长生育时间，从而增加劳动力，"昔者圣王为法曰：丈夫年二十，毋敢不处家。女子年十五，毋敢不事人"②。在《非攻》篇中，他反对战争，认为战争劳财伤民，"杀人多必数于万，寡必数于千"。此外，战争还使夫妻长期分居，从而影响人口增加。"且大人惟毋兴师以攻伐邻国，久者终年，速者数月，男女久不相见，此所以寡人之道也。"③他认为蓄私也应该节制，贵族统治者不能蓄私太多，"君实欲民之众而恶其寡，当蓄私不可不节"④。君主如果想让人民增多而不愿减少，那么，蓄养姬妾就不可以没有节制。

要发展生产，还离不开劳动，墨子尊重劳动，强调了劳动的重要性。"今人固与禽兽、麋鹿、蜚鸟、贞虫异者也。今之禽兽、麋鹿、蜚鸟、贞虫，因其羽毛，以为衣裘，因其蹄蚤，以为绔屦，因其水草，以为饮食。故唯使雄不耕稼树艺，雌亦不纺绩织纴，衣食之财，固已具矣。今人与此异者也，赖其力者生，不赖其力者不生。"⑤ 墨子认为人应该依靠自己的劳动来生存，否则就和禽兽无异。在发展生产的过程中，墨子认为还要进行合理分工，这样才能达到事半功倍的效果。"王公大人，蚤朝晏退，听狱治政……（士君子）内治官府，

---

① 《墨子·七患》。
② 《墨子·节用上》。
③ 《墨子·节用上》。
④ 《墨子·辞过》。
⑤ 《墨子·非乐上》。

外收敛关市、山林、泽梁之利……农夫蚤出暮入，耕稼树艺……妇人夙兴夜寐，纺绩织纴……此其分事也。"① 所谓术业有专攻，只有合理分工，才能取得最佳劳动效果。不难看出，墨子的劳动分工使生产活动呈现出秩序井然的场面。

墨子认为生产劳动还要讲究时节、时令，注重农时，因为农作物的生长要依赖于天气、时节。《七患》篇指出："故先民以时生财，固本而用财，则财足。""故虽上世之圣王，岂能使五谷常收，而旱水不至哉！然而无冻饿之民者，何也？其力时急，而自养俭也。"因为时节、时令对于农业生产极其重要，他认为统治者要珍惜农时，减少征战，保证劳动力和劳动时间，从而保证生产。

以上是墨子提出的"开源"管理措施，墨子还主张"节流"。为此，他提出了"节用""节葬""非乐"的观点。墨子观察到了当时社会生产与需要之间的矛盾，认为要解决这个矛盾，除了加强生产之外，还要"尚俭""节用"。在他看来，节约开支就是兴利，就是增加财富，"生财密"和"用之节"是相辅相成的。他认为不管是国家财政开支还是个人消费，其用度都以维持最低生活需要为标准，不能讲究过多，不能奢侈浪费。《节用上》篇说：

> 凡为衣裳之道，冬加温，夏加清者，芊（鱼且）不加者去之。其为宫室何？以为冬以圉风寒，夏以圉暑雨。有盗贼加固者，芊（鱼且）不加者去之。其为甲盾五兵何？以为以圉寇乱盗贼，若有寇乱盗贼，有甲盾五兵者胜，无者不胜，是故圣人作为甲盾五兵。凡为甲盾五兵，加轻以利坚而难折者，芊（鱼且）不加者去之。其为舟车何？以为车以行陵陆，舟以行川谷，以通四方之利。凡为舟车之道，加轻以利者，芊（鱼且）不加者去之。

墨子认为缝制衣服的原则是冬天能保暖，夏天能凉爽；建造房子的原则是冬天能抵御风寒，夏天能防御炎热和下雨，能防盗贼；制造铠甲、盾牌和戈矛等五种兵器的原则是能抵御外寇和盗贼；制造铠车、船的原则是能行陆地行水道，以此沟通四方。凡是这些东西，都是因为实用才去制造，所以用财物不浪

---

① 《墨子·非乐上》。

费，民众不劳乏，兴起的利益就多了。

"节葬"也是墨子"节用"主张强调的主要内容之一。"节葬"是针对当时儒家倡导、社会时兴的厚葬久丧而提出的。儒家认为人死之后，晚辈为了尽孝道，应该厚葬死者，并用三年的时间为死者守孝。墨子认为这种做法势必耗费大量的人力、物力、财力，是一种不必要的浪费，损害人民和国家的利益。墨子并不反对孝道，相反，他认为尽孝应该重在长辈生前。"今孝子之为亲度也，将奈何哉？曰：亲贫则从事乎富之，人民寡则从事乎众之，众乱则从事乎治之。当其于此也，亦有力不足，财不赡，智不智，然后已矣。"① 他也不反对丧葬，但主张丧葬只需"棺三寸，足以朽体；衣衾三领，足以覆恶。以及其葬也，下毋及泉，上毋通臭，垄若参耕之亩，则止矣"②。只有实行薄葬、节葬，才符合圣王之道。

墨子"非乐"的思想是基于节俭，基于国家、百姓的利益提出的，他并不是单纯因为不喜爱音乐而"非乐"。"非乐"并不仅仅指狭义上的音乐，而是泛指声色和一切享乐。《非乐》篇并不是墨子的文艺观，墨子的用意不在于探讨文艺的功能与价值。他关注的是民生，他提出非乐，意在批判管理层的享乐主义之风，批判管理层忘记自己的职责，而一味贪图享乐。他认为管理层的职责应该是忧国、忧民、忧天下，而不是穷奢极欲，追求感官的享受。"且夫仁者之为天下度也，非为其目之所美，耳之所乐，口之所甘，身体之所安，以此亏夺民衣食之财，仁者弗为也。"③ 然而当时的管理层刚好与此相反，他们不惜亏夺民众衣食之财，来满足自己的感官享受，追求目之所美、耳之所乐、口之所甘和身体之所安，尤其是对器乐和竽笙之声的追求。墨子并没有否定刻镂声乐、亭台楼榭以及华服甘味等的审美价值，他只是强调管理阶层不应该追求这些，因为这些做法有违圣王之事，也不中万民之利。"是故子墨子之所以非乐者，非以大钟鸣鼓、琴瑟竽笙之声，以为不乐也；非以刻镂、华文章之色，以为不美也；非以犓豢煎炙之味，以为不甘也；非以高台、厚榭、邃野之居，以为不安也。虽身知其安也，口知其甘也，目知其美也，耳知其乐也，然上考

---

① 《墨子·节葬下》。
② 《墨子·节葬下》。
③ 《墨子·非乐上》。

之，不中圣王之事，下度之，不中万民之利，是故子墨子曰：为乐，非也！"①可见，墨子是从王公大人的职责出发提出非乐的，因此可以说，非乐仍然是墨子民生思想的一种表达。

总之，墨子针对当时上层管理者存在的较为严重的厚葬久丧和享乐主义现象，提出节用的原则，要求管理层在财政管理上节省开支，去除不必要的花费。节用的总原则就是：去无用之费，"故子墨子曰：去无用之费，圣王之道，天下之大利也"②。究竟何为无用之费，墨子给出了评判标准，这就是以"三务"为方针、以实用为限度、以利民为目的。"凡足以奉给民用，则止，诸加费不加于民利者，圣王弗为。"③ "凡足以奉给民用，则止"，体现了实用为限度。凡是能够满足人们生活所必需的当用，满足必需，说明有实际的作用和价值。"诸加费不加于民利者，圣王弗为"，则体现了以利民为目的。钱财的花费如果对民无利、于民无益，就不去做。也就是说，能够为民众谋福利的当用。此外，就是要以"三务"即富国、众民、治乱作为总的指导思想和方针。墨子制定节用之法，并不是要限制消费，而是规范财政支出，追求合理的消费。他关注的是"当用""不当用"，而不是以损伤身体和降低生活质量为代价的省吃俭用。省吃俭用，如果不是出于被迫无奈，那么它就属于当用而不用，在某种意义上是一种人为之举，掺杂了人的私心杂念，例如吝啬、懒惰、担忧等病态心理，因而是不健康的消费观念，不利于身体素质的提高，而且会阻碍社会的正常发展，这并不是墨子所提倡的。墨子倡导的是当用则用，不当用则止。

6.3 墨家管理思想的现代价值

墨家管理思想的理想是力求构建一个公平公正、合理互爱、节约、高效能的和谐社会。墨子别具一格的观点对当时国家治理、社会安定产生了深远的影

---

① 《墨子·非乐上》。
② 《墨子·节用上》。
③ 《墨子·节用中》。

响，其和谐思想、兼爱思想、尚同思想、尚贤思想等对现代管理实践仍然具有重要的借鉴作用。

6.3.1 墨家和谐思想的现代价值

中国传统文化以实现社会、人、自然的和谐统一作为价值理想。墨子所追求的是建立一个和谐社会，他认为宇宙间的一切事物都存在着矛盾对立的真实性和阴阳两个方面的统一与协调，这是客观存在的，是任何人都改变不了的。墨子强调的是社会的和谐，强调国与国之间、家与家之间的和谐；强调君臣上下之间，乃至夫妇、父子、兄弟以及人与人之间的和谐，从而达到"万民和，国家富，财用足，百姓皆得暖衣饱食，便宁无忧"①。墨子还说："天下和，庶民阜。是以近者安之，远者归之。"② 这样就能实现"一天下之和，总四海之内"③ 的天下和谐局面。

"兼相爱，交相利"是墨子整个思想体系的核心，是其和谐思想的基本主张，也是墨子管理思想在社会治理方面的基本原则。墨子认为天下的祸乱、人们之间的猜忌怨恨都是源于不相爱。在处理人与人之间的关系时，应当"视人若己"，学会换位思考。在墨子看来，一切不协和的因素都是源于"不相爱"，因此要构建和谐社会就需要"兼爱"。墨子认为义与利是相通的，倡导利己先利他，这是无私的、高尚的大利。"兼爱"是建立在义利合一的基础之上，以"利他"为出发点，实现"利己"的目的，最终实现互利共赢，形成团结互助、平等友爱的社会环境。

义利合一的功利观是墨子处理人际关系的理论基础。我国要构建的和谐社会，不仅是国家内部的和谐，也是着眼于大局，要在世界范围内构建一个和谐有序的国际环境。墨子的兼爱思想为社会管理，尤其是人与人之间、国家与国家之间的和谐相处提供了一个管理原则，是要从根本上改变人们的思想，倡导人与人之间"相爱相利"，和谐共处。

人与自然的和谐思想主要体现在墨子"节用"管理思想上。"节用"思想不仅是在道德上提倡勤俭节约的风尚，更是强调在自然资源相对匮乏的时代，合理地开发利用资源，避免不必要的资源浪费。墨子说："爱尚世与爱后世，

---

① 《墨子·天志中》。
② 《墨子·尚贤下》。
③ 《墨子·非攻上》。

一若今之世人也。"① 也就是说，我们应当多为后世子孙设想，在生活生产时不仅要满足当下的消费需求，还要兼顾保护自然资源和生态环境的责任，为后世子孙积福积德。他强调"古者圣王制为饮食之法，曰：足以充虚继气，强股肱，耳目聪明，则止。不极五位之调，芬香之和，不致远国珍怪异物"②。他提出了一种合理的经济行为和生活方式，没有必要过分地讲究饮食，只要能够保持健康就可以了。墨子的节用管理思想与我国提倡的构建"资源节约型社会"主题相契合，对我国建设资源节约型社会具有现实的借鉴意义。

6.3.2 墨家兼爱思想的现代启示

墨家兼爱思想具有一定意义上的空想性，在那个时代没有实现的条件。当今时代以和平发展为主题，世情、国情发生了深刻变化，有了兼爱思想可以实现的土壤，其对现代管理具有启示性作用。

其一，坚定兼爱信念。墨子以天下为己任，为天下兴利除害，量腹而食，度身而衣，日夜不休，奔走于各国，宣传他的兼相爱、交相利思想。他坚守役夫之道、儒者之业、教士之为、清庙之守，殉身赴义，曾经为了止楚攻宋，率领弟子兼程十日十夜，赶到楚国，制止侵略战争，实现他的兼爱非攻主张。这种坚守自己的信念，为建立美好社会殉身赴义的行为，是领导者的榜样。

其二，兼爱思想具有和平价值。墨子反对不义的侵略战争，积极防守备战。他追求和平，和平是发展的基础，墨子兼爱思想要求人们相亲相爱，爱他人就像爱自身，不再攻伐相害相残，使社会处在和平与安定的环境中，这不仅有利于人们的身心健康，也有利于社会乃至整个人类历史的进步与发展，这正是兼爱思想的和平价值所在。虽然我们还不能从根本上制止霸权主义与强权政治，不能遏制一些国家与地区发动战争，但是可以发扬墨子的兼爱思想，影响世界人民，一起来推动和平，推动平等互爱。中国自古以来就是爱好和平的国家，是礼仪之邦，以和为贵，我国一直致力于推动世界和平秩序的建立，提出和平共处五项原则等，在国际社会中树立了爱好和平的形象。在国际事务中，墨子的"兼爱""非攻"思想有助于建立良好、和谐的国际关系，推动国际关系平等化的实现，减少国家之间的冲突。把推行普遍、平等无差别的爱作为理

---

① 《墨子·大取》。
② 《墨子·节用中》。

想信念的墨家学说，对现代世界来说也是恰当的。

其三，兼爱思想具有管理伦理价值。墨子兼爱思想所包含的尚利、贵义、重信等主张对建立社会信用体系有一定的促进作用。有志之士均以利于天下的公利为大义，而非因一己之私去做弄虚作假、坑蒙拐骗等有失信义之事；社会上人人勤劳节俭，急公好义，乐于助人，就可营造良好的人际关系；商业活动中互讲诚信，公平竞争，做良心买卖，赠人玫瑰手留余香，有利于建立诚信体制；兼爱思想有助于社会机关、团体、企事业单位和个人建立合作共赢的关系；墨家尚义，其敢于奉献、见义勇为的精神和高尚的人格魅力，有助于建设当代的社会伦理体系。

6.3.3 墨家思想在企业管理中的应用

墨家的兼爱思想、尚同思想、尚贤思想等在企业管理中具有实际的应用价值。

6.3.3.1 兼爱思想在企业管理中的应用

"兼爱"是墨家管理的价值原则。墨子提出"兼相爱，交相利"思想是希望人们能相亲相爱，互帮互助，减少冲突，实现人际和谐，为人们生活创造良好的大环境，从而实现共赢的局面。现代企业管理从"兼爱"思想中获得启示，要求企业管理者平等对待及尊重每一位员工的劳动与创造，员工是企业生存与发展的主体，管理方式与手段的采用都应达到调动员工的积极性、主动性、创造性的目的。

从管理心理学角度看，人与人之间的关系如何，直接影响工作效率的提高。借鉴墨子的"兼爱"思想，平等博爱，学会感恩，可以有效地协调组织内部的各种关系。当员工之间或者是管理者与员工之间发生冲突时，双方若能冷静下来进行换位思考，就可化解矛盾，把破坏性冲突变成建设性竞争，活化组织，一方面能够创造和谐温馨舒适的工作环境，另一方面可以加快组织目标的实现。管理者在实施管理时，主动关心员工的需要，了解员工的思想和情感，理顺上下级关系，健全沟通的渠道，将有利于激发全体员工的积极性。

6.3.3.2 尚同一义：重视企业文化建设

墨子提出的"尚同一义"思想就是要下级服从上级，形成自下而上统一行动的组织体系及共有价值观。这一思想在现代企业管理中越来越受到重视。对于企业来说，不同文化背景、不同性格特征、不同学历层次、不同思维方式、不同生活习惯的人汇聚在一起,实施管理是有难度的。怎样才能让所有的员工知道企业的愿景与目标、未来的发展方向,并为之共同奋斗,这就需要企业进行文化建设。

企业领导者应该把企业的核心价值观和理念写进企业文化手册,进行宣传并组织员工集体学习,然后践行企业文化精神,只有这样,企业的核心价值观和理念才能逐渐地深入员工的心中,并内化为员工的行动准则,形成强大的组织合力。如海尔的企业文化、华为的企业文化等,每年都有很多企业去学习。优秀的企业文化,是向社会公众展示企业精神风貌、价值理念、管理风格和良好经营状况的一个窗口,能为企业树立良好的信誉,扩大企业的影响力和品牌知名度,提升企业的整体形象。可以说,企业文化就是企业组织的一种信念系统,决定着组织成员的行动方向;企业文化主要是组织的一种软性推动力,促使组织成员按照统一的准则调节和规范行为,并转化为人员内在的品质与行为习惯;企业文化更是组织成员的一种心理能量,使组织成员能够始终把握自己的积极心态。因此可以说,企业文化建设是墨子"尚同一义"思想在现代企业管理中的新发展。

墨子不仅提出了"尚同"思想,同时还提出了实现"尚同"的方法。《淮南子·泰旅训》中载:"墨子服役者百八十人,皆可使赴火蹈刃,死不还踵。"墨子假设君王是最高的管理者,也是最贤能的人,如果假设成立,则这种管理自然是有效的,所以下属就没有理由不贯彻执行上级的指令,这样就实现了"尚同"。综观现代企业管理的实际情况,我们可以肯定墨子的这一假设,所以,墨子"尚同"的管理思想对现代企业的贡献不仅在于尚同思想本身的提出,更主要的是他提出了如何实现"尚同"的基本思路。

6.3.3.3 尚贤思想在企业管理中的应用

墨子认为贤士的任用对于国家长治久安及发展是十分重要的,贤良之士是国家的珍宝,社稷的良佐,必须使他们富裕、使他们显贵,尊重他们、赞誉他们,然后全国的贤良之士就会多起来。由此看出墨子对人才管理的重视程度。墨子在《尚贤上》里论述了统治者任用贤人时,不应论其出身,而应该给予其较高的薪水、很高的爵位以及处理问题的决断权这三样东西。这对于今天的企业管理依然有启示:高薪养廉,杜绝贪污腐败现象的发生;给予较高的位置,合理授权,适度监管,让贤人能够真正为企业奋斗,实现自我价值。

墨子"尚同"得以实现的前提是"管理者是贤能的人",但在现实中并不是所有的管理者都是贤能的人,那么,怎样让贤能的人成为真正的管理者呢?墨子又提出了"尚贤"的选人标准。这一思想是对"尚同"思想的深化、发展与补充,进一步完善了其管理思想的逻辑结构,使其管理思想从理论层次提升到了实战层次,并在实践中得到有效应用。现代管理的人本观念中关于人才的概念是广义的,人才不仅仅是指少数精英人物,而是认为人各有所长、各有才能,只要合理使用,都能够发挥其应有的作用。墨子思想中的贤士能人,既可以是善射善驾之士,也可以是"厚乎德行,辩乎言谈,博乎道术者"[①];既可以存在于国之富贵人之中,亦可以存在于农与工肆之中。所以,墨子的"尚贤"观点中对于"贤人"的界定标准完全契合了现代人力资源管理中"人尽其才,物尽其用"的管理思想。每个人都有一定专长,每个人都有自己适合的岗位,在人力资源配置过程中,管理者的首要任务就是把贤能的人才放到其最为适合的岗位上,这正是人力资源管理的最高境界。而把"贤"作为评判人才的标准,这一点相较于儒家学说的"用人唯亲"显然是一大进步。

综上所述,墨子的管理思想在现代管理理论和管理实践中仍然闪烁着智慧的光芒,这正是墨子思想的伟大之处。当然,墨子的管理思想并不仅仅局限于此,也并不全都可行,其中也有一些理想主义的成分,这些尚需我们进一步探究,以深刻发掘墨子思想中的管理要素。

---

① 《墨子·尚贤上》。

商家管理思想

CHAPTER 7

商家或货殖家，亦称"治生之学"，是先秦时期一个颇有特色的管理思想流派。春秋战国时期是一个大动荡、大变革的时期，原来的"工商食官"的官工商制度已不适应社会发展的需要而逐渐解体。在此变革过程中，为追求财富，弃农经商、亦官亦商、弃学经商、专职经商等现象不断涌现，出现了一批依靠自己对商品经济和市场需求的了解而获得巨额财富的商人，他们有的还留下论著，把自己致富的经验传授给后人。司马迁在《史记》中将商贾称为"货殖家"，也即商家。本章主要概述计然、范蠡、子贡、白圭的经营管理思想，以及商家管理思想的现代启示。

7.1 商家管理思想概述

7.1.1 商家管理思想的起源

商业源于交换，中国历史上最早的物品交换始于何时，已无法确考。现存史籍最早有物品交换记载的是神农时代的"日中为市"。

> 包牺氏没，神农氏作，斫木为耜，揉木为耒，耒耜之利，以教天下，盖取诸益。日中为市，致天下之民，聚天下之货，交易而退，各得其所。①

神农炎帝不仅是中国的农业始祖和医药始祖，同时也是农商之祖。当时，都城里建有一排排店铺，每天中午开市交易，四面八方的百姓带着各自生产的多余的农牧渔猎等产品云集而来，在这些店铺里摆下摊位，互相交易，然后又带着各自需要的东西满意地回家。这种用自己所余换自己所需的原始集市交易，既没有中介人——商人，也没有中介物——货币，仅仅是以物易物，这种"市"是商业的雏形。

目前学界普遍认为商先公王亥是中华商祖，但也有学者将虞舜视为"中华

---

① 《易传·系辞下》。

商祖",而称王亥为"豫商鼻祖"。大禹因治水土有功,被帝舜举为天下共主。大禹将天下版图从黄帝以来的十二州重新勘定为九州,制定了治理天下的九大方略。《尚书·洪范》记载的大禹九畴中,第三项是"八政",其第一条就是"食",第二条就是"货"。所谓"食",就是指农牧渔猎等可食之物;所谓"货",就是布帛、器物、货币等可通之货。食足、货通,是人类生存的两大根本。司马迁《史记·货殖列传》是专门记叙从事"货殖"活动的杰出人物的类传。"货殖"是指谋求"滋生资货财利"以致富,即利用货物的生产与交换,进行商业活动,从中生财求利。司马迁所指的货殖,还包括各种手工业,以及农、牧、渔、矿山、冶炼等行业的经营。后来从班固编撰《汉书》起,历代正史都把富民之策归入《食货志》。

7.1.2 商家管理思想形成的社会背景

春秋战国时期,由于"市"的建立更为普遍,出现了专门的销售摊位——"列肆",摆在"列肆"的商品种类更为丰富,所有"被服饮食奉生送死之具",以及东西南北的土特产,在各地市场上均可交易。过去很多曾经禁止出售的器物如青铜礼器、武器等也都出现在"列肆"。金铺、珠宝玉器铺、粮食铺、皮货铺、绸布铺、盐铺、药铺、鞋铺等细分店铺鳞次栉比,刀剑戟钺、猪羊兔鱼、茅草柴炭、酒类等商品应有尽有。如《荀子·王制篇》中所说:"北海则有走马吠犬焉,然而中国得而畜使之。南海则有羽翮、齿革、曾青、丹干焉,然而中国得而财之。东海则有紫绐鱼盐焉,然而中国得而衣食之。西海则有皮革、文旄焉,然而中国得而用之。故泽人足乎木,山人足乎鱼,农夫不斲削、不陶冶而足械用,工贾不耕田而足菽粟。"从这些记载中可以看出,当时的商品是非常丰富的,各种商品应有尽有,不同的地方都有各自独特的商品,也根据自己的特长,专注生产自己有优势的商品,商业繁荣景象几乎无处不在。

从政治背景来看,春秋战国时期诸侯国之间的相互兼并,令统治者们非常有危机感,他们为求得生存与发展,纷纷想尽办法壮大自己的实力,从而采取有利于促进商品经济发展的重商政策。虽说他们是出于政治和经济目的,但事实上推动了商业的发展。商业在当时的诸侯国中具有举足轻重的地位,商品经济的发展繁荣给国家带来了大量的商业税收,对于增强其经济实力、巩固统治和争霸战争功不可没。《战国策》云:"夫存韩安魏而利天下,此亦王之大时已。通韩之上党于共、莫,使道已通,因而关之,出入者赋之……共有其赋,足以富国。"征收关税成为"富国"的重要渠道。《管子》甚至把"修道途,便关市"作为"输之以财"的重要方式之一。《孟子》也记载:"去关市之征,今兹未能,请轻之,以待来年,然后已,何如?"认为如果免征关税或降低税率,就有可能危及国家的政治统治,可见商业税收对诸侯国之重要。

诸侯国的统治者们颁布了不少重商政策,主要体现在以下方面:

其一,为了鼓励商业,春秋战国时期诸侯国普遍采用了"通商"政策。晋文公即位之初,就下令"通商宽农,懋穑劝分",使晋国很快脱离了贫困线,达到"政平民阜,财用不匮"的富裕程度。公元前658年,卫国因受狄人骚扰而被迫迁往楚丘之后,卫文公就制定了"务材、训农通商、惠工"等政策,这些政策很快使卫国富强起来,以至"元年,节车三十乘;季年,乃三百乘"。

其二,为了维护正常的商业贸易,春秋时期各国都会在诸侯盟会上商讨关于商业的盟约,并且把确保商业发展的一些政策写到盟约里。由于各国都很重视商业,即便是在战乱时期,各国之间的商业贸易也没有受到太大影响。诸侯盟约中都会明确规定要保护客商,同时不阻碍粮食流通。这说明通过政策重视商业活动已经成为各诸侯国的共识。

商品经济的发达促使统治者们设立成熟的商业管理机制,为的是能够确保商业不断发展,从而为国家提供足够的经济支持,商业发展了,国家就富强,实力增强就可以在争霸中占据有利位置。基于政治统治的需要,各国的统治者都对商业非常重视,设立专门机构管理商业,维护整个市场秩序。同时,各国还制定规章制度,以规范商业经营行为。

其三,由于关税事关商品流通和商业兴旺,各诸侯国都采取了"轻关易道"的政策,《逸周书·大聚解》曰:"关市平,商贾归之。"因为关税税率的轻重直接关系到商人的利润与商品经济的繁荣与否,因此诸侯国都很重视。晋文公即位之初,就下令"轻关易道""以厚民性"。齐桓公即位后,采纳管仲的建议,"使关市几而不征,以为诸侯利"。有了这些政策的保驾护航,降低了关税税率,有利于吸引商业投资和商品流通,也为诸侯国称霸提供了强有力的物质保障。

春秋战国时期,诸侯国大都采取了重视商业、保护商业、促进商业发展的各种政策和措施,这些重商政策对商品经济发展起到了重要的保护和促进作用,使商品经济发展到一个新的水平,而商人的身份和地位也得到认可与提升。司马迁说:"待农而食之,虞而出之。工而成之,商而通之……此四者,民所衣食之原也。"① 商人取得了与士、农、工同等的社会地位,获得了"自由身"。随着"工商食官"的瓦解,私营资本获得准入山川鱼盐等原先的官营产业,私营商业逐渐获得了长足发展。此类产业由私营商业主经营,而政府从中得到的是税收。春秋中期开始,随着"工商食官"格局的逐渐打破,自由商人已形成了在社会经济中具有重大作用的庞大队伍,社会地位也日渐提高。到了战国时期,诸侯国对商业的管制和控制力逐步减弱,各国的私营商业已呈崛起之势,统治者在工商行业中的统治地位也逐渐被取代。

随着商品经济的发展繁荣,出现了一批富至"千金""巨万"的巨商。到春秋后期晋平公时,"夫绛之富商,韦藩木楗以过于朝,唯其功庸少也;而能金玉其车,文错其服,能行诸侯之贿,而无寻尺之禄"②,其势力由此可见一斑。

到战国时期,商人势力进一步发展,能够"与王者埒富"的大商人已不在少数。计然、范蠡、吕不韦、子贡、白圭等"无寻尺之禄"的富商大贾,已经形成一个"特殊的商人阶级"。这些巨富商人不但有钱,而且得到当时统治者的认可和尊重,地位也是非常高的。司马迁在《史记·货殖列传》中记载,有千金的人家可以比得上一个都会的封君,有巨万家财的富商便能同国君一样享乐。可见当时的富商不但可以位极人臣,而且还能与国君"平起平坐",地位不可小觑,他们被称为"素封"。

7.1.3 商家经营管理思想的主要内容

商家是先秦时期存在过的一个独立的思想流派,是诸子百家中独立的一家。以计然、范蠡、子贡、白圭为代表的商家学派注重对商业经营实践规律的总结,在取得巨大经营效益的同时,形成了独特的经营管理思想,为后人留下了宝贵的商业经营思想财富。商家思想的主要内容有以下方面。

7.1.3.1 重视市场预测和决策的思想

市场预测是商业经营决策中不可缺少的一环,是商业经营成败的关键问题之一。因此,商业经营管理必须重视市场调查分析,掌握更多的信息资料,并

---

① 《史记·货殖列传》。
② 《国语·晋语》。

依靠各种可靠的数据来预测市场的发展趋势,以使自己在经营中处于主动地位。商家提出了以下一些关于市场预测的基本观点:

第一,根据市场形势的变化,预测市场行情。范蠡用计然之策,"知斗则修备,时用则知物",意思是预先估计市场需求,按时令准备好充足适用的商品。在经营过程中,认识到市场竞争不可避免,就要事先积蓄商品。根据商业竞争的情况和生产丰歉程度,来确定储备什么物品、储备多少物品。积蓄也好,"知物"也好,均不是经营的目的,而是它的出发点。积蓄应在经营过程中不断地随着商情变化而变化,即根据预测的市场行情不断地积散不同的商品,这才是预测和积蓄的目的。

司马迁在总结白圭取得成功的经验时,把"乐观时变"放在第一位。所谓"乐观时变",就是善于观测年成的变化,据以预测市场上对农副产品需求的变化。白圭预测行情,首先是通过预测气候变化而估计农业收获的丰歉,从而预测未来商品供求的变化。他对气候同农业收获的关系的认识是:"太阴在卯,穰(丰年),明岁衰恶;至午,旱,明岁美;至酉,穰,明岁衰恶;至子,大旱,明岁美,有水;至卯,积著率岁倍。"① 这是根据古代天文知识以及丰歉变化的历史得出的一套经验。农业是封建社会的主要生产部门,农业的丰歉,对整个国家的经济状况包括市场状况有决定性影响。白圭这一套预测丰歉的办法,虽限于古代的技术条件不可能有充分的科学依据,但预测行情变化首先从预测农业丰歉出发,这是符合当时历史条件的。在古代自然耕作的年代,各年出现丰歉交替是普遍正常的现象。白圭预测行情的另一个办法,是依据当前的商品供求和价格的实际状况来预测未来的行情变化。他认识到,当市场上某种商品需求大,成为人们的争购对象从而价格看涨时,接着就会出现供过于求和价格下跌的相反方面的变化。对这种市场价格和供求变化的经验性认识,实际上是白圭"乐观时变"的主要内容和他进行经营决策的主要依据。

第二,在市场预测的基础上,及时决策和行动。白圭认为,商业经营不但要善于"乐观时变",而且要"趋时若猛兽、鸷鸟之发"。也就是说,不但要预测市场变化,而且在看准行情之后,要能够及时决策,迅速行动,就像猛兽扑食、雄鹰搏兔一样,以迅雷不及掩耳之势,先于竞争者进行抢购或抛售。白圭

---

① 《史记·货殖列传·白圭传》。

经商的魄力很大，敢下大本，求大利。经商总是有风险的，白圭这种"趋时若猛兽、鸷鸟之发"的做法，当然要冒很大的风险。但是，由于他有一套预测市场行情变化的本领，对"时变"看得较准，"趋时"即决策和行动也较有把握，因而总能获得成功。司马迁在谈到白圭敏于"趋时"的特点时称赞说：白圭这样做"非苟而已也"，意思是说他并不是轻举妄动，随意冒险，而是建立在充分的市场预测基础之上的。

范蠡也强调，商业经营"与时逐而不责于人"，善于分析市场行情，捕捉时机，及时决策和行动。子贡在这方面也做得很出色，所谓"与时转货赍"，就是根据市场形势变化，进行市场调研和预测，做出正确的经营决策。孔子曾称赞他"臆则屡中"，即在商情预测上往往非常准确，所以他才能经商致富。

7.1.3.2 重视商业经营策略的思想

关于商品价格。商品价格是否合理，是决定商业经营成败的重要因素。先秦商家对这一问题有许多论述，归纳起来有以下几点：

第一，掌握价格变化规律。上下波动是物价运动的基本形式。计然指出，商品价格变化的规律是："贵上极则反贱，贱下极则反贵。"价格上升到顶点就下降，而下降到最低限度就会上升。引起商品价格上下波动的原因是什么？计然认为是由商品供给和需求状况决定的，即"论其有余不足，则知贵贱"。子贡提出了"物以稀为贵"的观点，他说："君子之所以贵玉而贱珉者，何也？为夫玉之少而珉之多耶。"① 意思是说，玉能卖高价是因为它稀少，珉因为多而不被人们看重，所以价格就贱。也就是说，在商业经营中要注意商品的供给状况，要多经营那些稀缺的商品，这样才能多获利。在市场价格变化面前，陶朱公总结出商人的反应应该是"贵出如粪土，贱取如珠玉"。货物价格高时，就要大量抛售，货物价格低时，就要大量买进。

第二，贯彻薄利多销原则。白圭提出："欲长钱，取下谷。"意思是，要想盈利，就要经营低价格的下等谷物。为什么要这样呢？这是因为，下等谷物常常是社会的大宗消费物，尽管价格低，盈利也不大，但由于市场需求相对稳定，成交量大，积少成多，因而可以获大利。中小商人的实力一般都比较弱，他们希望从货物价格的大起大落中获利，却经不起大起大落的折腾，所以，从

---

① 《荀子·法行篇》。

一般意义上说，经营需求量和价格都相对稳定的下谷，是一个比较稳妥的致富之法。陶朱公也提出"无敢居贵"，即不要追求过高的价格，实行薄利多销往往比追求高价所得的利润更多，而且会加速商品和资金的周转，即所谓"财币欲其行如流水"，做到"无息币"。

关于商品购销。白圭确定商品购销的基本方针是："人弃我取，人取我与。"所谓"人弃我取"，就是对那些人们并不急需又暂时供过于求而价格最便宜的商品，应当予以购存。所谓"人取我与"，就是对那些消费者迫切需要又暂时供不应求而价格昂贵的商品，应当予以销售。所以，"人弃我取"是为了"人取我与"，"人取我与"是以"人弃我取"为前提的，两者在具体经营过程中是连续运用而不可分割的。

范蠡提出"旱则资舟，水则资车"的方法。他认为，干旱时陆路交通工具车子好销，人们会竞相造车，以致车子供过于求，所以要投资于船；水涝时船只销路好，人们会竞相造船，以致船只供过于求，所以要投资于车。贸易的物质迎合将来迫切需要者，是最为有利可图的，此可谓经营上的"待乏"原则。

关于商品质量。范蠡在具体商品的经营上，提出要注意商品的质量，即所谓"务完物"，就是贮藏货物务必保持完好。同时，又指出"腐败而食之货勿留"，容易腐败的食物不可久留。所以，贱取的时候，要注意不要取容易腐烂的食物来囤积。

7.1.3.3 重视商业经营者素质的思想

先秦商家都重视商人的素质。司马迁把范蠡的经营之道归结为善于"择人而任时"："故善治生者，能择人而任时。""任时""趋时"都要由人来实现。"择人"比"任时"对商业经营的成败具有更重要的意义。陶朱公本人就不是单纯讲利而是讲义的，甚至仗义疏财，以致时人称他为"言好行其德者"。

白圭明确提出了商人必须具备的各种素质。他说："吾治生产，犹伊尹、吕尚之谋，孙吴用兵，商鞅行法是也。是故其智不足与权变，勇不足以决断，仁不能以取予，强不能有所守，虽欲学吾术，终不告之矣。"[①] 白圭在这里提出了做商人必须具备的四个基本条件：智、勇、仁、强。他认为，优秀的经营人才，必须是一员将才，因而将孙子标准中的"智、仁、勇"完全借鉴过来，

---

① 《史记·货殖列传·白圭传》。

把孙子所提出的"严"改造为"强",两者在某种程度上具有相同的指向,"强"较为注重耐受力,更适合衡量商业人才。

7.2 计然的管理思想

7.2.1 计然其人

计然(生卒年不详),姓辛氏,名文子,春秋时期宋国葵丘濮上(今河南商丘民权县)人。计然的上代是晋国公子,曾经有过显赫的家世,但晋悼公之后,晋禹表卿专权,史称"八卿强,公室单"。当时齐相晏婴到晋国访问,与晋国大夫叔向会见时,叔向不无忧虑地告诉晏婴说:"晋,季世也;公厚赋为台池而不恤政,政在私门,其可久乎?"① 在这种情势下,作为晋公子的计然祖辈逃离晋国,开始流亡生涯,到了宋国葵丘濮上定居下来,所以史家多说计然是宋国人,庄子就称他为宋钘、宋荣子。葵丘就是春秋首霸齐桓公"葵丘之会"的所在地,濮水则是后来庄子垂钓之濮水,或许冥冥之中注定,计然的一生介乎道术与霸术之间。

计然外表貌似平庸、愚钝,但自小非常好学,通览群书。就像人们常说的大智者若愚。他时常观察大自然,善于从事物刚开始露出端倪时,发现事物的发展规律,知道别人的想法。传说他博学多才,天文地理无所不通。后又拜师于当时赫赫有名的周朝廷守藏史、道家创始人老子,所谓"早闻大道",因而精通天地阴阳之道,擅长从事物刚开始露出端倪时就能知道事物的发展规律,人称"少而明,学阴阳,见微而知著"。《史记·货殖列传》载:

> 昔者越王勾践困于会稽之上,乃用范蠡、计然。计然曰:"知斗则修备,时用则知物,二者形则万货之情可得而观已。故……旱则资舟,水则资车,物之理也。"推此类而修之,二年国富,厚赂战士,遂破强吴,刷会稽之耻。范蠡叹曰:"计然之策,十用其五而得意。"

---

① 《史记·晋世家》。

颜师古曰："计然者，濮上人也，博学无所不通，尤善计算，尝游南越，范蠡卑身事之。事见《皇览》及《晋中经薄》，又《吴越春秋》及《越绝书》，并作计倪。此则然、倪、研声相近，实则一人耳。"

春秋时期战乱频仍，大国忙于争霸称雄，小国则时刻面临被吞噬的危险，弱肉强食，礼崩乐坏，整个社会动荡不安。计然品行刚直，正气浩然，不愿自荐于诸侯。在他看来，那些从政者就像飞翔于蓬蒿之间怡然自乐的小麻雀一样。所以尽管计然才冠当世，却不为天下人所知，所谓"其行浩浩，其志泛泛，不肯自显诸侯"①。他清静自守，超然物外，不为世俗的荣辱所累，经常遨游山海湖泽，因此又号称"渔父"。计然曾经在南游到越国的时候，收范蠡为徒。范蠡曾经想将他推荐给越王，他却对范蠡说：越王为人，长颈鸟喙，可与共患难，不可与共荣乐。范蠡由此更深深地敬佩他、尊敬他，虚心向他学习。后来计然离开越王，辗转于吴国、楚国、越国之间，短短几年就成了名动天下的富豪，时人称之为"计然"，即善于运筹谋划之类意。因此，他不仅是著名的政治家、军事家，还是一位杰出的商人，被誉为"治国良臣、兵家奇才、商学始祖"。

7.2.2 计然之策

历史上有汉兴三绝，萧何、张良、韩信为史所称道，越王勾践"十年生聚、十年教育"，也有三绝，即文种、范蠡和计然。在吴越相争中，文种直接管理越国政务，范蠡以军事辅佐勾践，计然不同于文种、范蠡，他的主要贡献在经济方面。《史记·货殖列传》记载："昔者越王勾践困于会稽之上，乃用范蠡、计然，知斗则修备，时用则知物，二者形则万货之情可得而观已。"这句话的意思是说，从前越王勾践被困于会稽山上，于是重用了范蠡、计然，计然说，知道要争斗，就要做好准备，掌握了货物出产的时间和用途，就了解了货物，时与"用"两者的规律一旦形成，各种货物的情况就可以掌握而且看得非常清楚。

《史记·货殖列传》说的"计然七策"具体是哪七类，并不明确。明代冯梦龙在《东周列国志》中说文种破吴国用的就是"计然七策"：

---

① 《庄子·逍遥游》。

一曰：捐货币以悦其君臣；二曰：贵籴粟囊，以虚其积聚；三曰：遗美女，以惑其心志；四曰：遣之巧工良材，使作宫室以罄其财；五曰：遗之谀臣以乱其谋；六曰：强其谏臣使自杀以弱其辅；七曰：积财练兵，以承其弊。

《吴越春秋·勾践阴谋外传》记载文种进献给越王的则是"九术"：

一曰：尊天事鬼以求其福。二曰：重财币以遗其君，多货贿以喜其臣。三曰：贵籴粟槁以虚其国，利所欲以疲其民。四曰：遗美女以惑其心而乱其谋。五曰：遗之巧工良材，使之起宫室以尽其财。六曰：遗之谀臣，使之易伐。七曰：强其谏臣，使之自杀。八曰：君王国富而备利器。九曰：利甲兵以承其弊。

文种称，商汤、周文王得到这"九术"而称王天下，齐桓公、秦穆公得到这"九术"则称霸诸侯。在这里，"文种九术"去掉第一、第八术，就成了冯梦龙所说的"计然七策"。我们认为，"计然七策"包括经济、政治、军事、文化等方面，是全方位的兴越灭吴战略之策。太史公在《史记·货殖列传》里所记载的，主要是计然在经济、商业领域的策略，而非"七策"全部。这里从《史记·货殖列传》出发，结合《吴越春秋》，将计然的富国之策归纳为以下几方面。

7.2.2.1 经济循环周期论

计然曰："知斗则修备，明用则知物，二者形则万货之情可得而观已。故岁在金，穰；水，毁；木，饥；火，旱。旱则资舟，水则资车，物之理也。六岁穰，六岁旱，十二岁一大饥。"①

计然认为"水则资车，旱则资舟"，意指大旱之年要预造舟船，大涝之年则预造车辆。要立足当前，考虑长远，学会辩证地看待问题。这是适应市场和商场变化的一个经营法则，人们应将经营的眼光放到未来需求最迫切的地方，切不可一叶障目，不见泰山。计然指出："故岁在金，穰；水，毁；木，饥；火，旱。六岁穰，六岁旱，十二岁一大饥。"意思是说按照五行理论，岁星处于金位是丰年，处于水位是荒年，处于木位有饥荒，处于火位是旱年，十二年

---

① 《史记·货殖列传》。

一轮回，这就是自然规律。这里，计然发现了经济周期律和价值规律的作用，进而提出了保持需求与供给平衡的问题。这里他所指向的是天象和年景，在当今市场竞争中，市场虽然变化莫测，但也是有规律的，经营者只有把握并顺应这一自然规律，用辩证的眼光去观察事物，才能有效地把握商机。

7.2.2.2 价格调控论

计然曰："夫粜，二十病农，九十病末。末病则财不出，农病则草不辟矣。上不过八十，下不减三十，则农末俱利，平粜齐物，关市不乏，治国之道也。"[1]

这是计然提出的"三八调控律"。他以粮食买卖为例，如果每斗五十钱为正常价格，若是降到每斗二十钱的话，农民利益必然受到损失，这样就会影响种田的积极性，导致土地荒芜，野草丛生——"谷贱伤农"；若是每斗升到九十钱，商人的利益就会受到损失，从而导致贸易停顿，市场萧条，钱财不能流通。无论哪方面受损，都会影响到国家经济的正常发展。因此，对粮食价格要控制在最高每斗不超过八十钱，最低每斗不低于三十钱，用"八"封顶，用"三"保底。在"三"与"八"之间上下浮动，使农民和商人都有利可图，以促进粮食生产和贸易，推动国家经济发展。

计然提出的"三八调控律"既考虑到了价格规律在"三"与"八"之间波动的一面，又主张官府宏观调控不能突破"三"与"八"。把市场与计划统一到有利于农民、有利于商人、有利于国家财政收入，进而实现民富国强的战略目标上，具有很强的可操作。计然的高明之处还在于抓住了市场的"龙头"——粮食，把粮价作为控制物价的"基础价"。他认为，只有在粮食的价格上"农末俱利"，才能"平粜齐物"，带动其他货物、商品的平等交易，达到"关市不乏"、繁荣市场的目的。为此，计然还制定了粮食的"指导价格"，并列成图表，认为只要能明白金、木、水、火、土的相生相克，辨别阴阳的此消彼长，再根据他的方法和图表去做，就不必担心没有功效。这种"农末俱利"的"平粜论"被越王采纳，成为治理国家必须遵守的基本法则。

---

[1] 《史记·货殖列传》。

7.2.2.3 贵出贱取的积著论

> 积著之理：务完物，无息币。以物相贸易，腐败而食之货勿留，无敢居贵。论其有余不足，则知贵贱。贵上极则反贱，贱下极则反贵。贵出如粪土，贱取如珠玉。财币欲其行如流水。①

积著，就是积微成著，原指细微的事物积累多了之后，便呈显著。计然的"积著之理"，是指通过经营积累财富进而显达的基本原则。

一是质量至上论。经营贸易一定要保证商品的质量，这就是"务完物"。"务"就是"务必"，强调产品质量的重要性。所以，囤积货物的原则是，一定要有囤积粮食的完备设施，存放可以久藏易售的货物，以免因囤积过久而造成滞销。因此，采购货物时，对容易腐烂的货物切勿长期储存，防止以次充好，坑害消费者，即"腐败而食之货勿留"，这也是经商者最基本的信用。

二是供求平衡论。做生意一定要及时掌握市场行情，把握商品价格与市场需求之间的平衡关系及其变化趋势，"论其有余不足，则知贵贱"。商品供求状况决定物价的高低，供多于求就是有余而贱，供小于求则是不足而贵。要懂得上下波动、物极必反是物价运动的基本形式，"贵上极则反贱，贱下极则反贵"，商品价格上涨，生产者就会将资源集中于此，供给自然增加，增加到一定程度，供过于求，价格则会下跌，反过来也是同样的道理。因此，经营活动不能从众，要从供求关系的角度确定经营品种和买卖时机。价格高到适当程度的时候，应当像倾倒粪土一样果断抛售，即"贵出如粪土"；价格在低谷的时候，应当视同珠宝一样大胆买进，即"贱取如珠玉"。事物的量变在积累的过程中达到一定程度就会有一个质的飞跃，对于商家来说，对事物"度"的把握是至关重要的，不能苛求过高的利润，"无敢居贵"，以免错失良机。

三是资金周转论。在经营过程中，要特别注意保持资金流转的通畅，不能把过多的资金积压在自己手中，这叫作"无息币"。不要看轻薄利，在资金加速运转的情况下，实际上已经达到了增加利润的效果，如果一味地囤积居奇，抬高物价，则有可能血本无归。经营之道似细水长流，流则活，滞则死。因此，高额利润不可能时时存在，薄利多销是将风险转化为利润的最佳方法。计

---

① 《史记·货殖列传》。

然认为，搞活是经营的根本，即要让有限的资金充分周转，就像江水奔流不息，这就是"财币欲行如流水"，"流水不腐，户枢不蠹"就是这个道理。

7.3 范蠡的管理思想

7.3.1 范蠡其人

范蠡（前536—前448），字少伯，春秋时期楚国宛地三户（今河南南阳）人。春秋末战国初杰出的政治家、军事家、实业家和中国最早的慈善家。范蠡为早期道家学者，楚学开拓者之一，被后人尊称为"中华商圣""道商鼻祖"。

范蠡早年和文种一起去了越国，并辅佐越王勾践20余年，勾践灭吴后，他看到勾践只能共患难而不能同安乐，遂弃官从商。在经商的过程中，他利用自己多年从市场中总结的经验，获得了巨大利润，最终成为家喻户晓的巨商。范蠡协助越王勾践消灭吴国后，即向越王提出了退隐的想法，越王听到范蠡的想法之后感到十分惊奇，不仅竭力挽留范蠡辅佐自己治国理政，并且还对范蠡"恩威并施"。但是，范蠡的决心已定，毅然决然地离开了越国。

离开越国的范蠡几经周折来到了齐国，改名换姓后居住在海边，不辞辛劳进行耕作，同时兼做一些副业以换取更多的金钱，在较短的时间内积累了数千万家财。成为富商的范蠡并没有独自享受所获得的钱财，而是仗义疏财、乐善好施，不断资助那些穷苦人家，获得周边百姓的爱戴。范蠡的才干和道德获得许多齐国人的赏识，其道德品性和美名传到齐王的耳朵里，于是齐王将范蠡请到齐国都城临淄，并拜范蠡为相国负责主持齐国日常政务。但是范蠡认为，布衣起家的自己为官却能够官至相国、经商能够积累千金，这已经到了极点，如果自己继续长期在齐国担任相国、长久享受高官尊名，这恐怕不是吉祥的征兆。所以，在齐国担任相国三年之后，范蠡再次"急流勇退"，不仅将自己的相印归还了齐王，还将自己积累下来的全部家财赠给自己的至交和老乡。之后，范蠡又一次隐姓埋名来到陶地，自称"朱公"。一身布衣，范蠡迁徙至陶（今山东菏泽定陶区），在这个居于"天下之中"（陶地东邻齐、鲁；西接秦、郑；北通晋、燕；南连楚、越）的最佳经商之地，操计然之术（根据时节、气候、民情、风俗等，人弃我取、人取我予，顺其自然、待机而动）以治产，没出几年，经商积资又成巨富，时人称之为"陶朱公"。

7.3.2 积著之理

范蠡因聚财有方，"十九年中三致千金"①，成为当时赫赫有名的大富翁。范蠡之所以能够在经商治产中大获成功，与其商业经营思想有着密切的关系，主要体现在他善于运用所谓的"计然之策"，换句话说，范蠡取得的成就得力于他的老师计然的教导和为人处世的影响。据《史记·货殖列传》记载，"计然之策"包含着丰富的经营管理思想，主要包括两个方面的内容：一是国家管理粮食的办法，称为"治国之道"；一是关于私人经商致富的理论原则，称为"积著之理"。当然，范蠡在计然的商业思想基础上进一步运用并加以发展。

7.3.2.1 "多元相济"的经营策略

"多元"指在经营活动中同时经营多种产品，而不只限于一种物品。"相济"有两层含义：一是指和某种产品有关的系列产品之间的相互补充；二是指不同产品之间的相互补充。范蠡在经商的过程中，既"居货"又"耕畜"，还"养鱼"，农牧工商并举，相互补充，相得益彰。在这种经营策略的指导下，范蠡很快"致产数十万"。范蠡采用多元经营策略，主要原因是它能够分散风险，多经营几个品种，它们的景气程度不同，盈利和亏损可以相互补充，减少风险。

7.3.2.2 "天下之中，知地致富"的择地经营观

任何一项产业都要受环境的制约，经商也是如此。范蠡选择"陶"（山东定陶）作为经商之地，是经过慎重考虑的：首先，他"以为此天下之中，交易有无之路通，为生可以致富矣"②，"以为陶天下之中，诸侯四通，货物所交易也"③。便利的交通利于陶与各诸侯国的车旅往来，在客观上形成了互通有无的条件，加上商品信息丰富，故能推动商品的转运买卖。其次，陶之东为齐国，多产布帛鱼盐，北为赵，富鱼、盐、枣、粟，南有邹、鲁，颇有桑麻之业，上述各诸侯国在春秋末战国初都是比较富强的国家，其丰富多样的物产为

---

① 《史记·货殖列传》。
② 《史记·越王勾践世家》。
③ 《史记·货殖列传》。

范蠡经商提供了充足的货源。最后，陶地土地肥沃，物产丰富，气候适宜，既为经商奠定了良好的物质基础，又可为商人提供良好的生活环境。

7.3.2.3 "候时转物，与时逐利"的市场观

时，就是时机，就是市场趋势，即商机。只有充分了解市场行情，把握市场趋势，才能抓住商机。作为道家人物，范蠡无论是助越灭吴，还是经商，不仅重视地利，更尊重"天时"，做生意也以"时机"性的产品为主，贱买贵卖赚取利润。《国语·越语下》几乎都是讲范蠡对于天时的重视："圣人随时以行，是谓守时。天时不作，弗为人客；人事不起，弗为之始"；"上帝不考，时反是守，强索者不祥。得时不成，反受其殃"；"臣闻从时者，犹救火、追亡人也，蹶而趋之，唯恐不及"；"得时无怠，时不再来，天予不取，反为之灾"；"古之善用兵者，赢缩以为常，四时以为纪，无过无极，究数而止"；"圣人之功，时为之庸。得时不成，天有还形。天节不远，五年复反"。

范蠡从商，探得其师计然之道："六岁穰，六岁旱，十二年一大饥"的经济周期律；"贵出如粪土，贱取如珠玉"的价格波动律；"旱则资舟，水则资车"的囤积之道；"人弃我取，人取我予"的经营思想；等等。这些都是范蠡"积著之理"的核心，其宗旨是要广置家产，囤积居奇，长远经营，窥视商情的变化以谋取巨额利润。利用市场"旱"与"水"的变化，将供大于求的产品以低廉的价格大量购存，当供不应求、价格上涨时再售出，获取产品价格的"时间差"。因此，经商必须密切注意市场行情变化，"知斗则修备，时用则知物"，把握时机，储备物资，在市场竞争中占据战略优势。"候时转物"，即根据不同的时机，买进卖出。"什一之利"的利润率虽然并不高，但是由于时机把握准确，范蠡依然能够在十几年内，数次积累起巨量财富。

7.3.2.4 "务能择日，不责于人"的用人观

司马迁评价范蠡"能择人而任时""与时逐而不责于人"，这说明范蠡能正确认识并处理人际关系，使之"尽其材"而又"于人不负之"。范蠡对于选择人才极具洞察力，因而能做到知人善任。所谓"能择人"，就是善于识别、选择人才，并根据其所长，安排到合适的岗位，量才而用，人尽其才。随着资金的增多，经营范围的扩大，他精心挑选出一批精通商业运作、善于实践的商业人才来从事经营活动。还在范蠡做勾践臣子的时候，越国被吴国打败，勾践准备去吴国做奴隶，本来准备让范蠡留在国内，范蠡便说："四封之内，百姓之事，蠡不如

种也。四封之外，敌国之带，立断之事，种亦不如蠡也。"最后，勾践让文种留在国内，带范蠡去吴国做奴隶。结果，文种和范蠡都把事情处理得相当出色。这证明，范蠡对自己与文种都能有正确的认识，让勾践准确地"择材"而用。

在经营过程中，范蠡对于选用的人员，放手使用，并且宽容以待。范蠡在山东东北部海滨开荒，发展农、牧、渔、盐业的时候，对下属一般劳动者没有丝毫虐待行为，如克扣劳动报酬、延长工时等。相反，他很关怀与爱护他们，如对"耕奴""乐奴"，给他们改过的机会，分别以五年和十年为限除去其"奴籍"，转为自由民。这就是所谓的"与时逐而不责于人"，这样有利于调动员工的积极性和主动性。

7.3.2.5 "富好行其德"的经营道德观

两千多年来，人们一直奉范蠡为商业鼻祖，除了他提出上述宝贵的经营思想外，很重要的原因是范蠡能"富好行其德"。商人是逐利阶层，唯利是图是他们的天性，所以历史上向来有"无商不奸"之说。范蠡却不然，他舍弃了越国的高官厚禄，到齐、陶艰苦创业，孜孜不倦地从事农业、畜牧业、水产养殖业、商业，都取得了巨大成功。其目的在于实现其自我价值，即向世人表明他不仅能帮助越王勾践打败吴国，而且能亲自从事商业活动，经营致富。正是基于这种考虑，他不为金钱所累，去齐至陶时便"尽散其财，以分与知友乡党"；居陶经商，"十九年中三致千金，再分散与贫交疏昆弟"，可谓是中国最早的慈善家。上善若水，上商近道，对财富的追逐是没有尽头的，只有知进知退、知取知予，才能体悟真正的"商道"。司马迁深为范蠡这种超然物外的境界所折服，称其为"富好行其德"。

司马迁在《史记·越王勾践世家》中说：

> 范蠡三徙，成名于天下，非苟去而已，所止必成名……范蠡三迁皆有荣名，名垂后世。

第一迁，从楚国到越国。这是范蠡一生中最重大的冒险，前后长达二十多年，帮助越王勾践夺回天下，最后被封为上将军。功成名就之际，他毅然决然挂冠而去。这时候的范蠡已由三十岁左右的青壮年变成五十多岁的中老年人了。

第二迁，离开越国到齐国。年过天命的他开始二次创业，下海经商。他改名"鸱夷子皮"，用"计然之策"富家，成为千万富翁，并被齐人邀请担任国相。范蠡辞还相印，尽散其财逃离齐国。

第三迁，从齐国迁到陶地。范蠡在这里又改名"朱公"，开始"二次创富"，终成亿万富豪。时人乃至后世，都称他为"陶朱公"。

回顾范蠡的一生，从一个一穷二白的平民，先后经历了上大夫、上将军、千万富翁、国相、亿万富豪，每次都是白手起家。这种成就，在泱泱华夏史上少有人能做到。

范蠡靠的不仅是自己的聪明才智，不仅是机遇，范蠡三迁之所以能成名天下，乃是源自老子、计然的道家智慧。范蠡的思想属于道家一脉，老子传计然，计然传范蠡。有学者研究，范蠡不仅是计然的弟子，还曾得到老子的亲自指教，范蠡跟老子有直接的传承关系。范蠡所学的"计然七策"，其核心是如何发展国计民生的国民经济学，属于"贵生"之学，是正统的老子道家思想。道家思想成就了范蠡，而范蠡无疑是道家思想最完美的诠释者。

7.4 子贡的管理思想

7.4.1 子贡其人

子贡（前520—前456），复姓端木，名赐，字子贡，春秋末期卫国（今河南鹤壁市浚县）人。子贡是孔子的得意门生，孔门十哲之一，"受业身通"的弟子之一，孔子曾称其为"瑚琏（宗庙之贵器）之器"。

司马迁在《史记·仲尼弟子列传》中对子贡这个人物所费笔墨最多，其传记就篇幅而言在孔门众弟子中是最大的。这说明在司马迁眼中，子贡是个极不寻常的人物。子贡的影响之大、作用之巨，是孔门弟子中无人能企及的：他学绩优异，文化修养丰厚，政治、外交才能卓越，理财经商能力高超。在孔门弟子中，子贡是把学和行结合得最好的一位。

子贡出身于商人家庭，20余岁继承祖业开始经商。约25岁（前495）前拜孔子为师，但未一直在孔子身旁，时常到各国活动。鲁定公十五年（前495）年初，孔子适卫时，子贡去鲁国察看鲁定公与邾隐公会见情况。孔子离卫适郑时，子贡跟随。鲁哀公三年（前492）随孔子在陈国。困厄之时，子贡受命至楚，使楚昭王出兵救孔子。哀公七年（前488），孔子再至卫国时，子贡在鲁国，受季康子派遣会见吴国太宰。哀公十一年（前484）孔子回鲁国前，子贡在鲁国协助叔孙氏办外事。哀公十五年（前480），子贡受鲁国派遣出使齐国。哀公十六年（前479）孔子去世后，子贡在鲁国孔子故里（今曲阜）服丧三年，又庐墓三年，凡六年。之后子贡仍在鲁国。哀公二十六年（前469）答卫出公求问。翌年一月前，子贡离鲁，后事不详。

子贡是著名的富商，经营商业成就斐然。《史记·货殖列传》将子贡列在第二。传载："子贡既学于仲尼，退而仕于卫，废著鬻财于曹鲁之间。"子贡能言善辩，反应敏捷，经商有很好的个人条件。他能及时掌握行情，"亿（预测）则屡中"，并"与时转货"。《论衡·知实》载："子贡善居积，意贵贱之期，数得其时，故货殖多，富比陶朱。"由于子贡善于经营，所以他非常富有。《史记·仲尼弟子列传》载："七十之徒，赐最为饶益"，"常相鲁卫，家累千金"。子贡经商不单是为了发财致富，而与政治目的相联系。他是孔子周游列国经济上的支持者，经商成为他宣传政治主张和实现外交才干的重要条件。可以说，在孔子三千弟子中，子贡是唯一一个将王道之儒和逐利之商有机结合的人，号称"孔门首富"。"端木遗风"① 指子贡遗留下来的诚信经商的风气，成为中国民间信奉的财神。由于子贡善货殖，有"君子爱财，取之有道"之风，为后世商界所推崇，被称为"儒商鼻祖"。

7.4.2 儒商之道

子贡之所以能成为儒商鼻祖和他的家世相关，和他的能言善辩以及曾为卫国与鲁国的宰相地位也有关系，但对他影响最大的还是孔子思想的熏陶，他把孔子思想中的"和为贵""忠恕之道""仁义礼智信"等用到经商中。按照孔子的说法，子贡经商的最大智慧是"亿则屡中"，"亿"通"臆"，就是说子贡对市场行情的预测和物价涨跌的判断非常准确。"子曰：回也其庶乎，屡空。赐

---

① 在中国古代，陶朱公和端木赐是在商业领域经营得十分出色的代表人物，他们用自己的商业活动揭示出千古不易的"经商智慧"，指引着后人不断地创造财富，至今人们仍然将他们奉为圭臬，尊为祖师，顶礼膜拜，故有"陶朱事业，端木生涯"之说。陶朱，指的是陶朱公，即范蠡；端木是端木赐，即子贡。"陶朱事业"成为商业的代名词，"端木生涯"则是商人职业的称谓。后人用这句话来说明两位先贤的主要商业智慧，同时成为经商致富的经典。

不受命，而货殖焉，亿则屡中。"①"货殖"一词最早使用于此，意为做买卖。据《史记·仲尼弟子列传》记载："子贡好废举，与时转货赀。""废"意为卖出，"举"是指买进。子贡所擅长的经商手段是利用时间和地域所带来的价格差异，贱买贵卖，从中获利。也就是说，在鲁国和卫国等国从政期间，子贡在中原各国特别是卫、曹、鲁、齐等国之间做"国际"贸易。不久，他辞官专门经商，盈利"富比陶朱"，甚至与诸侯分庭抗礼。"子贡结驷连骑，束帛之币以聘享诸侯，所至，国君无不分庭与之抗礼。"②

子贡这种社会地位的取得，首先与其雄厚的财力有关，在春秋时期，经济实力具有很强的话语权。但是，平民出身的子贡光靠经济实力要与国君"分庭抗礼"，也非易事。子贡之所以显于当世，还与其"儒"者身份有关。子贡忠于孔子之道，到处宣扬孔子之学，这使他与一般的商人相区别。子贡将"儒"与"商"集于一身，在"商"的层面上，他是一个"诚贾""良商""廉贾"；在儒的方面，他是一个以天下为己任的"君子儒"。子贡兼采"儒""商"之精髓，互为补充，相得益彰，成为后世"儒商"之典范。子贡的儒商之道主要体现在以下方面。

7.4.2.1 崇仁尚富

无论做官、做学问还是做生意，最关键和最首要的问题在于如何做人。《论语》中有多处记载孔子与子贡面对面讨论"仁"的话题。如《论语·雍也》载，子贡与孔子有这样一段对话：假如有人能够广施恩惠给百姓，帮助大家过上好日子，不知道这样的人是不是达到了"仁者"的标准。孔子对子贡提出的这个问题回答得非常清楚，他说，能够普救众生的人何止是一个"仁者"，简直是一个"圣者"。因为，即便是尧、舜这样的人都未曾达到这样的高度。"夫仁者，己欲立而立人，己欲达而达人。"③ 从这段对话的本质来看，无论是孔子还是子贡都是从"仁"的根本要求出发，主张多做有利于他人和社会的事情。

在子贡看来，一个品格高尚的商人生财要有道，合乎礼，还要"博施于民而能济众"。要想成为一个真正的"仁者"，仅有济世的理想和情怀是不够的，

---

① 《论语·先进》。
② 《史记·货殖列传》。
③ 《论语·雍也》。

还应具有济世的本领和实力。正是为了实现其对"仁"的崇尚和济世的目的，子贡毅然选择经商这条途径来积累财富。当他拥有大量财富之后，并未骄奢自满，而是将财富用来资助需要救济之人。

7.4.2.2 富而好礼

作为孔子忠实的追随者，子贡一直把孔子的言论奉为经典。在经商致富后，面对子贡奉行的"贫而无谄，富而无骄"的处世哲学，孔子认为这只是外在形式，不如"贫而乐，富而好礼"①，这样从内心进行修为。因为在贫富悬殊的年代，富人大多数是目中无人、趾高气扬的，只有从内心修为才能忽视自己的财富，重视自己的品格。对于子贡这样一个既有官位又有财富的人来说，保持一颗平常心更是难上加难，因此孔子才这样要求子贡。

兼有儒者和商人身份的子贡，严格遵循孔子的教诲，正确处理"义"与"利"二者之间的关系，做到义利分明，关键时刻甚至舍利取义。经商逐利本无可厚非，关键是能否做到不被金钱蒙蔽双眼，不攫取不义之财。对此，孔子认为"不义而富且贵，于我如浮云"②。在孔子的启发下，子贡很快由"富而无骄"上升到"富而好礼"。子贡"富而好礼"突出表现在三个方面：一是对待恩师孔子做到仁至义尽。他不仅为孔子师徒一行周游列国提供经费支持和物质保障，还在孔子去世后虔诚守孝六年。二是用所赚来的钱赎买鲁国的奴隶，让其获得人身自由，但拒绝接受官府的奖赏。三是施惠于官府，让其保存钱财去做更多有益于百姓之事。子贡的儒商思想与实践赋予儒家价值观以更加丰富的内涵，而且对儒家义利观的发展做出了重要贡献。

7.4.2.3 诚信为本

子贡无论是做人、做学问，还是经商，都非常注重诚信。在《论语》中多处记载子贡与孔子探讨"信"的问题。在子贡看来，诚实守信，是商人立足商界所必备的基本品格。孔子提倡，"道千乘之国，敬事而信"③，"人而无信，不知其可"④。正是因为极力奉行孔子所倡导的"言必信，行必果"⑤，子贡在商界赢得了较好的信誉，立于不败之地。有一次，子贡问孔子到底要怎样做才

---

① 《论语·学而》。
② 《论语·学而》。
③ 《论语·学而》。
④ 《论语·为政》。
⑤ 《论语·子路》。

能把国家治理好，孔子回答说"足食""足兵"和"民信"这三条都非常重要。子贡又问，如果这三条全都能做到自然最好，如果迫不得已要舍弃其中一条，该舍弃哪一条？孔子毫不犹豫地回答说"去兵"。如果"去兵"之后又迫不得已再去掉其中一条呢？孔子回答说"去食"，并强调说"自古皆有死，民无信不立"①。

7.5 白圭的管理思想

7.5.1 白圭其人

白圭（前370—前300）②，战国时期中原（洛阳）人，名丹，字圭。梁（魏）惠王时在魏国为相，期间施展治水才能，解除了魏都城大梁的黄河水患，后因魏政治腐败，白圭游历了中山国和齐国后，弃政从商。

白圭的出生地洛阳自古商业就很发达，洛阳人善为商贾，致力于商业和手工业，追逐利润是洛阳人的传统。出生于此的白圭有极高的商业天分，很快成为战国时期首屈一指的大商人。战国时期，商业迅速发展，商人的队伍非常庞大，因此也鱼龙混杂，有的公平买卖，正当经营；可是也有很多商人囤积居奇，垄断市场，很多大商人还兼放高利贷，牟取暴利。于是，当时人们将商人分为两类：一类称为"诚贾""廉商""良商"；另一类称为"奸贾""贪贾""佞商"。而白圭正是战国时期良商的典型代表。战国时期的商人大都喜欢经营珠宝生意，大商人吕不韦的父亲就曾经说，经营珠宝可以获利百倍。但是白圭没有选择这一当时最赚钱的行业，而是另辟蹊径，开辟了农副产品贸易这一新行业。白圭才智出众，独具慧眼，他看到当时农业生产迅速发展，敏感地意识到农副产品的经营将会成为利润丰厚的行业，提出"欲长钱，取下谷"的经营

---

① 《论语·颜渊》。
② 据学者考证，从《史记·货殖列传》出发，搜集与白圭有关的各项史料，在钱穆《白圭考》基础之上否定梁玉绳"战国有两白圭"的说法，推知白圭生活在魏文侯时期的记载并不真实，并推断历史上真实存在的白圭只有一个，且生卒年大致与孟子相仿，应在公元前375年至公元前290年之间。参见贾俊侠，刘旭. 白圭活动区域及生卒年代考［J］. 唐都学刊，2017（2）：104—108.

策略。白圭认为,"下谷"等生活必需品,虽然利润较低,但是消费弹性小,成交量大,以多取胜,一样可以获取大利,于是他毅然选择了农产品、农村手工业原料和产品的大宗贸易作为主要经营方向。

白圭有一套独到的经商术,他把自己的经营原则总结为八个字:"人弃我取,人取我与。"同时将自己的商业实践总结为"智、勇、仁、强"四字箴言,开门授徒。白圭是商业这个行业最早收授门徒的人,他通过严格的挑选,收了一些学生。白圭招生的标准是很高的,他认为一个优秀的商人,要具备以下条件:要通权变,能够权衡利弊,把握时机,出奇制胜;要勇敢果断,当机立断;要有仁爱之心,能够明白取予的道理,遵守"人弃我取,人取我与"的经营原则;还要有耐心、有毅力,能够固守等待,不轻举妄动。虽然商人在古代"士、农、工、商"的行业划分中位居最后一位,商人在中国历史上的地位一直都比较低,但是,白圭却将当时社会的最高道德规范作为商人的基本素质要求,将经济的重要性等同于政治和军事,可见白圭所要求的商人是一个具有很高文化程度和高尚道德品质的人。如果说孔子创办了中国历史上最早的"儒学院",那么白圭则开办了中国历史上最早的"商学院";如果说"计然七策"更多的是富国之策,那么白圭则是中国历史上第一个把经商当作一门大学问的人。因此,司马迁把白圭称为"治生之祖",宋真宗追赐其为"商圣"。

7.5.2 计生之学

白圭因擅长经商致富而名满天下,他从经营管理实践中总结出来的一套经商治生之理,被后世商人奉为准绳,"天下言治生祖白圭",即公认白圭是商家的大宗师。白圭主张"乐观时变""知所取予",这是商业经营管理中的重要原则。他的"治生之术"可归纳为八个字:"人弃我取,人取我与。"这"八字秘诀"就是白圭的经营哲学。《史记·货殖列传》记载:

> 白圭乐观时变,故人弃我取,人取我与。夫岁孰取谷,予之丝漆;茧出取帛絮,予之食。太阴在卯,穰;明岁衰恶。至午,旱;明岁美。至酉,穰;明岁衰恶。至子,大旱;明岁美,有水。至卯,积著率岁倍。欲长钱,取下谷;长石斗,取上种。

7.5.2.1 乐观时变

白圭经商的首要原则是"乐观时变"。他善于预测市场行情变化并据以进行经营决策，掌握时机谋取厚利。"时"就是指时势、时机，"观时变"就是预测市场行情变化，抓住经营决策时机。白圭提出"人弃我取，人取我与"的经营决策思想。其中，"人弃我取"是指当商品供过于求、人们不愿问津时，就趁机买进。他深知"贱下极，则反贵"的道理，所以趁其供过于求、价格低廉时买进。"人取我与"则是指当自己手中的商品供不应求、价格大涨时，就趁机卖出，这就是"贵上极，则反贱"的道理。《史记·货殖列传》说白圭"趋时若猛兽、鸷鸟之发"，极为生动地描述了他在经营决策中把握时机的本领。

白圭说的"时变"也包括农业丰歉对商品价格和供求的影响。他认为在凶灾之年，粮食歉收，但其他农副产品未必减产，因此，会出现丰年粮价比其他农副产品价格相对较低、灾年相对较高的情况。于是，白圭就在丰年买进价格较低的粮食，卖出价格较高的农副产品；在灾年则卖出粮食，买进农副产品。要想做到这一点，必须能预测农业丰歉，而不能等到丰歉已表现出来之后。因此，白圭对预测农业丰歉也提出了一套行之有效的理论。他的这套商情预测理论，其实就是一种农业经济循环论，这表现出白圭极高的知识水平和商业眼光。

7.5.2.2 取予以时

白圭对"仁"的解释是"能以取予"（"予"通"与"），意思是懂得并善于处理"取"和"予"之间的关系。作为商人，白圭获取利润的目标是很高的，而利润是从交易对手和帮助自己经商的人身上赚来的。这些都是"取"。但是，只"取"不"予"，就很快会无处可"取"了。白圭认识到，要"予"交易对手一些利益，要"予"帮助自己干活的劳动者一些利益。"人弃我取"是为了"人取我与"，即"人取我与"是以"人弃我取"为前提的，二者在具体经营过程中是连续运用而又不可分割的经营原则。在具体的商业经营活动方面，白圭总结了两条重要的经验：一是"欲长钱，取下谷"。要想盈利，就要经营低价格的下等谷物。因为下等谷物常常是社会的大宗消费物，尽管价格低，但由于市场需求相对稳定，成交量大，利润也就比较有保证。二是"薄饮食，忍嗜欲，节衣服，与用事僮仆同苦乐"，节制个人消费，目的在于把资金尽可能地用于商业经营上，在于更有效地推动经营活动的运转。

7.5.2.3 薄利多销

白圭提出"欲长钱，取下谷；长石斗，取上种"的经营思想。就是说，为了使自己的财富获得更多增长,应当选择下等的谷物,因为下等谷物是广大百姓生活上最普遍的必需品,贸易上成交的数量最多,可以从中取得巨额利润。而如果是为了做种子,使来年丰收,那就要买上等的种子,这样才能使来年谷物的产量增加,卖更好的价钱。有些商人为了利润,一味在抬高价格上打主意,所以喜欢经营贵重的奢侈商品,销售给那些手里拿着大把金钱的贵族和大地主。但这些商人没有想到,这些贵族和大地主们只会偶尔购买这样的商品,而且大地主和贵族毕竟是少数,他们所购买的数量也非常有限,何况他们一般都拥有自己的手工业作坊和商队。这样,销售面的减小也相应地使销售数量减少。由于交易的数量有限,收益自然就非常有限了。因此,白圭在经营上就给商人提出了"欲长钱,取下谷"的指导思想。

另外,白圭还反对在粮食紧缺时蓄意哄抬物价,他认为"薄利多销、积累长远"才是商人经营的基本原则,那些只注重眼前利益的商人肯定赚不了大钱。在农业种植上,白圭则提倡"长石斗,取上种"的主张。优质的种子是庄稼人获取财富的基础,好种子结出的果实必然优良,从而确保了商家货源的质量,有利于商业经营。所以,白圭所提出的经营理念既照顾到农民的利益,又体现了商人的长远眼光。这种经营理念是前所未有的,比商鞅变法时重农抑商的政策无疑高明了很多。

7.5.2.4 智勇仁强的人才素质观

春秋战国时期,诸侯们忙于称霸争雄,政治、军事的地位远远高于经济,白圭却把商业经营提高到与政治、军事同等重要的地位。他认为,从事经商跟伊尹、姜太公筹划谋略,孙武、吴起用兵打仗,商鞅推行变法一样。他不仅奉行"人弃我取,人取我与"八字秘诀,还告诫弟子,经商并不是人人都可以做的,同样需要大智大勇。

> 吾治生产,犹伊尹、吕尚之谋,孙吴用兵,商鞅行法是也。是故其智不足与权变,勇不足以决断,仁不能以取予,强不能有所守,虽欲学吾术,终不告之矣。①

智、勇、仁、强,是白圭对商人提出的"四字箴言",是白圭开办商学院

---

① 《史记·货殖列传》。

教育商人的教学内容。我们知道，孔子儒学院的教学内容主要是六个方面，即"礼、乐、射、御、书、数"，就是大家所熟悉的"六艺"。白圭商学院的教学内容则是智、勇、仁、强"四字箴言"。白圭在总结自己和他人经商致富经验的基础上，认为治生之术犹如治国之策与用兵之计，是一门高深的学问。他直接汲取和改造了《孙子兵法》中关于优良将帅应具备"智""信""仁""勇""严"等基本素质的思想，提出一个优秀的经营者必须具备"智""勇""仁""强"四种基本素质。所谓智，是指观察和分析各种"时变"的能力，市场变化莫测，如果"智不足与权变"，就不可能在竞争中取胜。所谓勇，是指看准时机后能够当机立断、敢冒风险的能力，如果"勇不足以决断"，就会在经营中坐失良机。所谓仁，是指能知取予之道，要舍得为取而予，如果"仁不能以取予"，想只取不予，反欲取不能，甚至使自己为竞争对手所轻取。所谓强，是要求商人具有坚强的意志和毅力，能坚忍不拔、百折不挠地实施经营计划。如果"强不能有所守"，就不可能获得经营成功。

7.5.2.5 关心下属、重视团队的员工管理观

白圭认为，管理者在衣、食、用等方面应与基层人员保持一致，"薄饮食，忍嗜欲，节衣服，与用事僮仆同苦乐"[①]。管理者把自己融入基层，对团队士气是很大的鼓舞，必然激发出强大的向心力，从而促进整个团队高效运转。结果正是如此，白圭的团队"趋时若猛兽、鸷鸟之发"，良好的管理造就强大的执行力，是白圭在经营方面取得成功的重要因素。

白圭认为，一个人如果没有仁爱之心，只有怀疑和索取，那他一定是一个不受欢迎的人。相反，如果能够体察下情，对员工充满了热爱和体贴，与员工同甘共苦，他就会受到员工的爱戴，这个人也会是一个值得尊敬的人。白圭深谙其中的道理，并把它运用到经商与管理中。关心员工、解决员工的后顾之忧是调动员工积极性的重要方法。这样做会感染周围所有的人，从而有利于团队的和谐。一个人的能力和才华毕竟是有限的，在商战中仅仅靠个人的努力是不可能实现经营目标的。白圭是一个很能吃苦的人，即使成了巨富，他也是把钱投资于扩大再生产，而他自己的生活是"薄饮食，忍嗜欲，节衣服"，能放下巨商富贾的架子，常常"与用事僮仆同苦乐"。

---

① 《史记·货殖列传》。

白圭的成功是在不断实践、探索、创新中获取的,他将伊尹、姜太公的道家,孙武、吴起的兵家,李悝、商鞅的法家,以及孔子的儒家,计然、范蠡、子贡等的商家思想融为一体,成为先秦商家思想的集大成者,他的"计生之学"直到今天仍被商界广为运用和提倡。

7.6　商家经营管理思想的现代启示

先秦商家是与道家、儒家、法家、兵家、墨家等先秦诸子百家相提并论的一个独立的思想流派,它所倡导的经营管理学说堪称中国传统经营管理哲学的活水源头,对当代中国商界经营管理实践提供了一些有益的启示。

其一,在创建市场预测与经营决策理论方面提供了有益的启示与借鉴。先秦商家学派所倡导的审时度势、随机应变的市场预测与经营决策学说揭示了商品经济发展以及商业竞争的一般性规律,是先秦商人经商致富学说及实践经验的结晶。对现代企业经营而言,市场极易受内、外部环境的影响,并不断发生变化,要想在复杂多变的市场形势下实现企业目标,可以学习和借鉴"计然之策",预测市场趋势,洞察市场行情,把握适当时机,从而出奇制胜。

出奇制胜原是兵家之道,先秦商家白圭善于把兵法运用到经营活动中。兵法中所谓的奇、正与经商如何联系?司马迁做过回答:"夫纤啬筋力,治生之正道也,而富者必用奇胜。"勤俭(纤啬筋力)虽是治生正道,但如不能出奇制胜,也不能致富立业;奇和正必须很好地结合。货殖家想在强手如林的竞争中占有优势,立于不败之地,只靠勤俭不够,还必须通权变、讲智谋,也如用兵那样,以出人意表的竞争策略去制胜致赢。白圭对"其智不足与权变"者不肯收其为徒,因为这种人是不能运用出奇制胜的经营之道的。又如白圭的"人弃我取,人取我与",这与"人弃我不取,必待更贱始取之,人取我不予,必待更贵始与之"的做法判然有别,也正是白圭的出奇之处。这对现代商业竞争仍然具有借鉴价值。

其二,在创建商业伦理或企业伦理理论方面可提供有益的启示与借鉴。先秦商家学派所倡导的"完物上种"、诚信谋利、取予有道的经营伦理思想，既丰富了儒家经济伦理学说，又开创了以道德经商的文化传统，是中国传统经营管理哲学思想中最宝贵的优秀遗产，为创建现代企业经营伦理理论直接提供了浓厚的民族文化传统养分。"完物上种"要求企业要不断提升质量管理，树立产品生命理念，加强产品研发创新，大力实施品牌战略，重视核心竞争力的培植、发展和利用。范蠡在经营实践中强调"买卖公道""童叟无欺"，轻财好施，不以聚财为终极目的，他多次仗义疏财，周济穷苦的百姓，这种"富而好行其德"的善举，赢得了更好的声誉和信誉。

现代市场经济实质上是一种诚信经济或信用经济，与范蠡、子贡等先秦商人所生活的自然经济时代相比尤其需要诚信。如果缺乏这种诚信基础，市场中的交易就无法完成。而良好的诚信理念对我国适应转型发展、市场经济建设和企业规范运作具有特别重要的现实意义。范蠡、子贡等商家的诚信经营理念，无论对于人的立身处世还是经商致富方面都起着很好的示范作用。

总之，诚贾良商以信、义、诚、仁经商，在商界和社会上赢得佳誉，这样才会促进商业的繁荣发展，"基业日隆，家道渐裕"。反之，唯利是图，以利害义，缺信缺德，定会遭到监管的惩罚、同行的鄙视、世人的唾弃。

其三，在创建企业家理论方面可提供有益的启示与借鉴。企业家是企业乃至整个社会发展所必需的一种宝贵资源。先秦商家集大成者白圭所倡导的经营者应具备"智、勇、仁、强"等经营素质的商业人才观，揭示了企业家素质要求的一般特性，为创建现代新型企业家素质理论提供了深厚的民族文化传统养分。如范蠡，无论是他提出的"待乏"原则，还是"农末兼营"等经济观，都体现了他过人的谋略智慧。在商业经营过程中，能够知进知退，能进能退，都源于他德智并举，以及自身良好的修养，始终能够保持一颗淡泊之心，在要名得名、要利得利的时候，还能够看淡名利，看淡荣辱，看淡人生，这也是当代企业家需要的人格修炼。

社会主义市场经济体制的建立和完善，不仅需要完善的法律制度，还需要大批高素质的现代商人、企业家群体。商人是市场的主体，改革开放以来，大批人员涌入商海，但素质参差不齐，经过商场的大浪淘沙，少部分商人成长为企业家，但大部分商人群体的素质和人格尚有待完善。社会发展史表明，创新才是驱动经济增长的真正动力，而创新驱动关键在于激发企业家精神。由于创业创新行为所建立的企业资产、品牌、声誉等归企业家个人所有,因而在内在动力上能最有效地激励企业家精神的发挥,所以企业家需要靠自身的企业家精神来实现企业创新发展。① 当然,企业家在商业活动中必须保障利益相关者的基本权益,保护和发展社会的整体利益,担当社会责任。

---

① 魏文斌. 创新、诚信和责任是企业家精神的三要素 [J]. 中国市场监管研究,2016 (9):60—62,67.

结语：先秦管理文化精神

CHAPTER 8

从路径依赖的视角来看，任何管理思想都是历史积淀的产物，都是民族文化传统的结晶。美国管理史学家丹尼尔·雷恩在其名著《管理思想的演变》一书中特别强调管理的民族文化影响，指出"管理思想既是文化环境的一个过程，也是文化环境的产物。由于管理思想具有这些开放系统的特点，所以必须在文化范围内来对它进行研究"①。先秦管理文化植根于先秦时期的社会管理实践。先秦时期是中国思想文化史上最富创造性的时代，学术思想空前繁荣，诸子蜂起，百家争鸣，异彩纷呈。先秦管理文化是历史悠久、积淀深厚的中华文化的重要组成部分，是中国管理思想和文化的源头。我国著名文化学者张岱年指出："文化的基本精神就是文化发展过程中精微的内在动力，也即是指导民族文化不断前进的基本思想。"② 可见，先秦管理文化精神不仅体现在其核心范畴、思想基本命题和逻辑体系中，更集中表现为先秦管理文化精神形态的基本特点和特征。本研究从现代管理文化视角，在系统梳理先秦道家、儒家、法家、兵家、墨家和商家各流派管理思想的基础上，深入挖掘先秦管理思想的现代价值和借鉴意义，探寻先秦思想流派的相通之处，把先秦管理思想和文化所包含的基本精神提炼为自然主义精神、人文主义精神、德治主义精神、法治主义精神、和合主义精神。

8.1　自然主义精神

人以及人类社会与自然的关系问题，是任何文明发展过程中需要首先认识和处理的哲学命题。对此，中西文明各自做出了自己独具特色的解读，形成了风格迥异的观念体系。在中国文化里，人们对人与自然的关系的认识可以归结为四个字："天人合一。"商代卜辞中有对自然天象的仪式化与祭祀的记录，因此我们知道在商代人的观念中自然天象具有超自然的神灵，这些神灵直接对自

---

① （美）丹尼尔·A. 雷恩. 管理思想的演变［M］. 中国社会科学出版社，2000：13.
② 张岱年. 张岱年全集（第5卷）［M］. 河北人民出版社，1996：418.

然现象、间接对人事现象具有影响乃至控制的力量。《易经》把人类社会放在整个生态系统中加以考量。人与天地万物相互依存成为一个生命整体，由此而发展形成了自然主义精神。

春秋战国时期，经过人文主义思潮的冲击和批判，宗教之"天"逐渐转变为自然之"天"。在先秦儒家的认识体系中，"天"的概念等同于自然及其规律。孔子说："天何言哉！四时行焉，百物生焉，天何言哉！"① 荀子说得更清楚："天行有常，不为尧存，不为桀亡。"② 因而，古代中国思想中的天并非人格化的神，而是自然神。也就是说，中国的天的概念具有二重性，即作为宇宙统治神的天和作为自然的天。可见，所谓"天人合一"，其实指的就是人与自然的合一。

先秦思想家大都认为，最初的人类社会曾经出现过理想状态，理想社会的构建实际上就是恢复这种历史上的某种自然状态。在诸子思想流派中，儒家和道家富含自然主义的精神，从而决定了自然主义对中国社会及人心广泛、深入和持久的影响。毫无疑问，儒家哲学是积极的现实主义的入世哲学。儒家从来就是以改造社会、干预政治为志向的。但与此同时，儒家思想中又不乏自然主义的一面。据《论语·先进》记载，孔子有一次闲坐时让几个弟子各言其志，子路等的回答无非是治国安邦、济世怀民，并未引起孔子的赞许或共鸣。当问到正在鼓瑟的曾皙，曾皙回答："莫春者，春服既成，冠者五六人，童子六七人，浴乎沂，风乎舞雩，咏而归。"孔子闻此，"喟然叹曰：'吾与点也。'"这里所反映出的对自然的崇尚，或许正是孔子内心深处自然主义情怀的流露。孔子曾说"敬天命""畏天命""五十而知天命"，其"天命"显然具有自然规律之意。

至于道家，其整个思想体系的核心概念就是"道"，而"道"集中体现的是中国先民朴素的自然观，是自然主义精神的结晶。老子的"道法自然"的自然并不等同于自然界，而是指事物的原始状态、天然状态，不加任何人为的雕琢和改造。庄子则更像是自然主义的布道者，而《庄子》一书则被人们称为自然的颂歌。在庄子看来，人是自然的一种存在形式，人是自然的一部分，通过"坐忘""忘我""丧我"而达到与自然融为一体。道家另一个思想命题就是

---

① 《论语·阳货》。
② 《荀子·天论》。

"无为"。老子说:"道恒无为而无不为。"① 庄子认为"天道自然",人应该顺应和遵循自然,要求人"处物而不伤物"②,生养化育天地万物,完全是一个顺应自然、排斥任何人为因素的过程。道家将人置于自然状态之中,一旦实现天人合一,人也就进入了完全自由和完全满足的状态。

墨家管理思想中的"天志""尚同""非攻""节用""节葬"等也反映了墨家学派追求协调、融合、理想的生态和谐社会。在当今时代,随着人口的增多、各国竞争发展的加剧,人类对自然界的索取也日益加剧。当今社会出现的环境污染、资源危机等问题,是人类不尊重事物的自然本性而造成的,虽然为了治理环境污染付出了巨大代价,但仍然面临许多威胁和挑战。因此,树立尊重自然、顺应自然、保护自然的生态文明理念,使人类社会发展与自然生态协调一致,才是正确的发展方向。

8.2 人文主义精神

人文主义精神是一种普遍的人类自我关怀,表现为对人的尊严、价值、命运的维护、追求和关切,对人类遗留下来的各种精神文化现象的高度珍视,对一种全面发展的理想人格的肯定和塑造。先秦时期,诸子就确立了中国文化的核心出发点:宇宙中人的地位最尊崇。在人与鬼、神之间,在人与自然万物之间,人是根本。儒家将人、天、地称为"三才",道家认为域中有四大:"道大、天大、地大、人亦大。"墨家认为兼爱利人是管理道德之本。因此,先秦管理思想的理论视野聚焦于"国富民安",关注人的社会生活,关注人的伦理道德,关注人的精神追求,主张"顺乎天而应乎人"。我国文化学者楼宇烈认为,人文精神是中国传统文化最鲜明的特征,它有两个突出的特点:一是"上薄拜神教,下防拜物教",注重人的精神生活,使人不受神、物的支配,凸显

---

① 《老子·37章》。
② 《庄子·秋水》。

人的自我价值；二是强调礼乐教化，讲究人文教育，反对武力和权力的压制。①"以人为本"的观念是人文精神的核心。

在现代管理理念中，管理者的自我管理是管理活动的出发点，人作为管理的主客体既是管理者又是被管理者，始终居于管理的中心地位并发挥主导作用。儒家认为，"修己"是管理的起点，要管好他人必先管好自己，如果每个成员都重视自身的修养，以个人的道德修养和自我完善为基础，就能够增强管理的成效。儒家"修己安人"的管理方式，体现着"以人为本"的管理精神。

我们正处在各种变革推动经济和社会快速发展的时期，尤其是互联网所带来的巨大变化，使得管理环境向着复杂和多变的方向发展。从个体层面来看，互联网带给人们更开放的思维和环境，人们对自我的管理需求及自由天性的追求与日俱增，期望按照自己的思维和习惯来管理自己的工作、学习及生活的各个方面。从组织层面来看，组织成员受社会、生活环境的不断自由化、开放化影响，渴望在组织中构建一种能够满足成员自主、自由需求的管理氛围。然而，较多组织的管理实践过于强调外部管理和控制，因此，人文主义思想能够帮助组织克服管理过度的负面作用，降低管理监督成本，同时能够满足成员自主自由的心理需求，为组织成员营造出激发潜能和创造性的工作氛围。

以人为本体现在国家治理和社会管理上就是以民为本。儒家思想学说突出体现在民为邦本的贵民思想。孔子主张富民、重民，孟子提出了影响中国社会的重要的思想观念"民为贵，社稷次之，君为轻"②，并系统阐述了贵民思想和仁政思想。得道者多助，失道者寡助，得民心者得天下，失民心者失天下，警示统治者要顺民心、和民意，否则将"身危国削"。荀子在《王道》中则用君舟民水的比喻警告统治者："用国者，得百姓之力者富，得百姓之死者强，得百姓之誉者荣。"此外，道家、墨家、法家等学派也阐述过贵民重民思想，使贵民重民思想不断得到强化。如老子的"善下"思想，管子的"政之所兴，在顺民心；政之所废，在逆民心"③的思想，墨子的"兼爱"思想等。这一系列思想也构成了中国文化以人为本的人文精神，对国家治理、社会发展以及组织管理产生了重要影响。

---

① 楼宇烈. 中国的品格[M]. 四川人民出版社，2015：43.
② 《孟子·尽心下》。
③ 《管子·牧民》。

8.3 德治主义精神

　　从周代的"明德慎罚"到孔子的"为政以德",关于中国古代的德治主义传统,已经是一个被众多学者谈及的论题,有学者认为德治与法治是"一个中国式的问题"①。中国历史上德治主义思想的形成,首先源于对古代王朝更迭与兴衰的反思。孟子在总结夏王桀、商王纣灭亡的教训时说:"桀纣之失天下也,失其民也;失其民者,失其心也。"② 失民心的重要原因是德治的缺失。德治思想形成的另一个重要原因是源于对管理效果的反思。孔子说:"其身正,不令而行;其身不正,虽令不从。"③ 说明身正、德行好,就可以无为而治,降低统治成本。管理者是被管理者的表率,其言行具有示范意义。管理者不断修养自身,提高自己的道德修养并注重外在表现,成为具有高尚道德品质以及较全面综合素质的人,进而实现对被管理者的有效管理。孔子提出"政者正也"的德治思想,孟子继承孔子的"为政以德"思想,进一步发展成为王道仁政的主张,用"仁义"去约束为政者。荀子的学说中虽然兼容了更多的法家思想,但主张为政者应爱民富民,不能与民争利,强调为政者应具有与其权位相应之道德品格。因此,儒家"为政以德"的德治思想中,对君德进行约束、"以德治君"是其重要内容,也是儒家德治主张的思想特征,反映了先秦儒家对历史的自觉省思和对现实政治的深刻批判。

　　孔子"为政以德"的德治思想主要是围绕两个层面来展开的:一是为政者与道德之间的关系问题;二是如何对待和如何管理庶民百姓的问题。这两个问题都是对殷周以来德治思想的理论总结和升华,前者是"修己"问题,后者是"治人"问题。修己是对统治者而言的,它要求统治者要注重自己的道德修养,完善自己的道德品行;治人是对广大庶民百姓而言的,是对民众管理和教化问

---

① 关健英,王颖. 法治与德治:思想史的视角及现代审视 [J]. 齐鲁学刊,2015 (6):61-65.
② 《孟子·离娄上》。
③ 《论语·子路》。

题。对于广大民众首先要满足其生存需要，解决其最基本的生存条件，并在此基础上提高其道德修养。两个问题的核心点就是：强调了把统治者的修身视为治国平天下、实现德治的前提条件。德治主义之前提设定是：君主的道德修养与自觉。在孔子的德治模式中，为政者（国君）作为德治之主体，其政治道德修养在国家政治系统中具有绝对重要的作用。孔子除了通过对古代贤明之君如尧、舜、禹、周文王的颂扬以为当时之君效法、借鉴之楷模外，还对君主本身提出了更高的道德要求。孔子多次强调为政者加强政治道德修养与国家政治稳定的关系以及对庶民百姓的道德示范作用。

在先秦道家思想中，"德"是老子思想中的重要范畴，道以德为基础，老子曰："下德不失德，是以无德。"① 下德，即世界万物善之本性；不失德，意谓不失去自己被给予的绝对存在和至善本质。"道生之，德畜之，物形之，势成之，是以万物莫不尊道而贵德。道之尊，德之贵，夫莫之命而常自然。"② 强调拯救人们沦丧的道德心并使之遵从整个世界的道德意志去行事的最好方法，莫如使人们认识自己天赋的德之本性，并按照自己天赋的纯正善良、诚实无欺的德之本性去生活。老子的贵德管理思想，就是指在管理中必须以德为贵，将德视为管理活动首先应该加以重视的因素，管理活动必须符合德的要求。此外，庄子的"贵真"思想、墨家的"兼爱"思想也含有德治之意。

总之，在先秦以儒家为主的德治思想中，德治主义的目的是激发领导者的自我修养和道德教化，通过道德教化对民众进行管理，从而使民众成为道德的人。当然，儒家德治和人治有着千丝万缕的联系，在一定的意义上德治本身就是人治的一种表现。儒家虽然重视德治，但并不反对"法治"，与"道之以德"并列的"齐之有礼"的"礼"本身就有"行为规范"的意义，因而应该认识到，德治与民主政治之间本身并不存在天然的对立。在治理国家的过程中，应将德治与现代民主政治有效结合，寻求传统德治主义与法治及制度规范的关联性，最终达到"大公""大同"的理想社会。

---

① 《老子》38章。
② 《老子》51章。

8.4 法治主义精神

以法治为主体的法家思想起源于春秋时的管子,发展于战国时期的商鞅,集大成于战国末期的韩非子。法家兴起的根源在于随着生产力的发展,由部分奴隶主和工商富民转化而来的新兴地主阶级力量不断壮大,他们有强烈的建立维护本阶级利益的政治上层建筑的诉求,而法家主张正是新兴地主阶级的利益诉求在思想上的反映。韩非子在《难三》中说:"法者,编著之图籍,设之于官府,而布之于百姓者也。"管子认为:"法者,天下之程式,万事之仪表也。"① 说明法是固定化的、一般化的关于秩序的规定,关于行为的规定。因此,无论是管理一个国家还是一个具体的组织,都需要有法这样的一般性规定。法就是规矩,法治克服了随意性,提高了管理的效率,保证了管理的稳定性和组织秩序,也体现了公平性。从广义的管理来说,法治就是统治者(领导者)通过建立制度规范、实行制度规范、变革制度规范来维护一个国家或组织内部的等级秩序的治理方式。

为了实行"以法治国",先秦法家要求全体社会成员都要遵守法律,这就是法家思想中比较可贵的"刑无等级""一断于法""法不阿贵"等思想,他们不仅要求民众百姓严格服从和遵守法律法令,而且要求各级官员甚至君主也要守法。更准确地说,法家的"法"是具有刑治主义的功能取向的,虽然在内容上或许并不局限于"刑",包含了社会生活的方方面面,然而其在保障实施的方式上则主要依赖于"刑罚"所产生的威慑力来使人们遵守法律。法家功利思维导向下的"刑治"思想虽与现代法治有根本区别,但是其中具有进行创造性转化的思维因子,这种思维因子就是法家的功利思维。② 在以民主制度为基础的现代政治中也能够为法治建设提供中国式的思维基础。

---

① 《管子·明法解霸言》。
② 李德嘉. 功利思维导向下先秦法家"刑治"模式的基本理路 [J]. 理论月刊,2017 (1):69—73.

在先秦管理思想中，除了法家"法治"外，儒家虽然隆礼轻法，但"礼治"本身就包含了规范之意，即为"礼法"；兵家的"法令孰行"则强调了命令、法规的重要性。这些思想也是法治主义精神的体现。

法治主义精神体现在现代企业管理活动中就是以法治企。在这方面最典型的案例就是《华为基本法》。从 1996 年年初开始，华为技术有限公司开展了《华为基本法》的起草活动。《华为基本法》总结、提升了公司成功的管理经验，确定华为二次创业的观念、战略、方针和基本政策，构筑公司未来发展的宏伟架构。制定《华为基本法》的主要目的是：将华为公司企业家的意志、直觉、创新精神和敏锐的思想转化为成文的公司宗旨和政策，使之能够明确地、系统地传递给职业管理层，由职业管理层规范化地运作；阐述华为公司处理管理的基本矛盾和企业内外重大关系的原则和优先次序，建立调整公司内部关系与矛盾的心理契约；指导公司的组织建设、业务流程建设和管理的制度化建设，实现系统化管理，推动管理达到国际标准，并使华为公司的管理体系具有可移植性。以《华为基本法》为里程碑，华为继续吸收了包括 IBM 等公司在内的管理工具，形成了均衡管理的思想，完成了公司的蜕变，成为中国最优秀的国际化企业之一。由此可见，无论是宏观的国家治理、社会管理，还是微观的企业管理，法治主义是组织公平、公开、平等、规范管理的契约精神，它也是市场经济的制度基石。

8.5　和合主义精神

关于"和"的概念，早在中国西周时期就已提出。随后，先秦时期的"和"被赋予了"合"的含义，从而出现了完整的"和合"概念。《国语·郑语》云："契能和合五教，以保于百姓者也。"殷商官员——契，为使平民百姓保身立命，将五种不同的人伦之教加以融合，实施于社会。"和"与"合"二字，单独本身都具有丰富而深刻的含义，"和合"组合起来就形成一个全新的概念，具有全新的含义与全新的意境。"和合"思想是中国传统文化中最富生命力的文化内核和因子。① 我国著名学者张立文提出和合学理论，认为和合是中华民族人文精神的核心理念和首要价值之一，是中华传统文化思想的精粹和生命智慧，是中华民族精神的精华和道德精髓。现代意义上的所谓和合，是指自然、社会、人、心灵、文明中诸多形相、无形相的互相冲突、融合，与在冲突融合的动态变易过程中诸多形相、无形相和合为新结构方式、新事物、新生命的总和。② "和合文化"不仅要求个体身心和谐、人际和谐、群体和谐与社会和谐，更要求人与自然的和谐，体现为"天人合一"的整体哲学精神。

儒家贵"和"尚"中"，"礼之用，和为贵"。"和为贵"和"贵和"的思想，是中国传统文化最核心的价值取向。儒家倡导推己及人、由近至远的思维模式，主张格物、致知、诚意、正心、修身、齐家、治国、平天下八德。个人修身养性，要讲究"心平气和"之功；与人交往，要恪守"和而不同"之法；应对潮流，要坚持"和而不流"之则；治理国家，要追求"政通人和"之理；国与国之间交往，要坚持"求同存异、和平共处"之规；最后的终极关怀乃是"天人合一、宇宙和谐"的价值追求。此外，道家的"中庸"思想，墨家的"尚同""非攻"思想，兵家的"伐交"思想等，都是中国古圣先贤们流传下来的"和合主义"精神瑰宝。

在当今时代，和平与发展成为时代的主题。求和平、促发展、谋合作是世界各国国民的共同心愿，成为不可阻挡的历史潮流。但同时，世界上仍然存在诸多不稳定与不确定因素，人类仍然面临许多严峻的挑战。霸权主义、地区冲突、环境恶化、资源短缺、文明冲突等一些全球性问题仍在困扰着人类，对全人类的生活造成了严重威胁。而这一困境和危机，归根到底都是人与自然、国家与国家、文明与文明之间不和谐的表现。如何积极有效地体现和平与发展的时代主题，化解人类所共同面临的全球性困境和危机成为世界许多政治家、思想家共同思考的问题。对此，和合主义思想体现着民主、和谐、包容的精神。我国主张建设一个持久和平、共同繁荣的和谐世界，这正是顺应了时代的潮流，符合了时代的需要，为解决当今全球问题提供了一个合理、有效的原则和办法，为人类追求文明进步、天下和平指明了新的方向。因此，和合主义精神不仅是先秦管理思想在现时代的创新性发展，而且是引领人类文明前进的重要价值取向。

---

① 夏学銮. "和合"思想：文化基因与价值取向[J]. 人民论坛，2015（7）：22-23.
② 张立文. 尚和合的时代价值[J]. 浙江学刊，2015（5）：5-8.

主要参考文献

（一）古籍类

《老子》

《庄子》

《论语》

《孟子》

《荀子》

《管子》

《商君书》

《韩非子》

《孙子兵法》

《墨子》

《汉书·艺文志》

《史记·货殖列传》

陈鼓应. 老子今注今译［M］. 中华书局，2003.

郭代若. 孙子译注［M］. 上海古籍出版社，2016.

郭象注，成玄英疏. 庄子注疏［M］. 中华书局，1998.

《韩非子》校注组. 韩非子校注（修订本）［M］. 凤凰出版社，2009.

卢育三. 老子释义［M］. 天津古籍出版社，1987.

欧阳景贤，欧阳超. 庄子释译［M］. 湖北人民出版社，1986.

魏源. 老子本义［M］. 中华书局，1988.

吴澄. 道德真经注［M］. 学苑出版社，2014.

杨丙安校理. 十一家注孙子［M］. 中华书局，2012.

张松如. 老子说解［M］. 齐鲁书社，1998.

（二）著作类

（日）池田大作，（英）阿·汤因比．展望21世纪［M］．国际文化出版公司，1999．

（美）彼得·德鲁克．管理的实践［M］．机械工业出版社，2006．

（美）丹尼尔·A. 雷恩．管理思想的演变［M］．中国社会科学出版社，2000．

（英）李约瑟．中国科学技术史（第2卷）：科学思想史［M］．科学出版社，1990．

才金城．中国古代管理思想与智慧［M］．清华大学出版社，2014．

成中英．C理论：中国管理哲学［M］．学林出版社，1999．

柴永昌．为君之道：先秦诸子领导理论研究［M］．科学出版社，2016．

陈鼓应．老子注译及评价［M］．中华书局，2009．

曾仕强．中国管理哲学［M］．商务印书馆国际有限公司，2013．

曾仕强．中国式管理［M］．北京联合出版公司，2015．

方宝璋．先秦管理思想：基于政策工具视角的研究［M］．经济管理出版社，2013．

霍然．中国人的理想之源：先秦社会转型时期理想社会观研究［M］．浙江大学出版社，2016．

葛荣晋．中国哲学智慧与现代企业管理［M］．中国人民大学出版社，2006．

葛荣晋．中国管理哲学导论［M］．中国人民大学出版社，2007．

蒋重跃．韩非子的政治思想［M］．北京师范大学出版社，2010．

姜杰等．中国管理思想史［M］．北京大学出版社，2011．

关健英．先秦秦汉德治法治关系思想研究［M］．人民出版社，2011．

怀效锋．德治与法治研究［M］．中国政法大学出版社，2008．

李发．"道"管理思想释论［M］．人民出版社，2014．

李海滨．《孙子兵法》的战略智慧与管理启示［M］．经济科学出版社，2009．

李庆鹏．商鉴：先秦商家的创富智慧与济世情怀［M］．当代世界出版社，2016.

李雪峰. 太极智慧：孙子兵法与企业战略管理［M］. 中国国际广播出版社，2002.

黎红雷. 儒家管理哲学［M］. 广东高等教育出版社，2010.

黎红雷. 儒家商道智慧［M］. 人民出版社，2017.

林存光. 先秦诸子思想概述［M］. 辽海出版社，2012.

刘刚. 中国传统文化与企业管理（第二版）［M］. 中国人民大学出版社，2015.

刘双，涂春燕. 墨子管理思想研究［M］. 电子科技大学出版社，2006.

刘晓庆. 墨子义政管理思想研究［M］. 浙江大学出版社，2015.

楼宇烈. 中国的品格［M］. 四川人民出版社，2015.

吕思勉. 先秦学术概论［M］. 中国人民大学出版社，2011.

孟军本. 老子自然观及道商人格塑造理论研究［M］. 科学出版社，2017.

（美）牟复礼. 中国思想之渊源（第二版）［M］. 北京大学出版社，2016.

潘承烈，虞祖尧. 中国古代管理思想之今用［M］. 中国人民大学出版社，2001.

钱穆. 先秦诸子繫年［M］. 商务印书馆，2001.

单宝. 中国管理思想史［M］. 立信会计出版社，1997.

申明. 国学管理［M］. 经济科学出版社，2012.

时显群. 法家"以法治国"思想研究［M］. 人民出版社，2010.

石世奇，郑学益. 中国古代经济思想史教程［M］. 北京大学出版社，2008.

时显群. 法家"以法治国"思想研究［M］. 人民出版社，2010.

苏东水. 中国管理学［M］. 复旦大学出版社，2006.

苏勇，刘会齐. 中国管理智慧［M］. 江苏人民出版社，2016.

唐代兴，左益. 先秦思想札记［M］. 四川出版集团巴蜀书社，2009.

唐少莲. 道家"道治"思想研究［M］. 中国社会科学出版社，2011.

童书业. 先秦七子思想研究［M］. 齐鲁出版社，1982.

万英敏，龙婷婷.《管子》管理哲学思想研究［M］. 经济日报出版社，2017.

王立仁. 韩非的治国方略研究［M］. 中国社会科学出版社，2012.

王忠伟，李奇志. 中国上古管理思想史［M］. 经济科学出版社，2010.

魏文斌. 第三种管理维度：组织文化管理通论［M］. 吉林人民出版社，2005.

魏文斌. 民营企业管理变革研究［M］. 吉林人民出版社，2007.

魏文斌. 企业伦理与文化研究［M］. 苏州大学出版社，2013.

武树臣，李力. 法家思想与法家精神［M］. 中国广播电视出版社，1998.

吴慧. 中国古代商业［M］. 中国国际广播出版社，2010.

吴通福. 中国古典管理哲学［M］. 经济管理出版社，2016.

吴照云. 中国管理思想史［M］. 高等教育出版社，2010.

熊礼汇，袁振明. 老子与现代管理［M］. 学林出版社，1999.

徐复观. 中国人性论史（先秦篇）［M］. 三联书店，2001.

徐克谦. 先秦诸子精华［M］. 高等教育出版社，2016.

徐希燕. 墨学研究：墨子学说的现代诠释［M］. 商务印书馆，2001.

闫秀敏. 道家无为管理智慧［M］. 人民出版社，2013.

杨先举. 老子管理学［M］. 中国人民大学出版社，2005.

杨先举. 孙子管理学［M］. 中国人民大学出版社，2005.

夏增民. 上兵伐谋：《孙子兵法》与企业经营管理［M］. 华中科技大学出版社，2014.

余焕新. 儒家行为管理［M］. 经济管理出版社，2012.

张岱年. 张岱年全集（第5卷）［M］. 河北人民出版社，1996.

赵保佑，高秀昌. 老子思想与现代管理［M］. 社会科学文献出版社，2013.

赵靖. 中国经济思想通史（第1卷）［M］. 北京大学出版社，2002.

钟尉. 先秦兵家思想战略管理特质研究［M］. 经济管理出版社，2012.

周三多，邹统钎. 战略管理思想史［M］. 复旦大学出版社，2003.

周书俊. 先秦管理思想中的人性假设［M］. 经济管理出版社，2011.

（三）期刊论文类

晁罡. 论兵家和儒家管理思想的融通［J］. 华南理工大学学报（社会科学

版），2000（12）：65—69.

杜云，杨明. 仁道、仁人、仁政：孔子仁学的三重意涵［J］. 伦理学研究，2017（1）：23—29.

傅永军. 人性与和平——墨子和平思想的当代价值［J］. 东岳论丛，2015（3）：101—106.

关健英，王颖. 法治与德治：思想史的视角及现代审视［J］. 齐鲁学刊，2015（6）：61—65.

古志辉. 先秦儒家思想：管理视点的分析［J］. 南开管理评论，1999（6）：45—47.

郭霞. 治生祖白圭经营方略新探［J］. 东方论坛，2017（5）：120—125.

黄庆丽. 论墨家哲学的贵义思想［J］. 江苏商论，2017（9）：17—20.

纪光欣，李远遥. 面向实践的国家治理哲学——《管子》管理思想探要［J］. 中国石油大学学报（社会科学版），2016（6）：24—27.

蓝法典. 论孟子仁政思想的内在逻辑［J］. 孔子研究，2016（2）：70—78.

吕锡琛，黄小云. 道家社会管理思想的主旨及其意义［J］. 求索，2017（6）：124—128.

李德嘉. 功利思维导向下先秦法家"刑治"模式的基本理路［J］. 理论月刊，2017（1）：69—73.

李非等. 微观权力、法家思想与管理控制研究［J］. 管理学报，2016（6）：789—797.

李强. 范蠡的商业哲学思想探析［J］. 上海商学院学报，2014（6）：12—16.

李晓燕. 计然及其商业思想考述［J］. 黄河科技大学学报，2009（5）：23—25.

李振纲. 庄子思想的生态哲学解读［J］. 吉林师范大学学报（人文社会科学版），2015（5）：1—4.

黎红雷. "恭宽信敏惠"：儒家治国理政思想的现代启示［J］. 孔子研究，2015（3）：18—27.

黎红雷. "仁义礼智信"：儒家道德教化思想的现代价值［J］. 齐鲁学刊，2015（5）：5—12.

黎岳庭. 和谐领导李之道: 道家大五的水善人格 [J]. 清华管理评论, 2016 (10): 60—67.

黎钰林. 墨家思想在现代企业管理中的应用 [J]. 湖南财政经济学院学报, 2016 (10): 154—160.

刘桂荣. 荀子的道德治理思想及其现实启示 [J]. 伦理学研究, 2017 (1): 36—40.

刘笑敢. 孔子之仁与老子之自然——关于儒道关系的一个新考察 [J]. 中国哲学史, 2000 (1): 41—50.

刘正球. "守柔""中庸""持满"辨析 [J]. 桂海论丛, 2000 (1): 83—85.

孟宪清. 仁道治国: 论儒家的治理思想 [J]. 湖南师范大学社会科学学报, 2017 (2): 8—13.

裴传永. 治官而非治民: 孔子德治思想的核心诉求与当代价值 [J]. 孔子研究, 2014 (6): 48—54.

唐金培. 子贡儒商精神的历史意蕴与当代价值 [J]. 河北学刊, 2015 (3): 60—63.

王晓红. 孙子兵家管理思想指导下的企业竞争 [J]. 黑河学刊, 2016 (6): 28—30.

王兴周. 义利一体与等序格局——重建社会秩序的墨家思想 [J]. 学术研究, 2016 (3): 82—88.

王泽民. 韩非子管理思想述略 [J]. 西北民族大学学报 (哲学社会科学版), 2010 (1): 110—115.

王郅强, 张扬. 《孙子兵法》中的危机观研究——兼论对现代危机管理的启示 [J]. 东岳论丛, 2012 (8): 108—112.

魏文斌. 西方管理学范式的三种维度 [J]. 国外社会科学, 2007 (1): 2—7.

魏文斌. 创新、诚信和责任是企业家精神的三要素 [J]. 中国市场监管研究, 2016 (9): 60—62, 67.

吴传清, 严清华, 郭笑撰. 先秦商家学派经营管理学说的影响及现代价值 [J]. 上海财经大学学报, 2005 (3): 41—48.

吴默闻. 荀子礼法合治思想探析 [J]. 浙江学刊, 2015 (3): 131－135.

夏学銮. "和合"思想：文化基因与价值取向 [J]. 人民论坛, 2015 (7): 22－23.

许抗生. 老子道家的管理思想及其现代价值 [J]. 商丘师范学院学报, 2013 (4): 1－6.

许亮, 赵玥. 先秦道家生态哲学思想与生态文明建设 [J]. 理论视野, 2015 (2): 49－51.

徐春根. 论庄子的社会理想及其对当代社会管理的价值 [J]. 嘉应学院学报 (哲学社会科学), 2012 (10): 34－39.

徐小跃. 仁爱思想：中华民族最深沉的精神追求 [J]. 唯实, 2014 (1): 81－84.

徐彦伟, 葛柏麟. 老子的"水"性管理思想及其企业价值 [J]. 吉林师范大学学报 (人文社会科学版), 2017 (1): 121－124.

闫秀敏. 庄子的管理思想及其实现条件 [J]. 江南社会学院学报, 2009 (4): 61－64.

杨少涵. 孟子性善论的思想进路与义理架构 [J]. 哲学研究, 2015 (2): 44－52.

姚振文, 吴如嵩. 新中国成立以来《孙子兵法》研究述略 [J]. 滨州学院学报, 2014 (5): 1－19.

叶自成. 商鞅法治精义及其时代意蕴 [J]. 人民论坛, 2014 (1): 34－49.

俞杨建, 余丽萍. 论墨子管理思想的现代价值 [J]. 常州大学学报, 2013 (6): 6－9.

张博栋. 道家管理哲学的理论结构 [J]. 湖南科技学院学报, 2010 (3): 1－3.

张立文. 尚和合的时代价值 [J]. 浙江学刊, 2015 (5): 5－8.

张晓峰. 组织管理视角下的孔子德政思想解读 [J]. 山东社会科学, 2014 (7): 112－116.

朱林. 论先秦儒家德治思想的生成逻辑 [J]. 中华文化论坛, 2015 (10): 135－139.

后　记

　　我对中国管理哲学的兴趣始于大学时代，记得大三那年有幸聆听被学界誉为"中国管理哲学之父"的崔绪治先生讲课，遂常去学校图书馆借阅诸子典籍，被诸子百家异彩纷呈的思想所折服。回想当年的学习，更多的是阅读中国传统文化典籍，并无管理学基础。大学毕业留校工作后，起初也未曾讲授管理学课程。机缘巧合的是1990年到企业锻炼，边学习管理知识，边了解企业管理实践，回到学校后固执地决定转到工商管理专业，于是有了系统讲授《管理学》《现代企业管理》《西方管理学流派》几门课程的机会，对自己而言也是一次又一次的人生挑战。

　　作为一名大学教师，最主要的工作是和书打交道，除了教书，就是看书和写书。也许是运气不错，我刚工作时就参加科研项目和图书编写，尤其是参加《思维方法大全》一书的编写，至今都受益匪浅。1999年我随工商管理专业一起从政治与公共管理学院转到当时的财经学院，便注定了要和管理研究长期结缘。当2004年完成个人第一本著作《现代西方管理学理论》后，就有探究中国先秦管理思想的念头，但当年主要兴趣是西方管理学理论和管理学方法论的探究。后来随着我校工商管理硕士（MBA）专业建设需要，较多时间和精力放在本土案例开发上，特别是2012年和苏州市工商行政管理局合作共建"企业案例研究基地"以来，共同负责编写出版《苏州本土品牌企业发展报告》系列图书（驰名商标卷、老字号卷、上市公司卷、信用企业卷和A级景区卷），因此，先秦管理思想研究更多的是利用早晚时间进行。

　　本书的撰写开始于2015年，时断时续，写作进度也有所拖延。主要原因是当我再次走近先秦诸子，重阅经典文献、查阅相关论著时，才发现自己对先秦管理思想和中国管理文化的认知过于浅薄。子书渊海，子学如海，我却一直在岸边徘徊；子书高山，子学似山，我却长久在山脚仰望。然而既然选择了管理研究，就没有退路，何况梳理和弘扬中国优秀管理文化一直是我的一个情结，唯有鼓起勇气向上攀登。

中国文化是中华民族的血脉，是中国人民的精神家园。中国正在大气磅礴地走向世界，中华民族的伟大复兴需要中华文化的繁荣兴盛，需要增强国家文化软实力。正因为如此，中共中央办公厅、国务院办公厅于2017年年初印发了《关于实施中华优秀传统文化传承发展工程的意见》，这是第一次以中央文件形式专题阐述中华优秀传统文化传承发展工作。在该《意见》中提出的基本原则之一是："坚持创造性转化和创新性发展。坚持辩证唯物主义和历史唯物主义，秉持客观、科学、礼敬的态度，取其精华、去其糟粕，扬弃继承、转化创新，不复古泥古，不简单否定，不断赋予新的时代内涵和现代表达形式，不断补充、拓展、完善，使中华民族最基本的文化基因与当代文化相适应、与现代社会相协调。"在本书撰写过程中，始终以这一原则为指导，力图在系统梳理先秦道家、儒家、法家、兵家、墨家和商家各流派管理思想的基础上，挖掘先秦各流派管理思想的现代价值，提炼先秦管理文化精神。值此定稿交付出版之际，唯愿这本书能为中国传统优秀管理文化的传承和发展奉献绵薄之力。倘能如此，作者甚幸矣！

本书的编写和出版，得到了苏州大学东吴商学院、苏州大学出版社有关领导的支持，苏州大学出版社薛华强编辑和有关工作人员付出了辛勤劳动，还有各位同人、朋友、学生及家人的关心、支持与理解，在此一并表示感谢！

现代管理学科是一门综合性的交叉学科，本书虽属于管理思想史领域，但涉及的研究范围十分广泛，对历史、古代汉语、古典文献、管理哲学、政治学、社会学、心理学、法学、文化学等诸领域学者的研究成果多有借鉴，书中已按学术规范注明参考文献。这些学者的研究成果为本书奠定了研究基础，谨在此表示衷心感谢！当然，限于学识和水平，书中难免存在不足与疏漏之处，恳请读者批评指正。

最后，引用自填《满江红·从教三十年》中的两句话"书山独盏探真谛，学海沉舟勇破浪"自勉。是为后记。

文子　于庇寒斋

2017年12月16日